越玩越聪明

左脑智力游戏

海量题+超有趣+多漫画

河南人民出版社

图书在版编目(CIP)数据

左脑智力游戏 / 马向于编著. -- 郑州 : 河南人民出版社, 2016.3
(越玩越聪明)
ISBN 978-7-215-10010-7

Ⅰ. ①左… Ⅱ. ①马… Ⅲ. ①智力游戏—少儿读物 Ⅳ. ①G898.2

中国版本图书馆CIP数据核字(2016)第070624号

河南人民出版社出版发行
(地址:郑州市经五路66号 邮政编码:450002 电话:65788062)
新华书店经销 新乡市龙泉印务有限公司印刷
开本 880毫米×1230毫米 1/32 印张 20
字数:320千字
2016年3月第1版 2016年3月第1次印刷

定价:108.00元(共4册)

越玩越聪明

人类最伟大的发现之一，就是对大脑无限潜能的认识。人类在未来面临的最重要的问题，就是对大脑潜能的充分开发。

——[美国]爱因斯坦

越玩越聪明

想象力比知识更重要，想象力是知识的泉源。知识是有限的，而想象力是无限的。

——[美国]爱因斯坦

越玩越聪明

地球上未开发比例最高的地区，就是介于我们人类两只耳朵中间的方寸之地。

——[美国] 代尔·欧布莱恩

美丽书签DIY

可以将本页用剪刀剪下来，做一个美丽的小书签。在答题累了需要休息的时候，将书签夹在书中，方便下次继续阅读。

越玩越聪明

人大脑的结构是很奇妙的，而且潜力无穷。科学证明，像爱因斯坦这样伟大的科学家的大脑仅仅开发了13%，而大部分人的大脑利用不足10%。大脑的其他部分可都在沉睡呢！

人的大脑是一个球体，分为左脑和右脑。左脑和右脑以完全不同的方式进行思考：左脑主要负责语言、数学、推理等逻辑思维；右脑主管美术、音乐、幻想等形象思维，做白日梦的时候，用的就是右脑思维。

越玩越聪明

人的两个半脑并不是独立思考的，而是互相支持、协调的。左脑通过语言收集信息，把看到、听到、摸到、闻到的信息转换成语言，再传给右脑加以印象化，接着再传回左脑进行逻辑处理，然后右脑显现创意或灵感，最后交给左脑进行语言处理。

刚出生的婴儿的脑细胞约为140亿个，每个人的智能潜能都一样，可为什么有的人聪明，学东西很快？那是因为更聪明的人是后天的大脑开发程度更高而已。

越玩越聪明

你也应该懂得了，没有愚蠢的大脑，只有不正确的用脑方法。要想充分开发大脑，就要寻找一种让大脑平衡发展、均衡受刺激的方法，开发左右大脑，增长智慧。

本套图书从左、右脑各自的主管潜能的训练出发，以此来唤醒你的沉睡部分的大脑，让你更聪明，学东西更快、更好。

来吧！未来的天才们，发挥你的潜力，来闯关吧！

唤醒你沉睡的大脑

人的大脑有很强的可塑性，人们可以利用这一特点使大脑向着有利的方向发展。科学用脑，挖掘大脑潜能，这是让大脑变聪明的行之有效的方法。

左脑开发可以提高以下能力

语言理解能力	通过对语言文字内容的分析和认知，能够明白语言文字所蕴含的信息。
抽象能力	能够抽取各种事物与现象的共同特征和属性的能力。
语言表达能力	通过语言器官或手的活动，把所要表达的意思说出来或写出来。
概括能力	根据事物内在联系和本质特征进行概括的能力。
计数能力	能够正确数出物体的数量。
辨别能力	根据不同事物的特点，在认识上加以区别的能力。
排序能力	能够将大小、长度不同的事物按照一定的顺序进行排列。
判断能力	能够确定或否定某种事物的存在，或指明它是否具有某种属性的能力。
运算能力	能够根据数学运算法则，计算加、减、乘、除等简单的算式。
推理能力	从事物归纳出一般规律，或根据原理推导出正确的结论。
分析能力	能够在头脑中把事物的整体分解成各个部分和各个属性。
认识能力	能够正确认识客观事物的名称、性质等。
综合能力	能够将头脑中事物的各个部分、各种特征及各种属性结合为一体，并认识它们之间的联系。
记忆力	能准确记住事物形象或事情经过。
比较能力	能够把各种事物和现象加以对比，确定相同点和不同点。

目录

第一章 挑战你的发散思维

第二章 挑战你的分析思维

第三章 挑战你的逻辑思维

第四章 挑战你的推理思维

第五章 挑战你的综合思维

第一章

挑战你的发散思维

发散思维是指在创造和解决问题的思考过程中，从已有的信息出发，尽可能地向各个方向扩展，从这种扩散、辐射和求异式的思考中，得到多种不同的解决办法，进而得出各种不同的结果。

第1关 损失多少钱

难度:★☆☆☆☆

李敬开了个精品店,生意还不错。

一天,有个年轻人来到李敬开的礼品店里闲逛,他看中了一件礼物。这件礼物成本是 18 元,标价是 21 元。

这个年轻人没有零钱,便掏出了 100 元要买这件礼物。李敬当时也没有零钱,用那 100 元向邻居换了 100 元的零钱,找给年轻人 79 元。

但是那年轻人走后,邻居发现那 100 元是假钞,就来找李敬,李敬无奈还了邻居 100 元。

现在问题是:李敬在这次交易中到底损失了多少钱?

第2关 拔河比赛谁第一

难度:★★☆☆☆

甲、乙、丙、丁四个小组进行了一次拔河比赛。比赛结果是:当甲、乙两组为一方,丙、丁为另一方的时候,双方势均力敌,不相上下;当甲组与丙组对调以后,甲、丁一方就轻而易举地战胜了乙、丙一方。

然而,乙组的学生并不气馁,他们各自同甲、丙两组分别较量,结果都胜了。请问这四组中,哪组力气最大,哪组第二,哪组第三,哪组力气最小?

神秘岛

难度：★★★☆☆

王先生到了一个神秘的小岛，发现这个小岛上住着 60 人，他们可以分为两种人。第一种人（嘻嘻）都说实话；第二种人（哈哈）都说谎话。不过有时候他们会不小心犯错（即是嘻嘻讲谎话，哈哈讲实话）。由于受困于神秘小岛，王先生便向嘻嘻、哈哈人求助。

这时，嘻嘻和哈哈人就出了个难题给他。这 60 个人围成一个圈，然后每人都说自己站在嘻嘻人和哈哈人之间。不过，有两个嘻嘻人犯错了！（他们不小心说了谎）此时其中一个人就问王先生，如果他能猜出当中有几个嘻嘻人和几个哈哈人，就答应帮王先生逃离神秘岛！你能猜得出有几个嘻嘻人和哈哈人吗？每个嘻嘻人和哈哈人身上都没有记号，肉眼分不出。你只能凭上面说的话猜出他们的人数。

他的做法正确吗

难度：★★☆☆☆

一位司机驾车来到一座桥前。他注意到，要经过这座桥时，车的载重不能超过 20 吨，而自己的家具搬运车净重就已达 20 吨，何况车里还运载了 200 只鸽子，每只重 1 千克。这位司机绞尽脑汁地思考该如何过桥。突然，他灵机一动，把车停下来，然后用力地敲打着车子的钢板，尽量把那些正在憩息的鸽子们吵醒，让它们在车厢内飞来飞去，然后就放心地开着车去过桥。

你认为他的做法正确吗？最后能否完全过桥？

第5关 阿里巴巴的财宝

难度:★★☆☆☆

李敬有一次去野外旅行,在一个神秘的洞窟里找到了一张字条和两只箱子,那字条上面写着:

两只箱子中的一只里有我所有的财宝,你开对了,你就成为有钱人,如果开错了,就会来天堂陪我。

十四大盗头领 阿里巴巴

李敬接着看到两个箱子上面也各有几行几乎看不到的细蝇小字。凑近一看,发现甲箱子上写着:乙箱上所写的内容是真的,而且黄金在甲箱子里。乙箱子上写着:甲箱上所写的内容是假的,而且黄金在甲箱子里。

李敬这下可伤脑筋了!哪个箱子上的是真话呢?你来帮李敬找到财宝吧!

第6关 校园马拉松比赛

难度:★★★☆☆

根据下面所提供的信息,找出率先完成马拉松比赛的前八位运动员的名字和名次:小清位列第四,在李敬后面,但跑在小燕之前;小燕的名次在薇薇后面,但她跑在贝贝前面;李敬的名次在大鹏后面,但跑在杜鹃之前;涛涛比杜鹃落后两个名次;薇薇的成绩是第六名。

聪明的读者,你知道前八位运动员的名次了吗?

谁是盗窃犯

难度：★★★☆☆

唐僧师徒四人路过爪哇国，县官请唐僧帮忙断案。这是一起盗窃案件，当地的张飞、马路、赵英被押上衙门，审问开始了。

唐僧先问张飞："你是怎样进行盗窃的？从实招来！"张飞回答了唐僧的问题："叽哩咕噜，叽哩咕噜……"

张飞讲的是当地的方言，唐僧根本听不懂他讲的是什么意思。

唐僧又问马路和赵英："刚才张飞是怎样回答我的提问的？叽哩咕噜，叽哩咕噜，是什么意思？"马路说："禀告圣僧，张飞的意思是说，他不是盗窃犯。"赵英说："禀告圣僧，张飞刚才已经招供了，他承认自己就是盗窃犯。"马路和赵英说的话唐僧是能听懂的。

听了马路和赵英的话之后，唐僧马上断定：马路无罪，赵英是盗窃犯。

请问唐僧为什么能根据马路和赵英的回答，做出这样的判断？张飞是不是盗窃犯？

期末考试

难度：★★★☆☆

赵钱孙李四人都参加了学校的期末考试，已知只有一人参加了法语考试，这个人不是钱和李；钱只参加了其中三种考试；赵参加了数学和另外一门科目的考试；李只参加了数学和英语的考试；孙只参加了地理的考试。那么，请问：

1.钱没有参加哪一门科目的考试？

2.哪一个人参加了法语考试？

3.哪一个人参加了数学考试，但没有参加英语考试？

4. 有多少人参加了两种科目的考试？

5.哪一个人参加了英语考试，但没有参加地理考试？

巧移火柴棍

难度：★★☆☆☆

李敬用火柴摆了如下图的 6 个正方形。爸爸吸烟的时候拿走了一根火柴，李敬还想在少一根火柴的情况下摆出 6 个正方形，你来帮李敬想想办法，拿走一根火柴的情况下怎样才能摆出 6 个正方形？

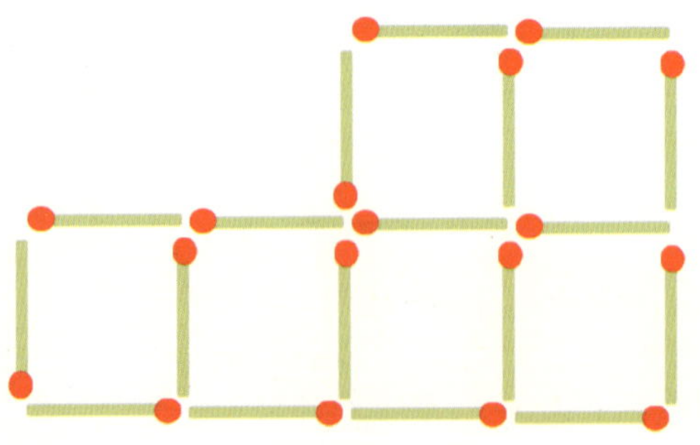

孤岛聚会

难度：★★☆☆☆

有四个叫懒人、好人、闲人、超人的人，一起去了一个孤岛聚会。可是刚到岛上好人就死了。其他三人见状后，超人说：“先这样……再这样……最后就这样……”懒人就说：“……NO……”闲人就说：“不关我事！我只是看热闹的！”三人说了很久，而凶手就是他们三人的其中一个。聪明的读者，你知道谁是凶手吗？快快告诉警察叔叔吧！

昨天火腿，今天猪排

难度：★★★☆☆

牛牛、贝贝和豆豆三人去餐馆吃饭，他们每人要的不是火腿就是猪排。

1.如果牛牛要的是火腿，那么贝贝要的就是猪排。

2.牛牛或豆豆要的是火腿，但是不会两人都要火腿。

3. 贝贝和豆豆不会两人都要猪排。

谁昨天要的是火腿，今天要的是猪排？

第12关 手表的时间

难度：★☆☆☆☆

根据下图手表显示时间的规律，你觉得问号处应该是哪一块表？

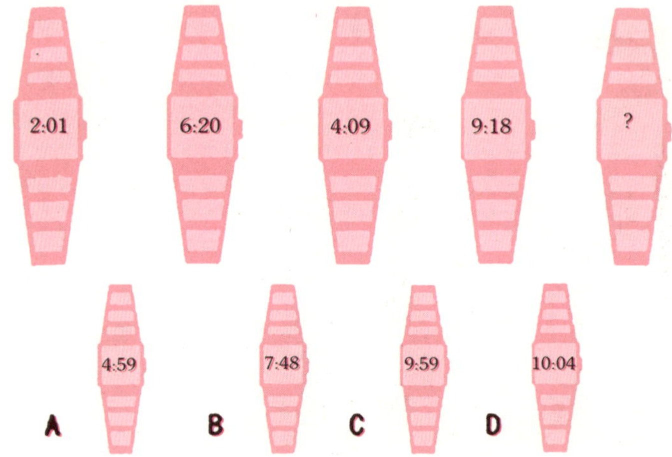

第13关 为什么不是犯罪案件

难度：★★★☆☆

某城市发生了一起车祸，当警察赶到现场的时候，死者正躺在车下。根据调查，死者死亡前虽开过车子，但他不是车主。车子在案发当天上午被开过之后，一直没动过，但死者的死亡时间被确定为当天下午3点。后来确认案发当时，车主正在法国度假，除了这两个人外，没有其他人与案件有关联。最后警察宣布这根本不是一起犯罪案件，那么你知道警察的依据是什么吗？

提问找生路

难度：★★★☆☆

设你现在被恐怖份子关在一间黑房里，房间有两个门，每扇门前站着一个守卫。

两扇门其中一扇是生门，出去就有活路；一扇死门，开了就死掉；两个守卫 A 和 B，其中一个（可能是 A 也可能是 B）只说真话，另一个（可能是 A 也可能是 B）只说假话，而我们只有一次（请注意，有且只有一次）提问的机会，用来确定哪扇是生门。

如果是你，你会怎样问？

第 15 关

伪造的金币

难度：★★★☆☆

现在，你有三大袋金币，但事先并不知道每一袋金币的具体数量。其中一袋全部都是伪造的金币，每个金币重 55 克；另外两袋则全是真金币，每个金币重 50 克。

如果要找出那袋伪造的金币，你最少得操作多少次才行？

第 16 关 选哪一种

难度：★★★☆☆

某公司向工会代言人提供了两个加薪方案，要求他从中选择一个。第一个方案是 12 个月后，在 20000 元的年薪基础上每年提高 500 元；第二个方案是 6 个月后，在 20000 元的年薪基础上每半年提高 125 元。不管是选哪一种方案，公司都是每半年发一次工资。

你觉得工会代言人应向职工推荐哪一个方案更合适？

第 17 关 给经理的考验

难度：★★★★☆

如果可以的话，请想象一下，在一个体育馆有无限多的座位，而且这种地方总是可以容纳无限多的观众。如果有一个新观众来到时，经理只需将观众从 1 号座位移到 2 号座位，或者从 2 号座位移到 3 号座位，依次类推，即每一个先到的观众总是坐在后来者所坐的大一个号数的位置上，而 1 号座位则永远等着新观众。

有一天，发生了一个特别的情况：比赛刚要开始时，突然有一辆汽车载着无限多的观众来到体育馆，而他们都希望能在最短的时间内坐下观看比赛。

经理该怎么处理这种情况，如何排座位呢？

第18关 谁才是农场主

难度：★★☆☆☆

甲、乙、丙和丁四位先生，分别是货车司机、管家、农场主和猎人四种身份。但姓名无法表明他们的身份。为了说明各自的身份，他们说了四句话：

1. 甲先生是一个猎人。

2. 丙先生是一个货车司机。

3. 乙先生不是一个猎人。

4. 丁先生不是一个管家。

如果根据这些话判断，那乙先生一定就是管家了，但这其实是不正确的，因为上述四句话中，有三句话是谎言。那么，到底谁才是农场主？

连圆点

难度:★★☆☆☆

如果画一条线经过所有的圆点,每个圆点至少经过一次。A、B、C、D、E 五个选项中哪一个不是这样形成的?

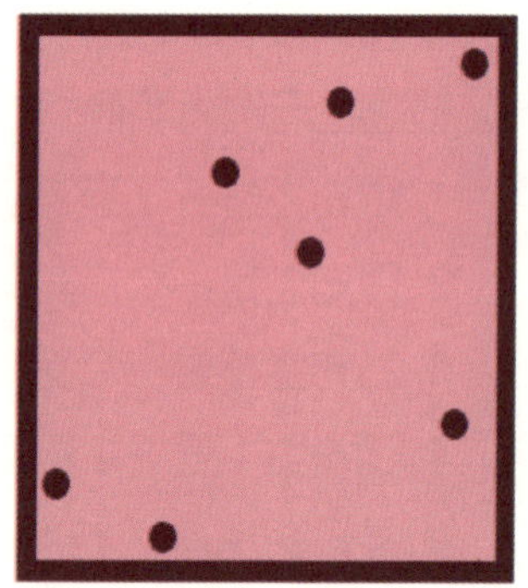

A

B

C

D

E

能钓几条鱼

难度:★★★☆☆

一个钓鱼能手用 10 条蚯蚓去钓鱼,他用去 4 条蚯蚓钓到 2 条鱼,那么当 10 条蚯蚓全部用完时,他能钓几条鱼?

第21关 特色啤酒

难度：★★☆☆☆

一位男子来到市中心的一家酒吧，“请来一杯啤酒。”他对酒吧的男招待说。

“要清淡啤酒还是特色啤酒？”男招待问。

“有什么不同吗？”男子问。

“清淡的啤酒 90 美分，特色啤酒 1 美元。”男招待回答。

“我要特色啤酒。”男子说着，把 1 美元放在柜台上。

又有一位男子进了酒吧，说道：“请来一杯啤酒。”然后把 1 美元放在柜台上。男招待给他拿了一杯特色啤酒。请问，男招待为什么这样做？

第22关 挑战

难度：★★☆☆☆

在当地一个酒吧里，赵亮向刘星发出了挑战：“我把这块普通的手帕放在地板上，你面对着我站在一个角落里，我站在另一个角落里。如果我们中的一个人不撕破手帕或者将它割开、拉扯或移动，我敢打赌你就不能碰到我。”结果，赵亮赢了。

这是怎么做到的？

根据图形回答问题

难度：★★★★☆

观察下图，回答下列有关图形的问题：

1.图中包含多少个三角形？　　2.图中有多少个直角？

3.从左到右或从上到下，一共有多少对平行线？

4.图中有多少个不同的部分？　　5.图中有多少个长方形？

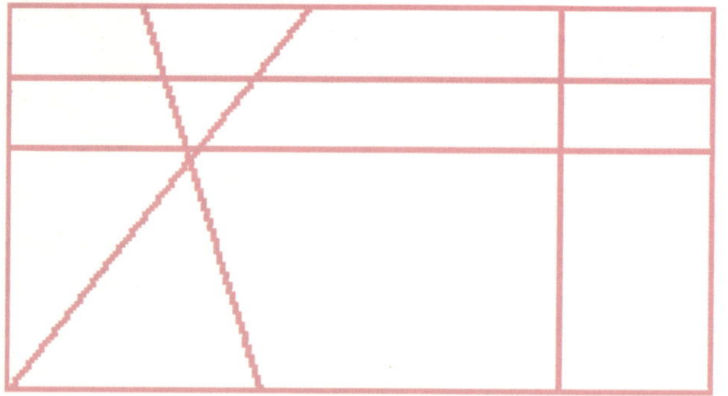

变化

难度：★★★☆☆

参照图 1 和图 2 的对应关系，那么图 3 应该和哪一项是对应的？

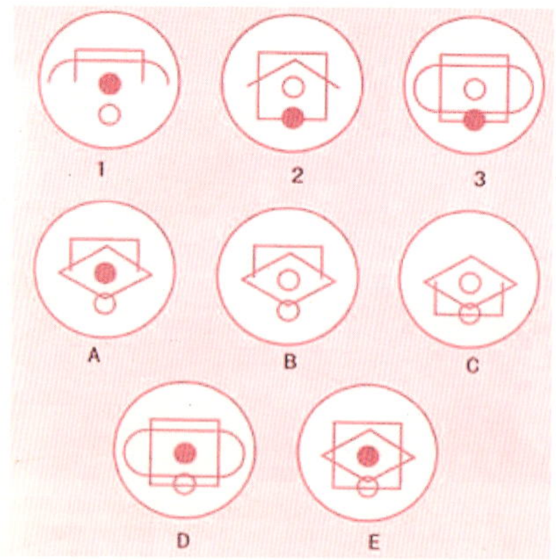

第25关 无法逮捕

难度：★★☆☆☆

在一间破旧的酒吧里，方特正和他的一帮狐朋狗友玩牌，桌子边围了五个男子。几局牌之后，其中一个人瞪着眼拉长声音对发牌人讲:“你在作弊。”发牌人立即拔出手枪打死了那个人。

有人请来了法官，他是一个非常强壮的彪形大汉，虽然他令人望而生畏，这个案子大家也是有目共睹的，但他却无法逮捕其中的任何一名男子。

你知道为什么吗?

第26关 夫妇俩喝酒

难度：★★★☆☆

从前有一对夫妻，两个人平常都很喜欢喝酒。他们俩平均每 60 天可以喝完 1 缸葡萄酒，8 个星期可以喝完 1 桶白兰地；如果让丈夫单独喝葡萄酒，那么需要 30 个星期才能喝完；如果让妻子一个人喝白兰地的话，那么他至少需要 40 个星期才能喝完。他们喝酒时有一个怪癖，有白兰地时丈夫只喝白兰地；有葡萄酒的话妻子只喝葡萄酒。

现在他们家有半桶白兰地和半缸葡萄酒，那么，他们把酒全部喝完需要多长时间呢?

第27关 狡猾的船长

难度：★★★☆☆

甲国和乙国之间的战争一直持续了数百年，战乱使得两国的百姓都不得安宁。为了促使两国人民和平相处，经过协商，两国国王共同签署了一项法令，明确规定所有来往于两国之间的商船上，都必须同时有来自两国的船员，而且其人数必须相等。在某个具有历史意义的日子里，这样的船终于开始通航了。

这艘商船上共有船员30人：15个甲国人和15个乙国人，船长则是强壮而冷酷无情的乙国人。出航没多久，船就遇上了风暴，受到严重的损坏。船长表示，唯一能救这艘船的办法，就是把一半的船员扔下海，以便减轻船的负荷。为了公平起见，他决定让船员们抽签决定由谁来蹈海赴死：所有人都站成一排，由船长读数，每数到第九的船员就被扔下水。大家都同意了这个办法。

奇怪的是，因这种办法而被扔下水的船员，全是甲国人，没有一个乙国人。请问船长是怎样将船员进行排列的？

赢了赌局，输了钱

难度：★★☆☆☆

刘星对赵亮说："我们来赌上十局吧，一局赌一次。每一局的赌注都是你钱包里的钱的一半。我知道你钱包里现在只有 8 块钱，那我们第一局就只赌 4 块钱好了。如果你赢了，我给你 4 块钱；但如果我赢了，你就得给我 4 块钱。这样的话，到了第二局，你就可能有了 12 块钱或者只剩下 4 块钱，所以我们就可以赌 6 块钱或者 2 块钱了。其他局也依次类推。"

他们前后共玩了 10 局。刘星赢了四局，输了六局，但赵亮却惊奇地发现自己的口袋里只剩下 5.70 元，也就是说，他多赢了两局，却反倒输了 2.30 元。怎么会这样呢？

差了钱

难度：★★★☆☆

妈妈的水果店有两种哈密瓜，一种 10 元 2 斤，一种 10 元 3 斤。这两种哈密瓜每天都可以卖 30 斤，收入 250 元。

有一天，妈妈不小心把两种哈密瓜混到一起了，而且每斤的重量各是 30 斤，这两种哈密瓜外表一样，又区分不出来。后来，妈妈想了一个办法：把这两种哈密瓜以 20 元 5 斤的价格出售，但是，到晚上算账的时候只有 240 元，还差 10 元钱，那 10 元钱到哪去了？你知道吗？

巧妙的安排

难度：★★★☆☆

在古代的一次战役中，一位将军带领 360 个将士守护一座城池。这位将军将 360 个将士分派在四面城墙上，并使四周敌人都能看到每边城墙上有 100 个将士守卫。战斗异常激烈，守城将士不断阵亡，兵员逐渐减少至 340、320、280、260、240、220 。但在这位将军的巧妙安排下，每边城墙上的守卫将士始终都能让敌人看到 100 名。敌人以为是天神帮助，便惊慌地撤走了。你知道这位将军是怎么安排的吗？

自然老师的算术题

难度：★★☆☆☆

课堂上，老师在黑板上写了一组不可思议的算式。同学们看到老师的这个题目，都猜不出老师的意思，要他们判断哪些题目是错的吗？可是，这些题目非常简单，一眼就可以看出答案。老师的葫芦里到底卖的是什么药？看着同学们疑问的眼光，自然老师笑了笑说：“同学们，你们知道在什么情况下，这些等式是成立的吗？”你们知道这是什么吗？

第32关 小鸭子拼单词

难度：★☆☆☆☆

小鸭子和小公鸡是好朋友，它们经常在一起玩。一天，小鸭子在草地上捡了一些木棒，拼成了鸭子的英文单词“duck”。它对小公鸡说：“你能移动一根木棒，就把鸭子的单词变成公鸡的单词吗？”大家知道要怎样拼吗？动动你们的双手试下吧！

第33关 巧修电话机

难度：★★★☆☆

新来的维修工负责维修某地段内电话亭的电话机。

如图所示，在他的职责范围内，共有15个电话亭。主管告诉他，前八个电话亭中有五个都需要修理，并让他先试修其中的一个。维修工听后，直接走向了8号电话亭。

你知道这是为什么吗？

第34关　磊赚了多少钱

难度：★★★☆☆

磊是位二手车销售商，通常情况下，他买下车况较好的旧车，然后转手卖出，并从中赚取30%的利润。

某次，一个客户没有任何怀疑就从磊手里买下一部二手车，但是，三个月后，车子坏了。大为不满的客户找到磊要求退款。磊拒绝了，但同意以当时交易价格的80%回收这部车。客户最后很不情愿地答应了。

你知道磊在整个交易中赚了多少个百分点的利润吗？

第35关　空心字谜

难度：★★☆☆☆

星期天，豆豆又缠着爸爸带他去游乐园玩，爸爸有事情要忙，于是就想出了一个字谜让豆豆猜，猜中的话就带着他去玩。于是豆豆连忙点头同意，猜字谜可是他最拿手的了。爸爸的字谜是空心的“想念”两个字，要打一成语，这下可难住豆豆了，你知道这是什么成语吗？

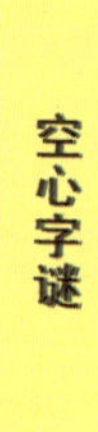

西瓜到底有多重

难度：★★★★☆

某水果店所用的秤是量程为 10kg 的吊盘式杆秤。现有一较大西瓜，超过此秤的量程。店员甲找到另一秤砣，与此杆秤秤砣完全相同，把它与原秤砣结在一起作为秤砣进行称量。平衡时，双砣位于 6.5kg 刻度处，他将刻度乘以 2 得 13kg，作为此西瓜的重量，卖给顾客，店员乙对这种称量结果表示怀疑，为了检验，他取另一西瓜，用单秤砣正常称量得 8kg，用店员甲的双秤砣去称量，示数为 3kg，乘以 2 得 6kg。这证明店员甲的办法是不可靠的。请问，店员甲卖给顾客的那个西瓜实际重量是多少？

过马路的机器人

难度：★★★☆☆

科学家发明了一个可以在简单程序操控下穿过马路（不是单行线）的机器人。但是，由于科学家们犯了一个严重的错误，导致这个机器人前后共花了八个小时才穿过马路。

请问，是哪里出错了？

第38关　钻石项链

难度：★★☆☆☆

从前，有一个贵妇人的脖子上挂着一个特别大的钻石项链，这条项链的挂坠上镶有25颗呈十字架排列的钻石。拥有这件无价之宝的贵妇人平日里最喜欢清点十字架上的钻石，她无论从上往下数，还是从左往上数或者从右往上数，答案都是13个。但是贵夫人的这三种数法被工匠知道了。当贵妇人拿着被工匠修好的挂坠，当面清点完回家后，工匠正在看着手里从挂坠上取下的钻石偷偷地笑。

你知道工匠师是在哪个地方动了手脚取下来的吗？

第39关　有几个外星人

难度：★★★☆☆

某房间里聚集着一群外星人。现在，已知每一个外星人的每一只手上，都有不止一个手指；所有外星人都有和其他人一样多的手指；每个外星人的每一只手上的手指数量都各不相同。如果你已经知道房间里的外星人的手指总数，你就会知道外星人一共有几个了。

假设这个房间里的外星人的手指总数为200～300只，请问，房间里共有几个外星人？

第40关 阿凡提智斗国王

难度：★★★☆☆

有一天，国王把阿凡提叫到皇宫里面，他问阿凡提："你知道王宫前面的水池里有几桶水吗？"在场的大臣们一想，这个问题很不好回答，都暗暗替阿凡提担心，但阿凡提眨眨眼睛，很快说出了正确的答案。你知道阿凡提是怎么回答的吗？

第41关 聪明的倩倩

难度：★★☆☆☆

这天倩倩到了一家新开张的布店里要买两匹布，她精心挑了两匹布后，问多少钱？店铺的一个服务员说："姑娘真是好眼光，今天是本店的开张日，只收半价。"倩倩听了就说："既然半价，那我买你两匹布再把一匹布折合成一半的价钱还给你，这样咱俩就两清了。"如果你是店里的服务员，你会答应吗？

香肠有毒

难度:★★★☆☆

小老鼠有一根香肠,香肠上有一些数字,这些数字可不是一般的数字,它带有一定的毒性,数字不消失的话,是不能吃的。其实有一个很好的方法可以让这些有毒的数字消失:只要填出问号中的数字,这些数字就会自动消失。小老鼠想啊想,眼看香肠就要过期了,还是没有想出来。为了让可爱的小老鼠早日吃上自己渴望已久的香肠,你来告诉它吧,问号的数字应该是什么?

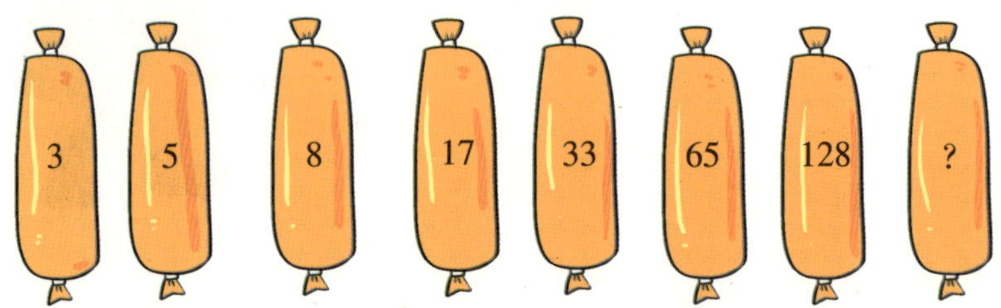

倒掉酸梅汤的爸爸

难度:★★☆☆☆

夏天的天气真是热,薇薇家的小花狗趴在地上伸舌头喘着气,爸爸见大家热得直流汗,就叫薇薇去冷饮店买点酸梅汤来。薇薇拿着一大碗买来的酸梅汤回来后,由于冷饮店离家有点远,酸梅汤捧回来时已经不凉了,喝了也不解渴。于是爸爸叫薇薇再去买一点酸梅汤。薇薇想了想,便拿着保温瓶去买,用这个方法真好,买回来的酸梅汤冷气逼人,一看就觉得凉快,但是爸爸却把薇薇买回来的酸梅汤倒掉了。薇薇看着自己的劳动成果被倒掉了,流下了伤心的眼泪,你们能给薇薇解释下为什么倒掉吗?

第44关 如何击中帽子

难度：★☆☆☆☆

景龙刚去当兵没几天就学会开枪了。现在他用眼罩把眼睛蒙上，手中握一支枪。连长把他的帽子挂起来后，让景龙往前走了60米，然后反身开枪，要求子弹必须击中那顶帽子。你知道景龙怎么做才能一定击中那顶帽子吗？

第45关 鱼儿和水

难度：★★☆☆☆

嫣然过生日时，妈妈送了她一个漂亮的鱼缸，并问了她一个很奇怪的问题："如果把这鱼缸装满水，再放进一些小石块，水就会从鱼缸里面溢出来，如果在鱼缸里面放一条与石块相同重量的小金鱼，水会不会溢出来呢？"小伙伴们也想一想水会溢出来吗？

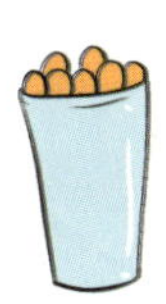

第46关 不诚实的一家人

难度:★★★☆☆

李敬家一直被认为是老实的一家人。但是这天家人却不老实。中午吃饭,爷爷先在圆形餐桌前坐下,问其他四人要怎么坐。没想到连这个也要说谎。

妈妈:"我坐女儿旁边。"

爸爸:"我坐儿子旁边。"

女儿:"我妈妈是在我弟弟旁边。"

儿子:"那我右边是妈妈或姐姐。"

请问:他们一家人到底是怎么坐的?

第47关 跨不过的地方

难度:★★☆☆☆

纪晓岚小时候就聪明过人。有一天他对一个目空一切、头脑简单的莽汉说:"你虽然厉害,但我取一本书放在地上,你也未必能跨得过去。"莽汉听了大怒,一定要试试看。纪晓岚取出书放好后,那莽汉果然没有跨过去。这是怎么回事呢?

第48关 车牌号码

难度：★★☆☆☆

一天清晨，在某省的快速车道上发生了一起车祸。一名小学生被一辆超速行驶得汽车撞的在空中翻了半圈，肇事司机马上就逃走了。

交警赶来后扶起那名小学生，却发现小学生没有受半点伤，而且很清楚地告诉警察肇事车辆的车牌号是：8619

警方立即对这辆车展开调查，要逮捕肇事者，却发现这个车牌的汽车确实有不在场的证明。你知道肇事后逃走的汽车的车牌号码究竟是多少吗？

第49关 帽子和人的关系

难度：★★★☆☆

周末，李老师带领学生去郊外游玩。男生戴的帽子是蓝色的，女生戴的帽子是红色的。但是每一个男生都说蓝色帽子和黄色帽子一样多，而每个女孩却说蓝色帽子比黄色帽子多一倍。

请问：男生和女生各有多少个？

第50关 骂人的画

难度：★★☆☆☆

清朝末年山东有个著名的画师，有一年，慈禧太后为了修建颐和园，把他召到京城，要他画一大屏风放在仁寿殿里，好为她歌功颂德。画师心里十分恨慈禧，可是又没有办法，只有答应了。

他把自己关在屋子里，一连几个月没日没夜地画画。献画的日子到了，慈禧带了文武百官来看画，只见屏风上画了一个胖小孩，跪在午门前，手托着一大大寿桃，后面飘着各种国旗，排列着各国军队。文武百官都拍马屁说："这是仙童祝寿，万国来朝！"慈禧开始还很得意，突然，她想到了什么，大声骂道："他好大的胆子，竟然敢用谐音来骂我！"她马上派人抓画师，但是画师早已经逃出京城了。你们知道这幅画是什么意思吗？

第51关 嫣然的问题

难度：★★☆☆☆

嫣然说："在一个星球上，当你扔出一块石头后，它只在空中飞了一段距离后就停顿在半空中，再向你飞回来，当然它绝对不是碰到了什么东西被弹回来。"你知道嫣然说的是哪个星球吗？

第二章

挑战你的分析思维

分析思维是指遵循严密的逻辑规律，通过逐步推理得到符合逻辑的正确答案或结论的思维方式。它进行的模式是阶段式的，一次只前进一步，步骤明确，包括一系列严密、连续的归纳或演绎过程。

第1关 薪酬政策的陈述

难度：★★☆☆☆

如果高层管理人员本人不参与薪酬政策的制定，公司最后确定的薪酬政策就不会成功。另外，如果有更多的管理人员参与薪酬政策的制定，告诉公司他们认为重要的薪酬政策，公司最后确定的薪酬政策将更有效。

如果以上陈述为真，那么以下哪项陈述不可能有假？

A.除非有更多的管理人员参与薪酬政策的制定，否则，公司最后确定的薪酬政策不会成功。

今天加薪了！

B. 如果高层管理人员本人参与薪酬政策的制定，那么公司最后确定的薪酬政策不会成功。

C. 如果高层管理人员本人参与薪酬政策的制定，那么公司最后确定的薪酬政策就会成功。

D. 如果有更多的管理人员参与薪酬政策的制定，那么公司最后确定的薪酬政策将更加有效。

第2关 古希腊哲人的名言

难度：★☆☆☆☆

古希腊哲人说，未经反省的人生是没有价值的。下面哪一个选项与这句格言的意思最不接近？

A.只有经过反省，人生才有价值。

B.要想人生有价值，就要不时地对人生进行反省。

C.糊涂一世，快活一生。

D.人应该活得明白一点。

第3关 谁在撒谎

难度：★★☆☆☆

粗心的爸爸把500元现金落在了客厅的桌子上。等他想起来时，钱已经不见了。家里只有他的两个孩子豆豆和贝贝。

豆豆说："是的，我看见了。我把它放在了你房间的书桌上，用一本黄皮书压着了。"

贝贝说："是的，我也看见了。我把它夹在了黄皮书的第113页和114页之间。"

爸爸听完他们两个人的说辞，立刻就明白谁撒了谎。你知道吗？

第4关 被困小岛

难度：★★☆☆☆

加尔各答的近郊有一条世界著名的河流——恒河。河的中心有一个流沙堆积起来的小岛，岛上有一座古老的桥与河岸相连，可是这座桥已经破烂不堪，很少有人在上面走。

但有一个人在散步时，由桥上走到小岛上去了。在返回时，刚走了两三步，桥就发出嘎嘎的响声，好像就要断似的，他只好又返回沙岛。这个人不会游泳，大声呼救也无人理会。他只好呆在这个岛上想办法，竟在岛上困了十天，到第十一天，他才过了此桥回到河岸。你知道这是怎么回事吗？

第5关 巧传密函

难度：★★☆☆☆

在第二次世界大战时，侵华日军打算进行大规模军事行动。为了进一步了解日方的密谋，我军某特工深入敌占区，盗取日军的行动计划。

某天夜里，该特工潜入日军的司令官邸，由三楼卧房偷出有关行动计划的密函。正要离开，忽然楼上传来阵阵脚步声，原来是日军司令提前宴罢归来。特工走到窗边，看到楼下正临着一条窄长的河，他想潜水逃走，但他费了九牛二虎之力偷来的密函就泡汤了。幸好对面楼上有助手接应，他从窗口探出头来，伸长了手，但与接应者还是差七八十厘米。如果用竹竿系着文件，就可以顺利地递过去，可是在这千钧一发之际根本来不及去找竹竿之类的长东西。

若要踏着窗户的雨搭跳过去，可雨搭又窄又斜根本无法站稳；他想把信丢过去，又怕被风吹走。突然，他灵机一动，利用特殊手段顺利地完成了任务。然后由三楼跳进运河逃离了官邸。

请仔细设想，我方特工到底是使用什么妙计把密函传给助手的呢？

第6关 纸牌游戏

难度：★★★★☆

贝贝、小芳和小刚玩一种纸牌游戏，一共35张牌，其中有17个对子，还有一个单张。

1.贝贝发牌，先给小芳一张，再给小刚一张，然后给自己一张；如此反复，直到发完所有的牌。

2.在每个人把手中成对的牌打出之后，每人手中至少剩下一张牌，而三人手中的牌总共是9张。

3.在剩下的牌中，小芳和贝贝手中的牌加在一起能配成的对子最多，小刚和贝贝手中的牌加在一起能配成的对子最少。

请问那张单张发给了谁？

提示：判定给每个人发了几张牌以及每两个人手中的牌加在一起能配成的对子的数目。

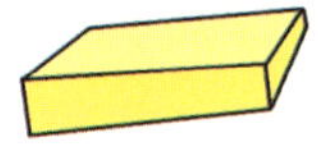

第7关 谁偷吃了蛋糕

难度：★★★☆☆

小慧生日的时候，妈妈送了她一个大蛋糕，小慧把蛋糕拿到了学校，可是她上完体育课回来后，却发现蛋糕被别人偷吃了。于是她问了留在教室的四个人，得到了下面的答案：

小杨说：“琪琪吃了蛋糕。”琪琪说：“宁宁吃了蛋糕。”小玉说：“我没有吃。”宁宁说：“琪琪说谎。”他们当中，只有一个人说了真话，其余的人都在说谎，可是偷吃蛋糕的只有一个人，到底是谁偷吃了蛋糕呢？

第8关 判断身份

难度：★★★☆☆

有A、B、C、D四个朋友住在同一个城镇上，其中一个是民警，一个是木匠,一个是医生,一个是农民。

一天A的儿子摔坏了腿,A带儿子去找医生，医生的妹妹是C的妻子,农民没有结婚,他家养了很多母鸡,B经常到农民家去买鸡蛋,民警每天都与C见面,因为他俩住隔壁,请根据以上信息判断A、B、C、D的身份并进行连线。

民警	A
木匠	B
医生	C
农民	D

100颗绿豆

难度：★★★★☆

5个囚犯,按1～5号排序在装有100颗绿豆的麻袋里抓绿豆,规定每人至少抓一颗,而抓得最多和最少的人将被处死,而且,他们之间不能交流,但在抓的时候,可以摸出剩下的豆子数。

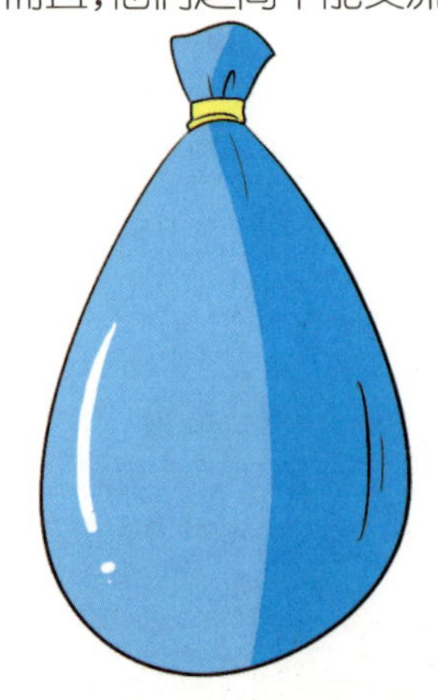

请问他们中谁的存活概率最大?

提示:

1.他们都是很聪明的人。

2.他们的原则是先求保命,再去多杀人。

3.100颗不必都分完。

4.若有重复的情况,则也算最大或最小,一并处死。

人和计算机

难度：★☆☆☆☆

人的日常思维和行动中，哪怕是极其微小的行为，都包含着有意识的主动行为，包含着某种创造性，而计算机的一切行为都是由预先编制的程序控制的，因此计算机不可能拥有人所具有的主动性和创造性。

补充下面哪一项，才能够强有力地支持题干中的推理？

A.计算机能够像人一样具有学习功能。

B. 计算机程序不能模拟人的主动性和创造性。

C.在未来社会，人控制计算机还是计算机控制人，是很难说的一件事。

D. 人能够编出模拟人的主动性和创造性的计算机程序。

神秘的店

难度：★★★☆☆

在一条即将营业的商业街上，装修地点最好的是 A—F 店。小王开的是 A 店，朋友问他开了一家什么店？但是调皮的小王给了以下几个条件让他们猜：

1.A 店的右边是书店。

2.书店的前面是花店。

3.花店的隔壁是面包店。

4.D 店的前面是 F 店。

5.E 店的邻居是酒馆。

6.E 店跟文具店处在道路的同一侧。

那么，你知道小王开的是什么店吗？

第12关　进城

难度:★★☆☆☆

上个星期的一天，我进了趟城，理了个发；买了一张那天发行的当地的周报；在农贸市场买了一些葡萄；在药店里买了一些药；还在银行里兑了一张50元的支票。理发店每星期一休息；银行每星期六和星期日休息；农贸市场只在星期一、三、六开张；药店每星期日休息。你知道我是在上星期的星期几进城的吗？

第13关　我买了什么

难度:★★★☆☆

在超级市场里，已知第一位顾客花了27美元买了1瓶番茄酱和1磅香肠；第二位顾客花了14.5美元买了1包泡泡脆和1罐烤蚕豆；第三位顾客花了15.5美元买了1罐烤蚕豆和1瓶番茄酱；第四位顾客花了28.5美元买了1罐蜂蜜和1包泡泡脆；而我花了24美元，同样买了两样东西，你知道是什么吗？

提示：我买的两样东西在上述几种食品以内，有几种组合。

第14关 颜色与生产效率

难度:★★★★☆

在一项颜色对生产率作用的研究中,让100位工厂工人中的50位从其土褐色的工作间移到一间颜色明亮的工作间。这些工人和剩下在土褐色工作间的工人都增进了其生产率,可能是因为研究人员们在研究中同时对两个群体的工作都很感兴趣。

下面哪个选项能对上面提供研究结果的解释提出最合理的质疑?

A.50位移到颜色明亮的工作间的工人和留在土褐色工作间的工人执行的是完全一样的制造任务。

B. 土褐色的工作间是被设计用来最多为65名工人提供足够空间的工作间。

C.50位移到颜色明亮的工作间的工人与50位留在褐色工作间的工人在年龄和培训水平上都是尽量接近地进行分配。

D. 两个群体中几乎所有的工人都自愿移到颜色明亮的工作间。

E. 许多移到颜色明亮的工作间里的工人报道说,他们比喜欢颜色明亮的工作间同样或更多地喜欢土褐色的工作间。

第15关 网球选手是谁

难度：★★☆☆☆

有两位女士，刘晴和赵倩，还有两位先生，赵飞和李斯，他们四人都是运动员。其中一位是游泳选手，一位是滑冰选手，一位是体操选手，一位是网球选手。有一天，他们围着一张方桌而坐：

1.游泳选手坐在刘晴的左边。

2.体操选手坐在赵飞的对面。

3.赵倩和李斯相邻而坐。

4.有一位女士坐在滑冰选手的左边。那么谁是网球选手？

第16关 小和尚顿悟了什么

难度：★★★☆☆

一个小和尚想结束终日无所事事的生活，经过长途跋涉后，他找到他认为最有造诣的老和尚学佛。

小和尚坐在老和尚跟前，谈了许多，他发现老和尚给他倒茶的茶水漫出茶杯渗到桌面上，老和尚却没有停下手的意思。

第二天，小和尚跪在老和尚跟前，又说了许多，他发现老和尚给他倒茶的茶水漫出茶杯渗到桌面上，老和尚还是没有停下的意思。

第三天，小和尚更加恭敬虔诚地跪在老和尚跟前，当他开口说到一半时，发现茶杯满了，老和尚还在继续倒茶。顿时，小和尚明白了，他站了起来，毕恭毕敬地给老和尚连鞠三躬下山去了。你知道小和尚悟到了什么吗？

第17关 亲缘关系

难度：★★☆☆☆

李志、赵刚和吴凡是有亲缘关系的三人，但他们之间没有违反伦理道德的问题。

1.他们三人当中，有李志的父亲、赵刚唯一的女儿和吴凡的同胞手足。

2. 吴凡的同胞手足既不是李志的父亲也不是赵刚的女儿。

请问他们中哪一位与其他两人性别不同？

提示：以某一人为瓦尔的父亲来进行推断；若出现矛盾，换上另一个人。

第18关 环境危机

难度：★★★☆☆

一国丧失过量地表土壤，需进口更多粮食，这就增加了其他国家土壤的压力；一国大气污染，导致邻国受到酸雨的危害；二氧化碳排放过多，造成全球变暖、海平面上升，几乎可以危及所有的国家和地区。下述哪项最能概括上文的主要观点？

A. 环境危机已影响到国与国之间的关系，可能引起国际争端。

B.经济的快速发展必然导致环境污染的加剧，先污染、后治理是一条规律。

C.在治理环境污染问题上，发达国家愿意承担更多的责任和义务。

D.环境问题已成为区域性、国际性问题，解决环境问题是人类面临的共同任务。

E.各国在环境污染治理方面要量力而行。

酒鬼先生

难度：★★★☆☆

有五个嗜酒如命的人，他们的绰号分别是“威士忌”“鸡尾酒”“茅台”“伏特加”和“白兰地”。某年圣诞节，他们之中的每一个人都向其他四个人中的某一人赠送一瓶酒。没有两个人赠送的是相同的礼品；每一件礼品都是他们中某一个人的绰号所表示的酒；没有人赠送或收到的礼品是他自己的绰号所表示的酒。“茅台”先生送给“白兰地”先生的酒是鸡尾酒；收到白兰地酒的先生把威士忌酒送给了“茅台”先生；其绰号和“鸡尾酒”先生所送的礼品名称相同的先生把自己的礼品送给了“威士忌”先生。请问：“鸡尾酒”先生所收到的礼品是谁送的？

第 20 关 我的关系

难度：★★★★☆

张任的儿子是我的儿子的父亲，那么，“我”与张任的关系是__________。

A.“我”是张任的祖父；

B.“我”是张任的父亲；

C.“我”是张任的儿子；

D.“我”是张任的孙子；

E.“我”就是张任。

数学家的遗嘱

难度：★★★★☆

阿拉伯数学家花拉子密去世时，他的妻子正怀着他们的小孩。于是，他立下这样的遗嘱："如果我亲爱的妻子帮我生个儿子，我的儿子将继承三分之二的遗产，我的妻子将得三分之一；如果是生个女儿，我的妻子将继承三分之二的遗产，我的女儿将得三分之一。"

而不幸的是，在孩子出生前，这位数学家就去世了。之后，发生的事更困扰大家，他的妻子帮他生了一对龙凤胎，而问题就发生在他的遗嘱内容上。

请问该如何遵照数学家的遗嘱，将遗产分给他的妻子、儿子和女儿呢？

女盗梅姑

难度：★★★☆☆

这是女盗梅姑应邀出席阿拉伯国王的招待会时发生的事情。国王在15米见方的豪华地毯正中放了一顶金光闪闪的王冠。"女士们、先生们，谁能不用上地毯就拿到这顶王冠？只能用手，不准用其他任何工具。谁能拿到，就把它作为礼物送给谁。"话音刚落，人们全都聚在地毯周围争先恐后地伸出手，但谁也够不到。这时，梅姑微笑着说："好吧，我来试试！"说着，便轻而易举地拿到王冠。那么，她用了什么办法呢？

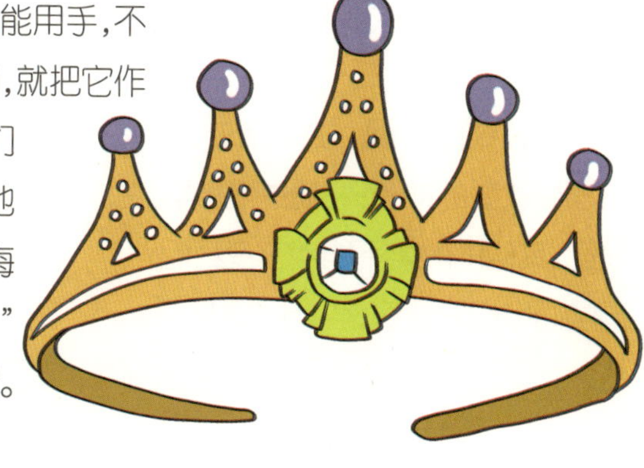

第23关 紫罗兰变“红罗兰”

难度:★★★☆☆

一束普通的鲜花,孕育了一个重大的发现——酸碱指示剂的发现。这是发生在300年前的一个真实的故事。

英国著名科学家、化学家波义耳,平时非常喜爱鲜花,但他却没有时间去逛花园。于是,他只好在自己房间里摆上几个花瓶,让园丁每天送些鲜花以便观赏。一天,园丁送来了几束紫罗兰。正准备去实验室的波义耳立即被它艳丽的花色和扑鼻的芳香吸引住了。他随手拿起一束紫罗兰,边欣赏边向实验室走去。进了实验室后,他把紫罗兰往桌上一放,便开始了他的化学实验。就在他向烧瓶中倾倒盐酸时,一不小心将酸液溅出了少许,而这酸液又恰巧滴在了紫罗兰的花瓣上。谁知这下却发生了一个意想不到的现象:紫罗兰转眼间变成了“红罗兰”。

这惊奇的发现,立即触动了波义耳那根敏锐的神经:“盐酸能使紫罗兰变红,其他的酸能不能使它变红呢?”同学们你们知道这是为什么吗?

谁是间谍

难度：★★★★☆

在一列国际列车的车厢内，有四个不同国籍的旅客，A、B、C、D，他们身穿不同颜色的上衣，坐在一张桌子的两边，其中两人靠着窗户，另两人则紧靠过道。

现在已知道，他们中有一个身穿蓝色上衣的旅客是个国际间谍，并且又知道：

1.英国旅客坐在 B 先生的左侧；

2.A 先生穿褐色上衣；

3.穿黑色上衣者坐在德国旅客的右侧；

4.D 先生的对面坐着美国旅客；

5.俄国旅客身穿红色上衣；

6.英国旅客把头臂向左边，望着窗外。

请问谁是穿蓝色上衣的间谍？

谁当司令

难度：★★★☆☆

有 6 位小朋友一起做游戏，他们准备选出一个当“司令”。有人教他们一种方法：让他们围成一圈，从一位小朋友开始顺时针报数，报到“ 9 ”的被淘汰出局，依此类推，最后留下的一位即为“司令”。

如右图所示，如果从小红开始，谁能当“司令”呢？

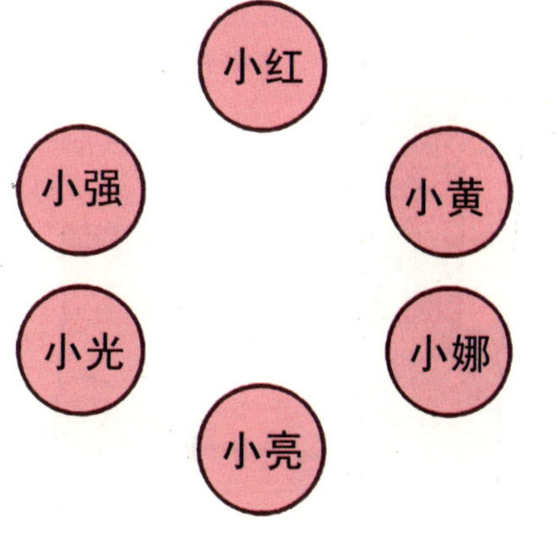

第26关 他们各是什么职业

难度：★★☆☆☆

甲、乙、丙3人是邻居，乙的家在中间，他们各自的职业不清楚，只知道他们分别是医生、工人和商场服务员。

一天工休，丙不在家，商场服务员牵着丙的哈巴狗散步去了，甲家那台收音机的声音实在太响，工人受不了，就在那堵与甲相隔的墙上轻轻敲了几下。

请你分析一下：他们各自的职业是什么？

第27关 葡萄酒和可乐

难度：★★★☆☆

一个饮料店里有容量分别为9、12、15、17、19、27升的6个木桶，每个木桶里各装满了葡萄酒或可乐。已知，买1升葡萄酒的价钱，可买3升的可乐。

某天，李志刚买走了其中5桶，并各付了462元买葡萄酒和可乐。

请问李志刚买了各几升的葡萄酒和可乐？

第28关 谁是凶手

难度：★★★☆☆

某国一名私家女侦探来到泰国 调查一起黑帮凶杀案时，在她所住的富豪饭店被枪杀。附近警长带助手赶到现场，见女侦探倒在窗下，胸部中了两枪，手里紧握着一支口红。警长撩起窗帘一看，只见玻璃上留着一行用口红写下的数字：809。又从女式提包中找出一张卷得很紧的小纸条，纸条上写着："已查到三名嫌疑犯，其中一人是凶手。这三人是：代号608的光、代号906的岛、代号806的刚。"

警长沉思片刻，指着纸条上的一个人说："凶手就是他！"根据警长的推断，警方很快将凶手缉拿归案。

你知道凶手是谁吗？为什么？

第29关 让人遐思的碑文

难度：★★★☆☆

在一块墓碑上，刻着让人遐思的碑文，它曾吸引了无数人前来推测和祭奠。这块墓碑的碑文如下：

这里躺着女儿，这里躺着父亲，这里躺着儿子，这里躺着母亲，这里躺着姐妹，这里躺着兄弟，这里躺着妻子和丈夫。

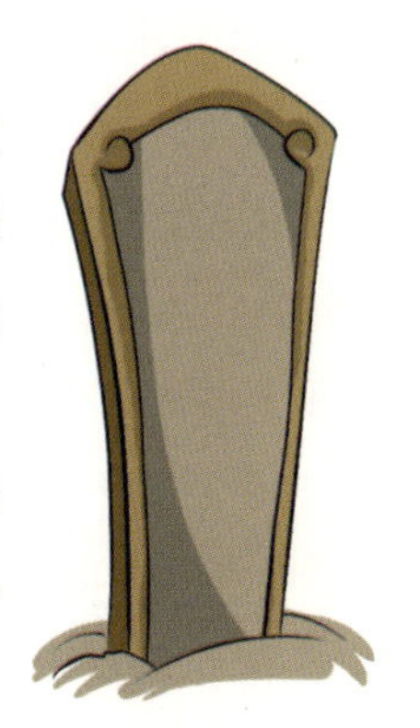

如果包括同母异父或同父异母的关系，埋葬在墓地里的最少有几个人？

第30关 不幸的遭遇

难度：★★★★☆

这是一个古老的传说：有一位美丽的姑娘在河边洗澡，当她洗完后发现放在岸边的衣服被人偷了。关于这件事，受害者、旁观者、目击者和救助者各有各的说法。他们的说法如果是关于被害者的就是假话，如果关于其他人的就是真话。请你根据他们的说法判定谁是受寒者。

丽丽说："妍妍不是旁观者。"

妍妍说："小荷不是目击者。"

菲菲说："丽丽不是救助者。"

小荷说："妍妍不是目击者。"

第31关 合伙打鱼

难度：★★★★☆

一个山清水秀的村子里有三个好朋友：小明、小刚和小强，他们常在一起合伙打鱼。一次，他们忙碌了大半天，打了一堆鱼。实在太累了，就坐在河边的柳树下休息，一会儿就都睡着了。小明醒了后想起家里有事，看小刚和小强睡得正香，就没有吵醒他们。他把鱼分成三份，自己拿一份走了。不一会儿小刚也醒了，要回家。他也把鱼分成三份，自己拿一份走了。太阳快落山了，小强才醒来。他想，小明和小刚上哪去了？这么晚了，我得回家劈柴去。于是，他又把鱼分成三份，自己拿走一份。最后还剩下8条鱼。

第二天，他们又合伙到河边打鱼，才知道昨天分的鱼不合理。小明立即把剩下的8条鱼给小刚3条，小强5条。你能算出他们原来共打到多少条鱼吗？

六角迷宫

难度：★★★★★

六角迷宫是由许多三角形组成的，各三角形之间都有分界线。你可以从边界上的任一三角形地区进入，然后自行决定所走的路线。不过无论你从几号地区出发，你必须穿越几条分界线后才能停止。例如如果你从3号地区出发，那你就一定要穿越三条分界线才能停下来。请问，你应该选择怎样的路线，从哪里进入，才能走到中央那个三角地区并停下呢？

羽毛球能手

难度：★★☆☆☆

杨老师、他的妹妹、他的儿子和女儿都是羽毛球能手，关于四人的情况如下：

1.常胜将军的双胞胎兄弟或姐妹与表现最差的人性别不同。

2.常胜将军与表现最差的人年龄相同。

请问：这四人中谁是常胜将军？

第34关 取胜的秘方

难度:★☆☆☆☆

小熊和小兔两个人用象棋的棋子玩一个游戏。他们轮流把棋子放在一个圆形的小盘子上,规则是:

棋子不能重叠摆放，如果轮到一个人放棋子，当圆盘上剩余的空间不允许再放一个棋子时，他就输了。

你能帮他们设计出一种战略，不管棋子有多少、圆盘有多大，都能让第一个放棋子的人可以永远赢下去吗?

第35关 小蚂蚁回家

难度:★★☆☆☆

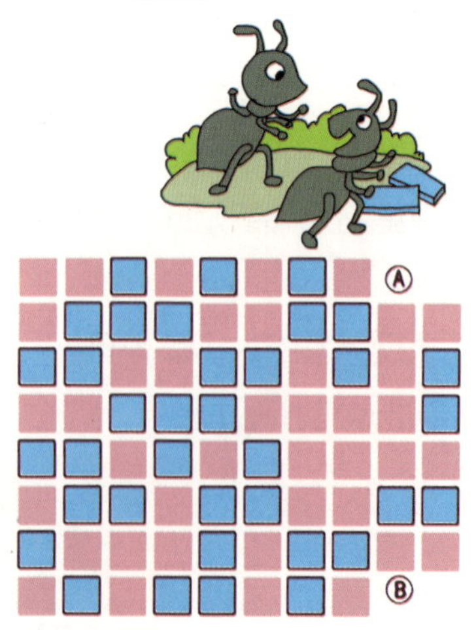

小蚂蚁从 A 处要回 B 处的家,喜欢在砖缝中走一条路:每经过一块砖头，两边都是花纹相同的路线。同学们，你知道它应该怎样走吗?

第36关 三位客商

难度：★★★☆☆

某客店接待三位客商，客店主人笑嘻嘻地询问这三位客人是卖什么的。一位瘦大爷说："我的货：远看像座山，近看不是山，上边水直流，下边有人走"。"店主听了满意地点点头："欢迎，欢迎。"另一位胖客商随后答话："我的货是：又扁又圆肚子空，有面镜子在当中，人们用它要低头，摸脸搓手又鞠躬"。店主人会意，热情地说："请进！请进！"最后一位女客商说："我卖的是：铁打一只船，不推不动弹，开船就起雾，船过水就干。"店主人听了三人的话，已经知道了他们各卖什么货。

你知道他们卖的是什么货吗？请从下面答案中选出正确的填在括号里。

大碗　脸盆　玩具轮船　伞　熨斗　馍馍

瘦大爷卖的是（　　　）。

胖客商卖的是（　　　）。

女客商卖的是（　　　）。

第37关 说话的医务人员

难度：★★★★☆

医院里的医务人员，包括我在内，总共有16名医生和护士。下面讲到的人员情况，无论是否把我计算在内，都不会有任何变化。在这些医务人员中：

1.护士多于医生。

2.男医生多于男护士。

3.男护士多于女护士。

4.至少有一位女医生。

这位说话的人是什么性别和职务？

提示：确定一种不与题目中任何陈述相违背的关于男护士、女护士、男医生和女医生的人员分布情况。

第 38 关　越境的特务

难度：★★★★☆

在国境线上，边防巡逻战士击毙了一个越境的特务。特务身上有一纸条，纸条上有十组普通的数字：

14073 63136 29402 35862 84271

79588 42936 98174 50811 07145

根据敌情分析，这个特务企图与潜伏在某市的间谍取得联系，因此，这些数字必然隐藏着他们之间的联络暗号。密码破译员对这十组数字进行研究后发现这个暗号是一个五位数；在这十组数字中的每一组，都只有一个数字同暗号数字相同，并且它们所处的位置也相同。你能将这个暗号破译出来吗？

第 39 关　世界第三长河

难度：★★☆☆☆

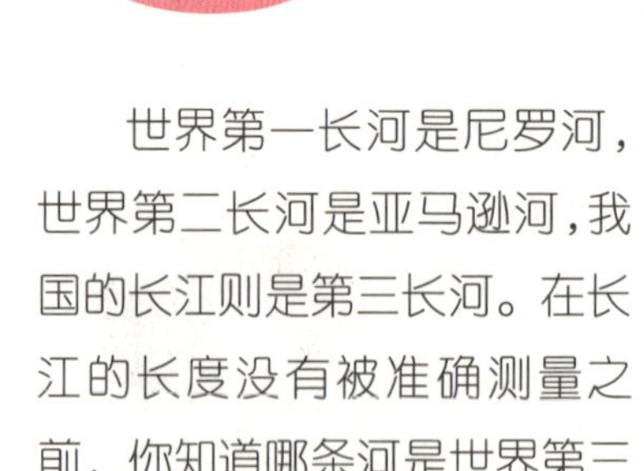

世界第一长河是尼罗河，世界第二长河是亚马逊河，我国的长江则是第三长河。在长江的长度没有被准确测量之前，你知道哪条河是世界第三长河吗？

第40关 灯泡被盗的问题

难度：★★☆☆☆

在某国一个主要的城市地铁站里面，灯泡被偷是时常发生的事情，也是一个大问题。灯座设在伸手可及的地方，而且无法移动。如果你是市政当局，该如何解决这个问题，才能防止灯泡被偷走的事情再次发生呢？

第41关 售票员是怎么知道的

难度：★★★☆☆

一名警察和他的妻子到一个滑雪胜地去度假。警察的妻子被发现摔死在了悬崖下面。在度假胜地工作的售票员与当地警方取得了联系，这名丈夫以谋杀罪被逮捕。售票员怎么知道这是一起故意杀人案？

1.售票员从来没有见过警察和他的妻子。

2.如果没有售票员提供的信息，当地警方就不能逮捕这名警察。

3.雪橇留下的轨迹显示不出这是一起故意杀人案。

4.她是摔死的。

5.她是个滑雪好手。

第42关 过河问题

难度：★★★☆☆

有一个人带着三只豹子和三只羚羊过河，河边只有一只能承载三个物体的小船。当这个人不在，且豹子的只数大于或等于羚羊的只数时，豹子就会吃掉羚羊。请问，怎样才能安全渡河？

第43关  脑筋急转弯

难度：★★☆☆☆

小明每天早上都有读报的习惯，东东说：“报纸上的消息不一定百分之百都是真的。”小明拿下眼镜，看着东东说：“但我知道有的消息是绝对假不了的。”说完指给东东看，东东笑着同意了。你知道小明说的是什么吗？

漂流的草帽

难度：★★★★☆

有位渔夫戴一顶大草帽，坐着一艘划艇在一条河中钓鱼。河水的流动速度是每小时 3 英里，他的划艇以同样的速度顺流而下。“我得向上游划行几英里，”他自言自语道，“这里的鱼儿不愿上钩！”

当他开始向上游划行的时候，一阵风把他的草帽吹落到船边的水中。但是，渔夫并没有注意到他的草帽丢了，仍然向上游划行。直到他划行到船与草帽相距 5 英里的时候，才发觉这一点。于是他立即掉转船头，向下游划去，终于追上了他那顶在水中漂流的草帽。

在静水中，渔夫划行的速度总是每小时 5 英里。在他向上游或下游划行时，一直保持这个速度不变。当然，这并不是他相对于河岸的速度。例如，当他以每小时 5 英里的速度向上游划行时，河水将以每小时 3 英里的速度把他向下游拖去，因此，他相对于河岸的速度仅是每小时 2 英里；当他向下游划行时，他的划行速度与河水的流动速度将共同作用，使得他相对于河岸的速度为每小时 8 英里。

如果渔夫是在下午 2 时丢失草帽的话，那么他找回草帽是在什么时候？

第45关　刷牙

难度：★★☆☆☆

我们都知道刷牙时不能说话，但是飞飞却能在早上刷牙的时候一边刷一边大声唱歌，他是怎么做到的？

第46关　散步

难度：★★★★☆

父亲和儿子一起出去散步，儿子带了一只小狗先出发，10 分钟后父亲再出发。父亲刚一出门，小狗就向他跑过来，到了父亲身边后马上又返回到儿子那里。就这么往返地跑。如果小狗每分钟跑 500 米，父亲每分钟走 200 米，儿子每分钟走 100 米，那么父亲从出门到追上儿子时，小狗一共跑了多少米？

几何谜题

难度：★★☆☆☆

李敬是个几何迷，凡是与几何有关的东西，他都会收集起来，然后跟小伙伴一起讨论。下面是李敬给伙伴们出的一些几何谜语。你能猜出来李敬的谜题吗？

1.中途（　）

2.弯路（　）

3.马路没弯（　）

4.羊打架（　）

5.五分钱（　）

6.孤身一人（　）

7.失去联络（　）

8.并肩前进（　）

一台老钟

难度：★☆☆☆☆

有一台老钟，每小时慢四分钟，3点以前和一只走得很准的手表对过时间，这时正好指在12点。请问：老钟还需要走多少分钟才能指在12点？为什么？

谁的方法最好

难度：★★☆☆☆

长颈玻璃瓶装满了水，要想把水尽快地倒出来，嫣然和她的两个小伙伴有以下三种方法，你认为哪种方法最好？

嫣然：瓶口朝下，一动不动地往下倒；

薇薇：瓶口朝下，上下来回摇晃着往外倒；

菲菲：瓶口朝下，不停地旋转瓶子往外倒；

坐不到的地方

难度：★★☆☆☆

东东和爸爸坐在客厅里聊天，儿子突然对爸爸说："我可以坐到一个你永远都做不到的地方！"爸爸觉得这不可能，你认为可能吗？

第三章 挑战你的逻辑思维

逻辑思维是人们在认识过程中借助于概念、判断、推理反映现实的过程。在逻辑思维中，要用到概念、判断、推理等思维形式和比较、分析、综合、抽象、概括等方法。

伪造的录音

难度：★★★☆☆

某屋发生了凶杀案，死者为已婚女性。探长来到现场观察。法医说尸体检验后证实死者死亡时间不超过两小时，是被一把刀刺中心脏而死。

探长发现桌上有台录音机，问其他警员："你们开过录音没有？"警员都说没开过。

于是，探长按下了放音键，录音机里传出了死者的声音：

"是我老公想杀我，他一直想杀我。我看到他进来了，他手里拿着一把刀。他现在不知道我在录音，我马上要被他杀死了……咔嚓……"录音到此中止。

探长听完这段录音，马上对众警员说，这段录音是伪造的。你知道探长为什么这么快就认定这段录音是伪造的吗？

与众不同

难度：★★★★☆

有12个外观、大小完全一样的球，其中有一个份量与众不同，但不清楚它的轻重。现在，给你一架天平，仅允许称三次，你可以判断出哪一个球与众不同吗？

辨别真假精灵

难度：★★★★☆

有甲、乙、丙三个精灵，其中一个只说真话，另外一个只说假话，还有一个随机地决定何时说真话，何时说假话。你可以向这三个精灵问三个是非题，而你的任务就是从他们的答案中找出谁说真话，谁说假话，谁是随机答话。这个问题困难的地方是这些精灵会以“Da”或“Ja”回答，但你并不知道它们的意思，只知道其中一个字代表“对”，另外一个字代表“错”。你应该问哪三个问题呢？

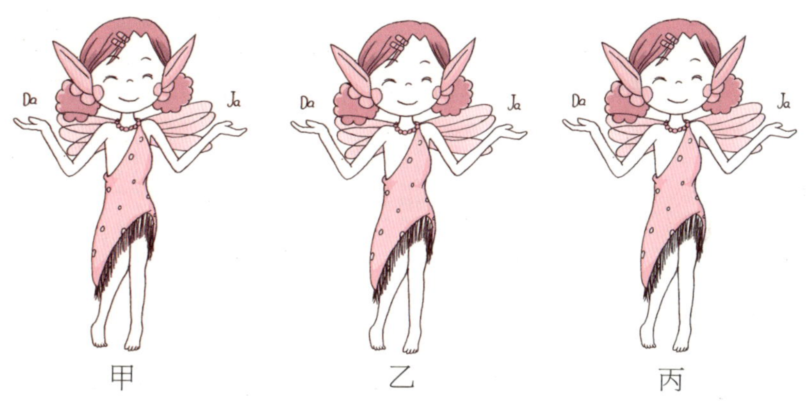

第4关

日期的疑问

难度：★★☆☆☆

已知某一个月份有五个星期二，而且其中的第二个星期天是13号，请问：

1.这个月的第三个星期二是几号？

2.这个月的最后一个星期五是几号？

3.这个月的第一个星期一是几号？

4.这个月一共有多少个星期六？

5.这个月的第二个星期五是几号？

第5关 手提包的颜色

难度：★★★☆☆

大学生小白、青年工人小黄、护士小蓝在车站相遇。她们高兴地聊了起来，忽然，她们之中提着白色提包的一个人说："真有趣，我们三个人的手提包，一个是白色的，一个是黄色的，一个是蓝色的，可是，没有一个人的手提包的颜色是和自己的姓所表示的颜色相同。"小黄立即接着说："是啊！"请问护士小蓝的手提包是什么颜色？

第6关 抓阄

难度：★★★☆☆

从前，有一个国王，他手下有两个大臣，一个好，一个坏。坏大臣为了独自掌权，总想把好大臣害死。有一天，他在国王面前讲了好大臣很多坏话，国王偏听偏信，决定第二天用抓阄的办法来处理好大臣。办法是：命令好大臣从盒子里任意抓一个阄，而盒子里只有两个阄，一个写"生"，一个写"死"，抓到"生"就活，抓到"死"就死。

当天夜里，坏大臣逼迫做阄的人把两个阄都写成"死"，这样，好大臣无论抓到哪个阄都得死。坏大臣走后，做阄的人就偷偷地给好大臣送了信。请好大臣自己想办法。如果你是好大臣，该怎么办？

谁说错话

难度：★★★★☆

这里有8个人在说话，他们说的话都是把自己包括在内的，请认真读他们说的话，然后回答问题。

A君："我们中间至少有1个人说的是正确的。"

B君："我们中间至少有2个人说的是正确的。"

C君："我们中间至少有3个人说的是正确的。"

D君："我们中间至少有4个人说的是正确的。"

E君："我们中间至少有1个人说的是错的。"

F君："我们中间至少有2个人说的是错的。"

G君："我们中间至少有3个人说的是错的。"

H君："我们中间至少有4个人说的是错的。"

请问说错话的人是谁？

第8关

在哪个岛上

难度：★★★☆☆

有A、B两个岛，A岛的人都只说实话，B岛的人都只说假话。白天，两个岛的部分人互相到对方的岛上做生意。有一个外地人，到了其中的一个岛上，他也知道两个岛上的人的说话习惯，但是他不能确定他现在到底在哪个岛上。于是，他随便找了一个人，问了对方一个问题，立刻便知道了自己身在何岛！

请问这个外地人问的是什么问题？他是如何确定自己身处哪个岛的？

第9关 凶犯是谁

难度：★★★★★

美国作家罗斯·马克德纳德是一位喜欢研究世界名案的文人，他称私家侦探鲁·亚查是一位孤高的犯罪哲学家，并对这位侦探善于推理的才华佩服得五体投地。原因是洛杉矶市曾发生了这么一起凶杀案，罪犯未逃脱鲁·亚查的火眼金睛。

伊丽莎白街曾发生了一起杀人事件，朗弗罗先生已作为可疑分子被警方逮捕。根据验证，杀人用的手枪是朗弗罗的，而且上面还留有他的指纹。从实施杀人的时间看，也证明朗弗罗曾在现场，犯罪动机也十分充足。然而，他的朋友、负责处理该起案件的爱默生侦探却绝对相信，朗弗罗先生并非罪犯！善于刨根问底的鲁·亚查，感到其中另有文章。经过一番周密侦察，终于查出了真正的凶犯。

你能猜出真正的凶犯是谁吗？

第10关 相同的蛇

难度：★★☆☆☆

假设有两条相同的蛇，互相吃对方的尾巴，不断吃下去，最后会剩下什么？

雅婷的自信

难度：★★★★☆

这是一个气温超过34℃的炎热夏天，一列火车刚刚到站。

女侦探雅婷站在月台上，听到背后有人叫她："雅婷小姐，你要去旅行吗？"叫她的人是和她正在侦查的一件案子有关的梦瑶。

"不，我是来接人的。"雅婷回答。"真巧，我也是来接人的。"梦瑶说。说着，她从手提包里掏出一块巧克力，掰了一半递给雅婷："还没吃午饭吧？来吃点巧克力。"雅婷接过来放到嘴里，巧克力硬梆梆的。

这时，雅婷突然想到什么，厉声对梦瑶说："你为什么要撒谎，你分明是刚刚从火车上出来，为什么要骗我说你也是来接人的？"梦瑶被她这么一问，脸色马上变红了。但她仍想抵赖，反问说："你怎么知道我刚下火车？你看见的？""不，我没看见，但我知道你在撒谎。"雅婷自信地说。

为什么雅婷断定梦瑶在撒谎？

第12关

想想看

难度：★★★☆☆

一间屋子有三盏灯，另一间屋子有三个开关控制着这三盏灯，每个开关对应一盏灯。可是不知道具体的对应关系。你在有开关的屋子里，如何控制开关？注意只能去有灯的屋子，一次就要判断出哪个开关控制哪盏灯，并且从任意一间屋子看不到另一间屋子里的情况。记得只能到有灯的屋子去一次哦！

你知道如何判断吗？

第13关 谁偷了吴能的钱包

难度：★★★☆☆

小偷吴能和往常一样，很顺利地将电车里的三名乘客的钱包偷走了。

他第一次偷了一位穿迷你裙小姐的钱包，接着他偷了一位身着西装的中年男子的钱包，最后他掏了一位中年妇女的口袋。

吴能下了车，连忙跑进旁边的厕所高兴地检查起自己的“战利品”。那位小姐的包里有100元，中年男子的包里有200元，中年妇女的包里只有50元。“都是穷光蛋。”正当吴能感到不悦而皱眉头时，他发现和这三个偷来的钱包放在一起的自己的钱包不见了，那里装着1000多万日元呢。不仅如此，他的口袋里还有一张纸条，上面写着：“在偷别人东西之前，最好先注意自己的口袋。”“畜生！还有比我手段高明的贼。”吴能愤恨地说。

到底这三个人中，谁偷了吴能的钱包呢？

第14关 企鹅肉

难度：★★★☆☆

一天女孩给男孩做了一道菜，男孩吃完后，觉得味道怪怪的，于是他问那女孩，这是什么肉啊？

女孩说，这是企鹅肉，男孩沉思了一会儿，然后痛哭了起来，自杀了，请问这是为什么？

夜半敲门声

一个人独自住在山顶的小屋里，半夜听见有敲门声，他打开门时却没有人，于是去睡了，过了一会儿又传来敲门声，他再次去开门，还是没人，这样的现象那晚发生了好几次。第二天，有人在山脚下发现一具死尸，警察调查后就把山顶的那人带走了。这是为什么？

分配宝石

难度：★★★★☆

5个海盗抢到了100颗宝石，每一颗的大小都一样，并且价值连城。他们决定这么分：第一步，抽签决定自己的号码（1、2、3、4、5）；第二步，首先，由1号提出分配方案，然后5个人进行表决，而且仅当超过半数的人同意时，按照他的提案进行分配，否则他将被扔入大海喂鲨鱼；第三步，1号死后，再由2号提出分配方案，然后4人进行表决，当且仅当超过半数的人同意时，按照他的提案进行分配，否则他将被扔入大海喂鲨鱼；第四步，以此类推。条件：每个海盗都是很聪明的人，都能很理智地判断得失，从而做出选择。海盗的判断原则：

1.保命；

2.尽量多得宝石；

3.尽量多杀人。

请问最后的分配结果如何？

第17关 谁跑得慢

难度：★★★☆☆

从前有个财主，有一天把他的两个儿子叫到面前，对他们说："你们赛马跑到沙漠里的绿洲吧。谁的马胜了，我就把全部财产给谁。但这次不是比快，而是比慢。我到绿洲去等你们，看谁到得迟。"兄弟俩听了父亲的话，就骑着各自的马开始慢吞吞地赛马了。可"大漠孤烟直""赤日酷似火"，在沙漠里慢吞吞的怎么受得了啊！正当两人痛苦难熬地下马时，哥哥突然想到一个好办法，等弟弟醒悟过来后已经来不及了，哥哥终于赢了这场比赛。请问你知道哥哥想到的是什么办法吗？

第18关 三只瓶子

难度：★★★☆☆

有三只瓶子并列放在桌上，中间是只红的，红的左边是只白的，红的右边是只绿的。你能用最少的步骤，使红的左边是绿的，红的右边是白的吗？

第19关 马拉松比赛名次

难度：★★★☆☆

根据下面所提供的信息，找出率先完成马拉松比赛的前八位运动员的名字和名次：李磊位列第四，在小杨后面，但跑在小王之前；小王的名次在林涛后面，但他跑在小张前面；小杨的名次在小朱后面，但跑在小许之前；小希比小许落后两个名次；林涛的成绩是第六名。

聪明的读者，你猜得出来吗？

第20关 原始部落

难度：★★★★☆

盼盼乘船时流落到了一个神秘岛，发现神秘岛上住着一个原始部落，部落有60个人，其中男人们都说实话；女人们都说谎话。由于受困于神秘岛，盼盼便向他们求助。

但是，部落首领出了个难题给盼盼。这60个人围成一个圈，每个人打扮得一模一样，外表看不出来是男人还是女人。每人都说自己站在男人和女人之间。不过，有两个男人犯错了！他们不小心说了谎。此时，部落首领就问盼盼，如果他能猜出部落中有几个男人和几个女人，就答应帮盼盼离开神秘岛！

你能猜出有几个男人和女人吗？

第21关 击鼠标比赛

难度：★★★☆☆

在一次击鼠标比赛上，参赛者有东东、波波和小杰。东东10秒钟能击10下鼠标；波波20秒钟能击20下鼠标；小杰5秒钟能击5下鼠标。以上各人所用的时间是这样计算的：从第一击开始，到最后一击结束。

他们是否打平手？如果不是，请问谁能最先击完40下鼠标？

第22关 生日礼物

难度：★★★☆☆

阳阳快过生日了，妈妈给她准备了一个生日礼物——一条漂亮的裙子。为了考验一下小新，妈妈将礼物放在下面的两个盒子当中的一个，两个盒子上面分别系有一张纸条。阳阳一看就知道礼物在哪个盒子里，你知道吗？

巧倒葡萄酒

难度：★★★★★

某餐厅的经理在一间商店买了一批葡萄酒。这批葡萄酒共有两种不同的规格：一种瓶装容量为五升，另一种为三升。

葡萄酒的价格已经算在餐费里了，经理也允许每位客人可以喝 1/4 升的葡萄酒。通常，这些葡萄酒会被倒进一个玻璃瓶里，放在桌上，客人们在需要时自己倒。

一个特别的晚上，餐厅举办了一场晚会。10 分钟内，16 位客人陆续抵达。但就在这时，经理发现，储藏室里只剩下两种规格的葡萄酒各一瓶了。好在对于 16 个坐在一起的客人来说，有两玻璃杯的葡萄酒(每个玻璃杯至少能装 3 升的葡萄酒)

谁的羊多

难度：★★★☆☆

6 个牧羊老人一同去放羊。老王和老钱的羊数一样，老单的羊比老李的多，可比老王的少。老毕的羊虽然没有老王、老单的多，可又比老李的多。老钱的羊比老孙的又要少一些。

你说说到底谁的羊最多？

第25关 在哪所学校读书

难度：★★★★☆

田路、王洲、林娟、朱蓉、贾明和蒋新这六个同学是邻居。他们分别在江滨中学、第十五中学和光明中学读书。现在只知道以下的一些情况：

1.在江滨中学与光明中学两校的象棋比赛中，朱蓉得了第一名；

2.在光明中学举行的“五四”晚会上，王洲、蒋新和林娟三人被邀请去该校表演小提琴三重奏；

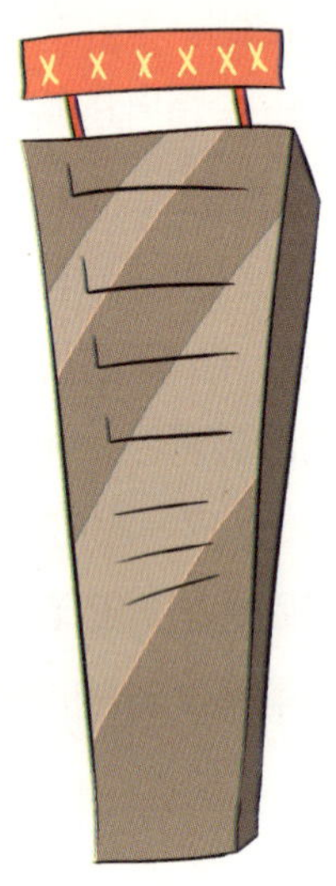

3.林娟过去曾经在第十五中学读书，后来转学了，现在同蒋新在一个班级里学习；

4.蒋新和贾明都是某校的“三好”学生；

5. 贾明和王洲曾经分别代表两个学校去参加市中学生诗歌朗诵比赛；

6.田路当班长，朱蓉当团支部书记，他俩在工作中配合得很好。

请你根据以上的情况，推断出这六个同学各在哪一所学校读书。

第26关 城市街区

难度：★★★★☆

在A、B两条大路之间，有一个居民生活小区。如果从A出发，一直向着B方向移动，一共有多少种不同的路线？

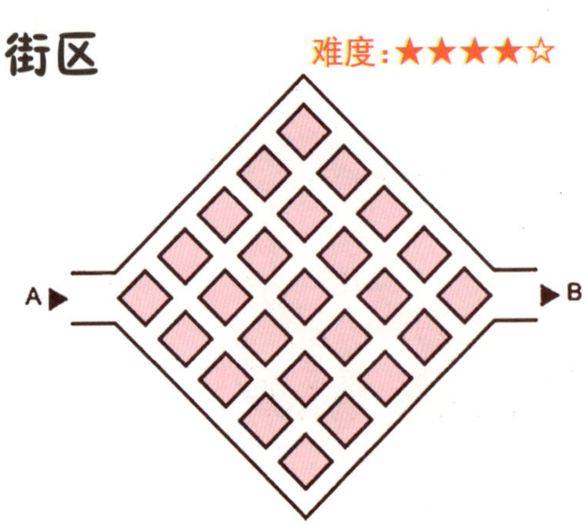

第 27 关 猜年龄

难度：★★★☆☆

一位人口普查员来到某户人家，迎接他的是一位中年妇女，她生了三个女儿。当普查员询问这三个女孩的年龄时，这位妇女有意卖一个关子，说："如果你将她们各自的年龄相乘，得数会是72；但如果将她们的年龄相加，那又碰巧是我家的门牌号码了。你可以自己去看看。"

人口普查员说："可是要推算出她们的年龄，这些信息可还不够啊。"

这位妇女又说："那好吧，我的大女儿有一只猫，其中一只脚是木头做的。"

人口普查员笑道："哈！现在我知道她们的年龄了。"

她们的年龄到底是多少呢？

第 28 关 空姐分物

难度：★★★★☆

在一架飞机上，中间是一条过道，两边是座位，每一排为三人。两位空姐 a 和 b 每人负责一边，对每位旅客分配旅行物品。

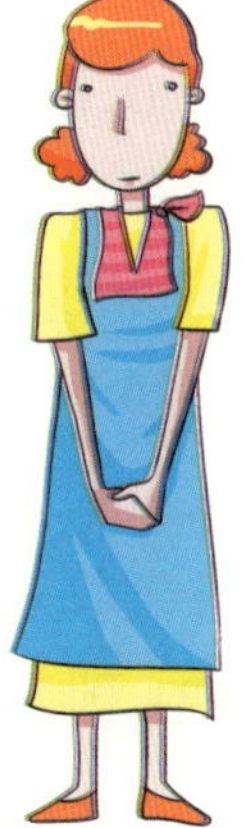

开始的时候，a 给右边的旅客发放了 6 份，此时，b 过来对她说，左边应该由 a 负责。于是 a 重新到左边开始发放，b 接着给右边剩下的旅客发放物品，之后，又帮 a 发了 15 份，最后两人同时结束工作。

请问 a 和 b 谁发的多？多发了多少份？

第29关 亲戚关系

难度：★★★★☆

李彬、向南、安东3位男士，和晨曦、嫣然、梦雅3位女士，是3对夫妻。然而并不清楚确定的配对关系。

巧合的是，3对夫妻各育有一男一女。而由于他们彼此之间非常不对盘，所以每对夫妻都故意用其他四人的名字，来为自己的儿子和女儿取名。因此，发生了如下状况：

1.安东的妻子，和小孩向南的妹妹同名。

2.嫣然的儿子叫安东。

3.李彬的女儿叫作梦雅。

请问这3对夫妻以及他们的儿女各是何人？

第30关 迷惑的队伍

难度：★★★☆☆

有A、B、C、D、E、F六人正在某超市排队结账。F没有排在最后而且在他和最后一个人之间还有两个人，这最后一个人也不是E，在A前面至少有四个人，但他也没有排在最后，D没有排在第一位，但他前后至少都有两个人，C没有排在最前，也没有排在最后。现在，请从第一位开始，列出这六个人排队的顺序。

第31关 土财主的行踪

难度：★★★★★

李阳、功成两人是土财主大富的保镖。为了确实保障主人的安全，他们决定要把大富每天的行踪弄得神秘兮兮。于是做出如下的约定：

1.每逢星期一、二、三，李阳说谎。

2.每逢星期四、五、六，功成说谎。

3.两人在其他的时间里都说真话。

某天，方成有急事找大富，他知道只有李阳、功成两人知道大富的行踪，也知道他们说谎话的时段，但却不知道哪一个人是李阳，哪一个人是功成。因此就想，要找到大富一定要问他们，而要问出对的答案就必须先知道那天是星期几。如果是星期一、二、三，就不能问李阳，如果是星期四、五、六，就不能问功成。而如果是星期天则问谁都可以。

于是方成便问他们：昨天是谁说谎的日子？结果两人都回答说：昨天是我说谎的日子。

请问，方成要找大富的那天是星期几？

白纸遗嘱

难度：★★★☆☆

作曲家简和音乐家库尔是一对盲友。简病危时曾请库尔来做公证人立下一份遗嘱，把简一生积蓄里的一半财产捐给残疾人福利机构。随即让他的妻子拿来笔和纸，以及个人签章。他在床头摸索着写好遗嘱，装进信封里亲手密封好，郑重地交给库尔。库尔接过遗嘱，立即专程送到银行保险箱里保存起来。一星期后，简死于癌症。在简的葬礼上，库尔拿出这份遗嘱交到残疾人福利机构的代表手中。但当代表从信封中拿出遗嘱时，发现里面竟然是一张白纸。

库尔根本无法相信，简亲手密封、自己亲手接过并且由银行保管的遗嘱会变成一张白纸！这时来参加葬礼的尼克探长却坚持认定遗嘱有效。众人都疑惑不解地看着尼克探长，期待着他的解释。你认为探长会怎么解释？

第33关 如何反驳

难度：★★★★☆

一个死刑犯在法官面前说道："当初我不该杀人，杀人是错误的，每个人都不该杀人，同样您或是其他人杀我也是错误的，那么请您宽恕我吧！"

如果你是这位法官，该怎样最有力地驳倒这个死刑犯呢？

4 个仙女

难度：★★★☆☆

4 个仙女手中拿着仙桃，每个人拿的数量不同，4 个到 7 个之间。然后，4 个人都吃掉了 1 个或 2 个仙桃，结果剩下的每个人拥有的仙桃数量还是各不相同。

4 人吃过仙桃后，说了如下的话。其中，吃了 2 个仙桃的人撒谎了，吃了 1 个仙桃的人说了实话。

倩倩："我吃过红色的仙桃。"

静静："倩倩现在手里有 4 个仙桃。"

蓓蓓："我和妍妍一共吃了 3 个仙桃。"

妍妍："静静吃了 2 个仙桃，蓓蓓现在拿着的仙桃数量不是 3 个。"

请问最初每人有几个仙桃，吃了几个，剩下了几个？

学生的爱好和籍贯

难度：★★★☆☆

花园城海天中学，学生来自全国各地。

东东、小荷、小希三个学生，一个是北京人，一个是上海人，一个是长沙人。现已知：

A.东东不喜欢语文，小荷不喜欢外语。

B.喜欢语文的不是上海人。

C.喜欢外语的是北京人。

D.小荷喜欢数学但不是长沙人。

请推断出这三个学生的爱好与籍贯。

第 36 关　黑白球

难度：★★★☆☆

一般来说，运用逻辑可以解决有关概率的问题。这里就有一个例子。

两个袋子中，各装有 8 个球，其中 4 个是白色，4 个是黑色。现在，我分别从两个袋子中各取出一个球。请问，在我所取出的球中，至少有一个是黑球的概率有多大？

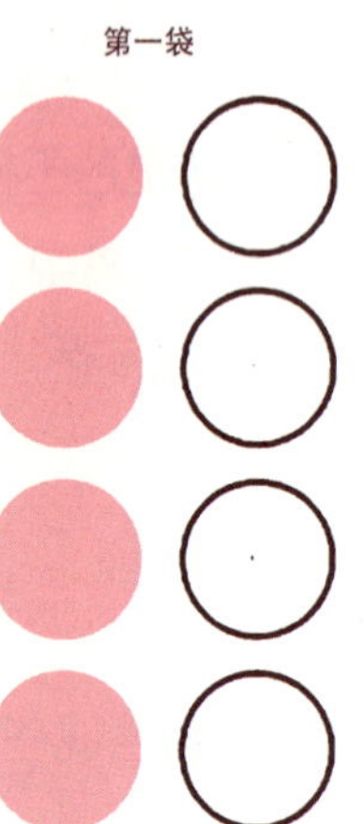

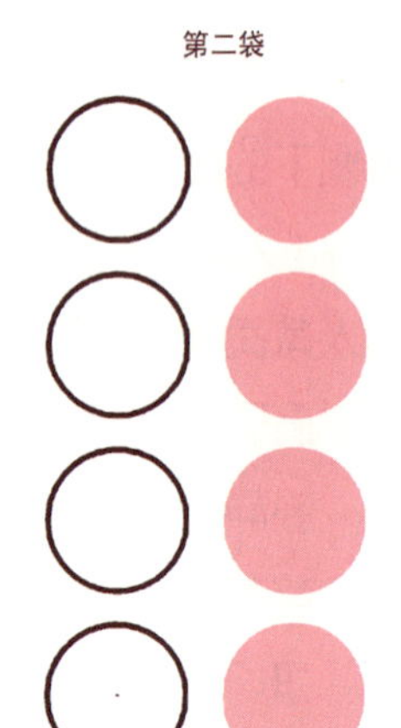

第 37 关　花园里的路径

难度：★★★☆☆

有位妇女拥有一座花园，里面有一条宽 2 米、一直向花园中间旋转的路径，路径两旁都是树篱。有一天，这女子决定步行测量路径的长度，便一直走到了花园的中心。如果忽略树篱之间的宽度，也假设她一直走在路的中间，那么，她一共走了多长的路程？

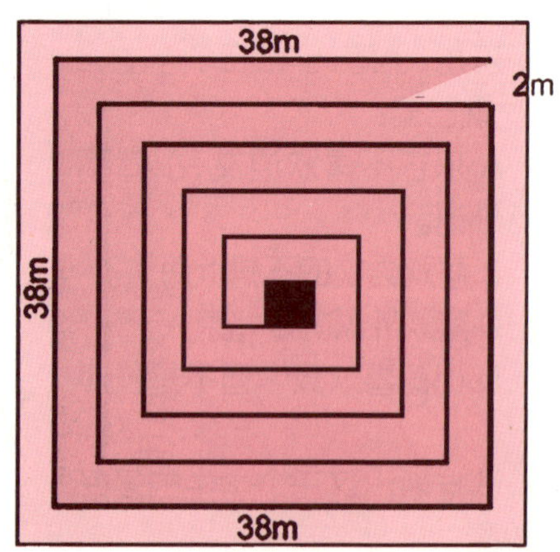

找答案

难度：★★★☆☆

甲：克劳斯亲王是丹麦女王的丈夫。菲利浦亲王是英女王的丈夫。乙：克劳斯亲王是荷兰女王的丈夫，菲利浦亲王是丹麦女王的丈夫。丙：亨利亲王是丹麦女王的丈夫。克劳斯亲王是英女王的丈夫。他们三人都说对了一半，说错了一半。

你能找出正确答案吗？

都是些什么牌

难度：★★☆☆☆

桌子上有三张扑克牌，排成一行。现在，我们已经知道：

1.K 右边的两张牌中至少有一张是 A。

2.A 左边的两张牌中也有一张是 A。

3. 方块左边的两张牌中至少有一张是红桃。

4. 红桃右边的两张牌中也有一张是红桃。

请问这三张是什么牌？

有多少只小鸡

难度：★★★★☆

农夫大牛对他老婆说：“喂，翠花，如果照我的办法，卖掉75只小鸡，那么咱们的鸡饲料还能维持20天。然而，假使照你的建议，再买进100只小鸡的话，那么鸡饲料将只够维持15天。”

翠花答道：“那我们现在有多少只小鸡呢？”

问题就在这里了，他们究竟有多少只小鸡？

牛吃饲料

难度：★★☆☆☆

村边有一棵树，树底下有一头牛，它被主人用两米长的绳子栓住了鼻子。一会儿，主人拿着饲料来了，他把饲料放在离树三米远的地方，坐在一边抽烟去了。可是，不一会儿，牛就把饲料吃完了。当然绳子很结实，没有断，也没有人解开它。那么，牛是怎样吃到饲料的呢？

第42关 意外之财

难度：★★★☆☆

偏财运特别旺的大憨常常捡到意外之财。有一天，他到公园去溜狗时，在一棵老朽树干旁捡到了一张年代久远的藏宝图，图上标记着一堆黄金宝物所在的位置。他半信半疑地按图摸索，竟然找到了两个巨大无比的大箱子和一张字条。那字条上面写着：

我将生前所搜集到的黄金宝物装在其中一个箱子里，如果你开对了箱子，里面的宝物将全数归你所有。但如果你开错了箱子，里面跑出来的东西将会让你永远与我为伴！哈哈！

满清遗老　沙仁莫　谨志

大憨接着看两个箱子上面，也各有几行几乎看不到的细蝇小字。凑近一看，发现甲箱子上写着：乙箱上所写的内容是真的，而且黄金在甲箱子里。乙箱子上写着：甲箱子上所写的内容是假的，而且黄金在甲箱子里。这下可伤脑筋了！你知道黄金到底在哪个箱子里吗？

第43关 过年

难度：★★☆☆☆

从前有位花花公子，从小被父母娇生惯养，好吃懒做，父亲死后，仍恶性不改，很快就把遗产花个一干二净，成了个穷少爷。一年除夕，穷少爷连年夜米也没有。于是写了副对子“行节俭事，过淡泊年”贴于门口。善良的舅父闻知外甥穷困潦倒，便买了2斤肉，背了10斤米过来，见门前春联，感慨万千，便语重心长地对外甥说：“你这对联的头上，还应各加一个字！”说完令外甥取来红纸和笔砚，挥毫写了一副门联。穷少爷一看，羞愧不已，从此改邪归正，成了个回头浪子。你知道各加了什么字吗？

第44关 最少时间

难度：★★★★☆

人步行的速度是每小时4公里，骑车的速度是每小时12公里，骑车可以带一个人，从甲地到乙地有80公里，那么现在有10个人、1辆自行车同时从甲地出发，最少要用多长时间才能全部到达乙地？

第45关 阿尔加维的约会

难度：★★☆☆☆

在某国有一个城镇，镇上的道路都是以方格的形式排列着(这种道路系统最先由古希腊所采用)。李磊与他的六位朋友分别住在镇上不同的角落里。如图所示，这七人的住处分别以圆形做了标记。这天，他们想聚在一起喝杯咖啡。那么，他们应该选择在哪一个地点上聚会，才能使七个人的步行距离都最短呢？

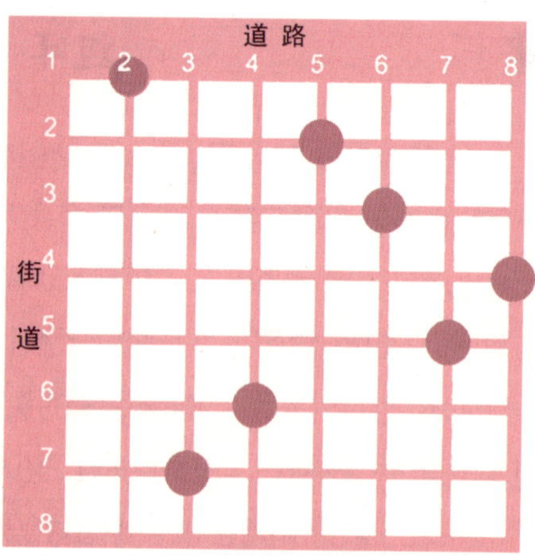

摩天大楼的麻烦

难度：★★★☆☆

一位女士住在36层高的大楼里，楼内有几部在每一层楼都可以上下的电梯可供使用。每一天早上，这位女士都会在自己所住的那层楼搭乘电梯。但是，无论她乘哪一部电梯，电梯向上的概率都是向下概率的3倍。这是为什么？

迷失的城镇

难度：★★★★★

已知在左图中，有A、B、C、D、E、F六个城镇，但图中未做明确标明。现在，如果D在B的西南方、E的南方；C在A的东北方、F的东方，E在F的东南方、B的西方，那么，这六个城镇的具体位置应该是怎么样的？

1.哪一个城镇在圆点2处？

2.哪一个城镇在最南边？

3.哪一个城镇在E的西北方？

4.哪一个城镇在圆点3处？

5.哪一个城镇在最东边？

6.哪一个城镇在B的正南方？

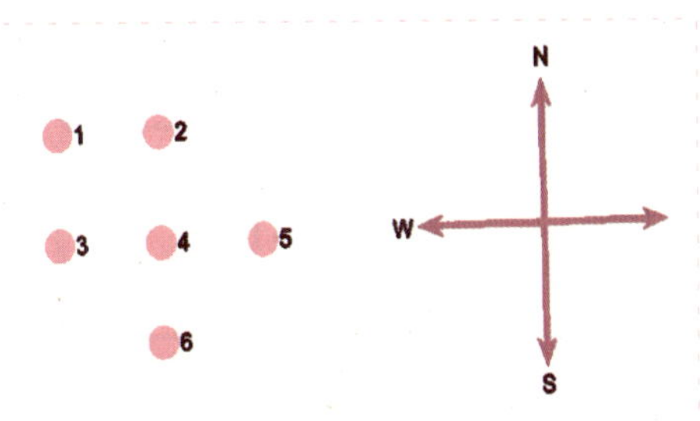

恰当的座位安排

难度：★★★★☆

在某校，男生们都坐在 1～5 的座位上，而女生们则坐在 6～10 的座位上。已知：

1.坐在 1 号座位对面的旁边的是另一位女生菲奥纳。

2.菲奥纳离格雷丝三个位置远。

3.希拉里坐在科林的对面。

4.埃迪正对的是希拉里旁边的女孩。

5.如果科林不在中间，那么阿伦在中间。

6.大卫在比尔旁边；坐在阿伦对面旁边的女孩是简。

7.比尔离科林三个位置远；科林不在 5 号座位。

8.如果菲奥纳不在中间，那么英迪拉在中间。

9.希拉里离简三个位置远；简不在 10 号座位。

10.大卫坐在格雷丝的对面。

现在你能判断出他们分别坐在什么位置上吗？

第四章

挑战你的推理思维

推理是由一个或几个已知的判断(前提),推导出一个未知结论的思维过程。其作用是从已知的知识得到未知的知识,按推理过程的思维方向划分,可分为演绎推理、归纳推理和类比推理三种。

第1关　黑麦

难度：★★★☆☆

麦角碱是一种可以在谷物种子的表层大量滋生的菌类，当中含有一种危害人体的有毒化学物质，黑麦里较为常见，黑麦是在中世纪引进欧洲的。由于黑麦可以在小麦难以生长的贫瘠和潮湿的土地上有较好的收成，因此，就成了那个时代贫穷农民的主要食物来源。上述信息最能支持以下哪项断定：

A.在中世纪以前，麦角碱从未在欧洲出现。

B.在中世纪的欧洲，如果不食用黑麦，就可以避免受到麦角碱所含有毒物质的危害。

C.在中世纪的欧洲，富裕农民比贫穷农民较多地意识到麦角碱所含有毒物质的危害。

D.在中世纪的欧洲，富裕农民比贫穷农民较少受到麦角碱所含有毒物质的危害。

第2关　购买纪念品

难度：★★★★☆

某旅游团去蒙古旅游，团员们骑马、射箭、吃烤肉，最后去商店购买纪念品。已知：

1.有人买了蒙古刀。　2.有人没有买蒙古刀。

3.该团的张先生和王女士都买了蒙古刀。

如果以上三句话中只有一句为真，则以下哪项肯定为真？

A.张先生和王女士都没有买蒙古刀。

B.张先生买了蒙古刀，但王女士没有买蒙古刀。

C.该旅游团的李先生买了蒙古刀。

D.张先生和王女士都买了蒙古刀。

偷答案的学生

难度：★★★★☆

一天，在李林教授讲授的一节物理课上，他的物理测验的答案被人偷走了。有机会窃取这份答案的，只有小波、刘华和王磊这三名学生。

1.那天，这个教室里总共上了五节物理课。

2.小波只上了其中的两节课。

3.刘华只上了其中的三节课。

4.王磊只上了其中的四节课。

5.李林教授只讲授了其中的三节课。

6.这三名学生都只上了两节李林教授讲授的课。

7.这三名被怀疑的学生出现在这五节课的每节课上的组合各不相同。

8.在李林教授讲授的一节课上，这三名学生中有两名来上了，另一名没有来上。事实证明来上这节课的那两名学生没有偷取答案。

请问这三名学生中谁偷了答案?

第4关 什么决定素质

难度：★★★☆☆

某位著名的社会学家选择了大量的研究对象进行对比实验，发现在名人家族中，才能出众的人是普通人家族中才能出众人数的45倍，因此得出结论：人的素质主要是由遗传决定的。

如果下述各项均为真，则哪项最能削弱上述推理得出的结论？

A. 名人与普通人结合，下一代才能出众人数并不如名人家族中的比例高。

B.“家无三代兴”，才能再出众也避免不了兴衰轮回的历史规律。

C.普通人家族中才能出众的表现方式与名人家族中不同，需要另外的衡量规则。

D.人的才能的培养与后天接受教育的可能性、程度和成长的环境有很强的相关性。

E.美国心理学界有这样的认识：一两的遗传胜过一吨的教育。

广告与收视率

难度：★★★★☆

电视台、报纸杂志经常统计和公布固定播放的各栏目的收视率以及观众的性别、年龄和受教育情况，这对于广告策划人员和想要进行广告宣传的企业都是十分有用的。下述推论中哪些是从上述陈述中无法得出来的：

A.广告策划人员在制作广告时，应预估有多少人可能会看到它。

B.广告要想引导消费、推介产品，其内容和形式必须注意要有针对性。

C.电视台和其他宣传媒体所采用的抽样调查的办法，其可靠性是一个需要研究的问题。

D.受教育的程度是能够影响一个人对于广告信息的理解度的。

E.企业可以根据产品的特征选择不同的广告时段。

比比个子

难度：★★★☆☆

波波比东东个子高；亮亮比小光个子高；小光个子不如涛涛高；东东和涛涛个子正好一样高。

如果上述这些陈述都是真实的，那么，下列的哪项也必定是真的？

A. 亮亮比涛涛个子高。

B. 亮亮比波波个子高。

C. 东东比亮亮个子矮。

D. 波波比小明个子高。

E. 东东比小明个子矮。

第7关 反驳

难度：★★★☆☆

陈先生：一个国家所具有的先进医疗技术和设施，并不是每个人都能均等地享受的，较之医疗技术和设施而言，较高的婴儿死亡率更可能是低收入的结果。

以下哪项如果为真，能最有力地削弱陈先生的反驳？

A.美国的人均寿命占世界第二。

B.全世界的百岁老人中，美国人占了30%。

C.美国的婴儿死亡率呈逐年下降趋势。

D.美国用于医疗新技术开发的投资，占世界之最。

E.一般地说，拯救婴儿免于死亡的医疗要求，要高于成人。

第8关 交通事故

难度：★★★☆☆

有实验表明，在时速为100公里时，两车的安全距离为100米。因此，一个了解这一实验结果而又不愿出事故的司机，在时速100公里时，其距前车的距离不会小于100米。

下列哪个选项的论断为真，最能削弱上述论点？

A.很少有人开车能达到时速100公里。

B.当两车相距100米时，肯定会有车从后面超过来，夹在中间。

C. 路上的车辆太多，无法保持适当距离。

D. 中国的车况、路况很少能达到时速100公里。

E.有时人们很少注意开车的速度。

第9关 会说话的指示牌

难度：★★★☆☆

篮球场、健身房和足球场是从教室通往宿舍的三个路过地点。一天，新生琪琪来到篮球场，看到一个指示牌，上面写着："到健身房400米／到足球场700米。"她很受鼓舞继续往前走。但当她走到健身房时，发现这里的指示牌上写着："到篮球场200米／到足球场300米。"聪明的她知道肯定哪里出了问题，因为两个指示牌有矛盾的地方。她继续朝前走，不久到达足球场，这里的路标上写着："到健身房400米／到篮球场700米。"琪琪感到困惑不解，她顺便询问一个过路的老师。老师告诉他，沿途的这三个指示牌，其中一个写的都是假话，另一个写的都是真话，剩下的那一个写的一半是假话，一半是真话。

你能指出哪块指示牌写的都是真话，哪块路标写的都是假话，哪块路标写的一半是真话，一半是假话吗？

第10关 工作与健康

难度：★★★★☆

张先生的身体状况不佳恐怕不宜继续担任部门经理的职务。因为近一年来，只要张先生给总经理写信，内容就只有一个，不是这里不舒服，就是那里有毛病。

为使上述论证成立，以下哪项是必须假设的？

1.要胜任部门经理的职务，需要有良好的身体条件。

2.张先生给总经理的信的内容基本上都是真实的。

3.近一年来，张先生经常给总经理写信。

A. 只有1　　B. 只有2

C. 只有3　　D. 只有1和2

E. 1、2和3。

第 11 关　最流行的品牌

难度：★★★☆☆

市场上生产的 PC 机大约有 200 种品牌，而我们进的货只局限于 8 种最流行的品牌。我们计划通过增加 10 种最好销的品牌来增加销量。

下列哪个选项如果为真，可以最有力地指出上述计划的弱点？

A.3 种最流行 PC 机品牌功能相似，其中没有哪种品牌在各方面都有优势。

B.7 种最流行的品牌几乎构成了所有 PC 机的销量。

C.随着 PC 机的用户水平越来越高，他们更倾向于购买并不知名的品牌。

D. 不流行品牌往往给零售商带来较少的利润，为了吸引消费者必须采取价格折扣。

第 12 关　买汽车

难度：★★★★☆

李磊、海天、江华都新买了汽车，汽车的牌子是奔驰、本田、皇冠。他们一起来到朋友赛飞家里，让赛飞猜猜他们三人各买的是什么牌子的车。赛飞猜道："李磊买的是奔驰车，江华买的肯定不是皇冠车，海天自然不会是奔驰车。"很可惜，赛飞的这种猜法，只猜对了一个。由此，下面哪项为真？

A.李磊买的是本田车，海天买的是奔驰车，江华买的是皇冠车。

B.李磊买的是奔驰车，海天买的是皇冠车，江华买的是本田车。

C.李磊买的是奔驰车，海天买的是本田车，江华买的是皇冠车。

D.李磊买的是皇冠车，海天买的是奔驰车，江华买的是本田车。

E.李磊买的是皇冠车，海天买的是本田车，江华买的是奔驰车。

第13关 院校排列名次

难度：★★★☆☆

国家教育部门策划了一项“全国重点院校排列名次”的评选活动。方法是，选择十项指标，包括对学生的思想政治教育、学校的硬件设施（校舍、图书馆等）、博士硕士点的数量、在国外发表论文的年数量、在国内出版发表的论著论文的年数量等。每项指标按实际质量或数量的高低，评以从1～10分之间某一分值，然后求得这十个分值的平均数，并根据其高低排出全国重点院校的名次。

以下各项都是对上述策划的可行性的一种质疑，除了：

A.各项指标的重要性不一定都是均等的。

B.有些指标的测定，例如学生的思想政治工作，是难以准确量化的。

C.有些专业和学科之间存在不可比关系，例如：我国马克思主义哲学的论文，由于众所周知的原因，是很难在西方世界发表的。

D.学校之间在硬件设施上的差异，有些是历史造成的，有些是国家投入的多寡造成的，不是该校自己的当前行为所造成的。

E. 出版或发表的论著论文数量较多，不一定质量就较高；反之，数量较少，不一定质量就较差。

恐龙灭绝的原因

难度：★★★☆☆

甲：恐龙灭绝的原因是由于全球性的气候剧变极大地减少了丰富的食物来源。

乙：不对，恐龙的灭绝是由于出现了新的动物家族——哺乳动物。哺乳动物繁殖迅速、动作敏捷、生存力极强，成为与恐龙争夺食物的强大对手。

丙：曾经发生过行星撞击地球，引起烟云遮日达数十年之久，所以作为恐龙食物的植物相继枯亡。

以下哪项最为恰当地概括了三人的意见?

A.三人都同意饥饿是引起恐龙灭绝的原因，但对引起食物短缺的原因有不同意见。

B.三人都同意气候的改变引起了恐龙食物的短缺，但在食物短缺如何造成恐龙灭绝的问题上有不同的看法。

C.三人都同意巨大的气候变化引起了恐龙的灭绝，但对气候剧变的原因有不同的解释。

D. 三人都认为恐龙的生存竞争力极差，由此导致了它的灭绝。

E. 三人都认为恐龙的灭绝是由于外星体作用地球的结果。

第15关 世界贸易组织

难度：★★★☆☆

在国际贸易中，当小国和穷国与大国和富国发生贸易纠纷时，去世界贸易组织(WTO)去仲裁，肯定会比双边谈判更能得到一个好的结果。

支持上述论点的主要论据是以下哪项?

A.处理贸易纠纷的双边谈判是以本国法制为依据的，这对法制不健全的弱小国家十分不利。

B.世贸组织（WTO）有关调解纠纷的多边规则是完全公平合理的。

C.调解贸易纠纷的多边规则是偏袒弱小国家的。

D.解决国际贸易纠纷应以世界贸易组织（WTO）中的有关规则为裁定标准。

E.弱小国家要尽快建立起自己完善的法律体系才不至于在国际贸易纠纷中处于不利地位。

第16关 戒烟

难度：★★★★☆

艾森豪威尔烟瘾很大，烟斗几乎不离手。某天，他宣布戒烟，立刻引起轰动。记者们向他提出了戒烟能否成功的问题，艾森豪威尔回答说：“我决不第二次戒烟。”

下面各项都可能是艾森豪威尔讲话的含义，除了：

A.在这次戒烟以前，我从没有戒过烟。

B.我曾经戒过烟，但失败了。

C.如果这次戒烟失败，我就不再戒烟。

D.我相信这次戒烟一定成功。

E.我具有戒烟所需要的足够的意志和决断力。

第17关 帽子的颜色

难度：★★★★☆

有个人死后来到天堂，圣彼得领着他在天堂各处参观。他们来到高墙下，圣彼得说："嘘——轻点。"说完，他悄悄从旁边搬来一张长梯子。圣彼得先爬上去，然后招手让那个人也爬上去。他们站在梯子的顶端向里面张望着。原来，这是一块被墙围起来的草地。草地的正中，坐着七个少年。"他们在干什么？"那个人问。圣彼得说："如果不是早逝，他们都是无与伦比的天才。到了天堂，他们志同道合，天天聚在一起玩智力游戏。今天，他们大概在猜帽子吧。"

六个少年A、B、C、D、E、F按六边形围坐着。另一个少年G则用毛巾蒙着眼睛坐在当中。有人往每人头上戴一顶帽子，其中四顶白帽子，三顶黑帽子。由于G挡住了视线，六个少年都看不见自己正对面的人戴的是什么颜色的帽子。

现在，让A、B、C、D、E、F猜自己头上戴的帽子的颜色。游戏一开始，六个少年陷入沉思，一时都猜不出来。这时，坐在当中的G说："我猜到了，我戴的是白帽子。"

G是如何推理的？

游泳池

难度：★★★☆☆

去年 6 月下旬天气奇热，但人民大学的师生却无法利用学校游泳池消暑，因为人大游泳池要到暑期才开放，而暑期则开始于 7 月上旬。因此，今后为了避免这一问题，人大校方应该把游泳池开放的时间定在从 6 月下旬开始。

上述论证预设了以下哪项？

1.去年 6 月下旬的炎热天气对于每年同期的气候来说是很典型的。

2.6 月下旬人大游泳池实际已具备了开放的条件。

3.游泳是消暑的最好形式。

A.仅仅 1　　B.仅仅 2

C.仅仅 3　　D.仅仅 1 和 2

E.1、2 和 3

环境保护

难度：★★☆☆☆

爱尔兰有大片泥煤蕴藏量丰富的湿地。环境保护主义者一直反对在湿地区域采煤。他们的理由是开采泥煤会破坏爱尔兰湿地的生态平衡，其直接严重后果是会污染水源。然而，这一担心是站不住脚的。据近 50 年的相关统计，从未发现过因采煤而污染水源的报告。

以下哪项最能加强题干的论证？

A. 在爱尔兰的湿地采煤已有 200 年的历史，其间从未因此造成水源污染。

B.在爱尔兰，采煤湿地的生态环境和未采煤湿地没有实质性的不同。

C.在爱尔兰，采煤湿地的生态环境和未开采前没有实质性的不同。

D.爱尔兰具备足够的科技水平和财政支持来治理污染，保护生态。

第20关 计算方法

难度：★★★☆☆

有些会计会用简单的加法机计算，一些会计会用复杂的计算机计算。与加法机相比，计算机可以在更短的时间内完成更多的计算。假设这两种机器的价钱相同，那么，使用计算机的会计一般来说要比使用加法机的会计每小时挣钱多。

以下哪项是使上述论证结论合乎逻辑的假设？

A.一般说来，会计是根据他们所做的计算数量以及他们所挣的钱数的不同来区别的。

B.一个会计花在工作上的时间越多，挣的钱越多。

C.一个会计完成的计算量越多，挣的钱越多。

D.一个会计进行的计算越准确，每小时的要价就越高。

第21关 第二味觉

难度：★★★☆☆

正是因为有了第二味觉，哺乳动物才能够边吃边呼吸。很明显，边吃边呼吸对保持哺乳动物高效率的新陈代谢是必要的。以下哪种哺乳动物的发现，最能削弱以上的断言？

A.有高效率的新陈代谢和边吃边呼吸能力的哺乳动物。

B.有低效率的新陈代谢和边吃边呼吸能力的哺乳动物。

C.有低效率的新陈代谢但没有边吃边呼吸能力的哺乳动物。

D.有高效率的新陈代谢但没有第二味觉的哺乳动物。

E.有低效率的新陈代谢和第二味觉的哺乳动物。

第22关 皇帝挑女婿

难度：★★★★☆

皇帝挑选驸马，应试者只须回答一个问题。答错的有两个选择：砍脑袋或者上绞刑；答不上来的也有两个选择：砍手或者剁脚；答对的也是两个选择：割掉耳朵或者娶美貌的公主为妻。

一天，来了三个聪明又英俊的小伙子甲、乙、丙。皇帝给他们看5顶一模一样的华冠，2个是红色的，3个是绿色。皇帝先给甲戴上一顶华冠，然后把他关进旁边一个漆黑的屋子里。尽管乙和丙看见了甲的华冠，甲却无法知道自己头上华冠的颜色。

同样，皇帝给乙戴上华冠，然后把他关进第二个漆黑的屋子里。乙也看不见自己头上华冠的颜色，但丙能看见。

等到三人都戴上了华冠关进各自的黑屋子后，皇帝就让美貌的公主坐在自己身边，又命令士兵们扛来各种刑具。

先把丙领出黑屋子。皇帝问："聪明的小伙子，你能说出你头上华冠的颜色吗？"丙见过另两个头上戴的，但看不见自己的。他说："圣明的皇上啊，请砍去我的一只手吧！"

于是士兵们把丙绑在刑具上，在惨叫声中丙的一只手被砍了下来。

接着把乙领出黑屋子，他只见过甲的华冠。皇帝问："聪明的小伙子，你能说出头上华冠的颜色吗？"只见乙跪下说："仁慈的皇上啊，那砍手的惨叫太可怕了，还是请砍去我的脚吧！"于是在更尖利的惨叫声中乙的脚被砍掉了。

请问第一个被关进黑屋子的小伙子(甲)知道自己戴的华冠是什么颜色吗？

第 23 关 地球和月球

难度：★★★☆☆

地球和月球相比，有许多共同属性，如它们都属太阳系星体，都是球形的，都有自转和公转等。既然地球上有生物存在，因此，月球上也很可能有生物存在。

以下哪项最能削弱上述推论的可靠性？

A.地球和月球大小不同。

B.月球上同一地点温度变化极大，白天可以上升到 128℃，晚上又降至零下 180℃。

C.月球距地球很远，不可能有生物存在。

D.地球和月球生成时间不同。

第 24 关 利润

难度：★★★★☆

近十年来，海达冰箱厂通过不断引进先进设备和技术，使得劳动生产率大为提高，即在单位时间里，较少的工人生产了较多的产品。

以下哪项一定能支持上述结论？（　）

1.和 1991 年相比，2000 年的年利润增加了一倍，工人增加了 10%。

2.和 1991 年相比，2000 年年产量增加了一倍，工人增加了 100 人。

3.和 1991 年相比，2000 年年产量增加了一倍，工人增加了 10%。

A.只有 1　　B.只有 2

C.只有 3　　D.只有 1 和 3

沼泽地

难度：★★★☆☆

在四川的一些沼泽地中，剧毒的链蛇和一些无毒蛇一样，在蛇皮表面都有红白黑相间的鲜艳花纹。而就在离沼泽地不远的干燥地带，链蛇的花纹中没有了红色；奇怪的是，这些地区的无毒蛇的花纹中同样没有了红色。对这种现象的一个解释是，在上述沼泽和干燥地带中，无毒蛇为了保护自己，在进化过程中逐步变异为和链蛇具有相似的体表花纹。以下哪项最可能是上述解释所假设的？

A.毒蛇比无毒蛇更容易受到攻击。

B.在干燥地区，红色是自然界中的一种常见色，动物体表的红色较不容易被发现。

C.链蛇体表的颜色对其捕食的对象有很强的威慑作用。

D.以蛇为食物的捕猎者尽量避免捕捉剧毒的链蛇，以免在食用时发生危险。

推测职业

难度：★★★★☆

李珂、陈旭和孙旺在一起，一位是经理，一位是教师，一位是医生。孙旺比医生年龄大，李珂和教师不同岁，教师比陈旭年龄小。推理出的结论是（　）。

A.李珂是教师，陈旭是经理，孙旺是医生。

B.李珂是教师，陈旭是医生，孙旺是经理。

C.李珂是医生，陈旭是经理，孙旺是教师。

D.李珂是医生，陈旭是教师，孙旺是经理。

第27关 相互分裂

难度：★★★☆☆

当被催眠者被告知自己是聋子后，再问他们能否听见催眠者说话时，他们回答“听不到”。

一些学者试图解释这一现象，认为被催眠者的“自我”被分裂为各个零散的部分，聋了的那一部分和回答的那一部分是相互分裂的。

以下哪项质疑最能削弱以上解释？

A.为什么回答的那一部分不答“能听到”呢？

B.为什么观察到的事实都必须有个特定的解释呢？

C.为什么被催眠者表现出已接受催眠者的暗示，觉得自己是聋子呢？

D.为什么所有被催眠者在上述情况下都做出同样的反应呢？

E.为什么所有被催眠者的自我的分裂部分都是一样的呢？

F.为什么分裂的精神不再经受大脑的统一指挥呢？

G.为什么被催眠者一定会回答呢？

第28关 接续序列

难度：★★★☆☆

步行街两旁并排开了6家店，分别是A、B、C、D、E、F。目前只知道这些情况：

1.A店的右边是书店。

2.书店的对面是花店。

3.花店的隔壁是面包店。

4.D店的对面是E店。

5.E店的隔壁是酒吧。

6.E店跟书店在道路的同一边。

你知道A店是什么店吗？

第29关 社会财富

难度：★★☆☆☆

社会学家研究发现：对某种社会现象影响最大的要素往往在量上只占少数。比如，社会财富的80%以上集中在不到20%的人手中。

以下现象中哪项不符合上述断定？

A.国家人口的大部分主要集中在少量的国土上。

B.生产中产品质量的控制往往只受某些关键环节的影响。

C.学生学的最多的是大量的基础知识。

D.大多媒体上报道的核心内容只集中在几个主题上。

E.家庭支出大部分只花在少数几个方面。

第30关 互联网

难度：★★★☆☆

“互联网是世界上最大的相互联接起来的计算机网络，可以完成小型局域网永远也办不到的事。”一位听众听到这里站起来问到：“昨天我在展览会上看到了世界上最大的一个西瓜，可是，我并不觉得它有什么特殊之处呀？”

根据上述情景，你能推断出这位听众的话隐含了以下哪项假设？

A.比较大小对能力、性质的决定，西瓜可能与计算机网络不同。

B.比较大小对能力、性质的决定，西瓜与计算机网络并无不同。

C.大的西瓜也不过就是让人吃而已，当然还可以出名，让大家都知道。

D.在展览会上同样可以看到网络上的一些事情。

E.小型局域网络确实不能具备互联网的强大功能。

计算机程序

难度:★★★☆☆

计算机程序的特别之处在于,它是唯一受专利权和版权保护的产品。专利权保护的是一种发明的创意,而版权保护的是这种创意的表述,但是为了获得两方面的保护,这种创意和它的表述必须得到严格的划分。

根据以上陈述,可以推出如下哪项结论?

A.计算机程序的创意和它的表述可以区分开来。

B.任何计算机程序的设计者都是这一个程序创意的发明者。

C.受版权保护的大部分产品都是对某种受专利权保护的创意的表现。

D.很少有发明家既是专利权的所有者,又是版权的所有者。

E.一个获得了专利权的计算机程序,很容易就可获得版权。

是什么影响购物

难度:★★★☆☆

消费者并不如厂家所想的那样易受影响,他们知道自己需要什么,而他们所想要的也许与其他人认为他们想要的相差甚远。以下哪项最能反驳上述观点?

A. 大多数人年复一年地购买同一牌子的商品,形成购买习惯或品牌忠诚。

B.当人们与同伴一起购物时,通常很少与同伴发生争执。

C.商店的货架上摆着各种牌子的商品,容易使消费者不知所措。

D.大多数消费者进入商店前都知道自己要买什么牌子。

E.做广告最多的公司销售量也最大。

防疫检测

难度：★★☆☆☆

某地区接受年度检疫的长尾猴中，有1%感染上了狂犬病。但是，只有与人及其宠物有接触的长尾猴才接受检疫。防疫专家因此推测，该地区长尾猴中感染狂犬病的比例，将大大小于1%。以下哪项将最有力地支持专家的推测？

A.与人及其宠物有接触的长尾猴，只占长尾猴总数的不到10%。

B.感染有狂犬病的，约占宠物总数的1%。

C.与和人的接触相比，健康的长尾猴更愿意与人的宠物接触。

D.与健康的长尾猴相比，感染有狂犬病的长尾猴更愿意与人的宠物接触。

假设

难度：★★★☆☆

如果小明喜欢表演，那么他可以报考戏剧学院；如果他不喜欢表演，那么他可以成为戏剧理论家。如果他不报考戏剧学院，就不能成为戏剧理论家。由此可推出小明将：

A.不喜欢表演。

B.成为戏剧理论家。

C.不报考戏剧学院。

D.报考戏剧学院。

E.不能成为戏剧理论家。

满意程度

难度：★★★☆☆

东方航空公司的大型客机 FSII5 抵达北京后，三名记者站在出口处采访刚下飞机的乘客：“您对刚乘坐的班机的服务有什么不满意的地方吗？”只有 20%的被采访者回答“有”。东方航空公司根据这一抽样调查，得出结论：至少有 80%的乘客对他们乘坐的东方航空公司的服务是满意的。

以下哪项，如果是真的，将最有力地动摇上述结论？

A.上述 FSII5 班机抵达北京时晚点 4 个小时。

B.有 10%的被采访者拒绝回答记者的提问。

C.记者只能随意采访大约 70%的离开出口的乘客。

D.在这次采访后的三个月内，有关方面收到一份对东航不满的投诉。

E.记者采访时离开出口的乘客 60%没有乘坐 FSII5。

校学生会委员

难度：★★★☆☆

在某校新当选的校学生会的七名委员中，有一个大连人，两个北方人，一个福州人，两个特长生(即有特殊专长的学生)，三个贫困生(即有特殊经济困难的学生)。假设上述介绍涉及了该学生会中的所有委员，则以下各项关于该学生会委员的断定都与题干不矛盾，除了(　)。

A.两个特长生都是特困生。

B.贫困生不都是南方人。

C.特长生都是南方人。

D.大连人是特长生。

考古学家

难度：★★★☆☆

某些东方考古学家是美国斯坦福大学的毕业生。因此，某些美国斯坦福大学的毕业生对中国古代史很有研究。为保证上述推断成立，以下哪项是真的？

A.某些东方考古学家专攻古印度史，对中国古代史没有太多的研究。

B.某些对中国古代史很有研究的东方考古学家不是美国斯坦福大学毕业。

C.所有对中国古代史很有研究的人都是东方考古学家。

D.某些东方考古学家不是美国斯坦福大学的毕业生，而是芝加哥大学的毕业生。

E.所有的东方考古学家都是对中国古代史很有研究的人。

坚强的儿子

难度：★★★☆☆

从前，当古罗马城陷入纷乱的时候，有位母亲对想趁着乱世称雄的儿子这么说："如果你正直的话，就会被大众所背叛；但如果你不正直，就会被神遗弃。反正都没有好下场，你就别强出头了。"

这位坚强的儿子不但不放弃，还利用这番话中的盲点说服了他母亲。

你知道他是如何反驳的吗？

第39关　私人汽车的发展

难度：★★★★☆

北京不适宜发展私人汽车，因为北京城市人口密度太大，交通设施落后，停车泊位过少，城市的道路容量也有限，现在的车流量已使城市交通不堪重负，如果再大量发展私人汽车，势必造成难以解决的社会问题。

下列哪项如果为真，将最有力地削弱以上结论？

A.随着经济的发展，无论从个人的经济能力还是从国家的经济实力看，我国都具备了发展私人汽车的条件。

B.日本东京的人口密度和总量不亚于北京，它也曾经存在过交通设施滞后的问题，但它现在是世界上拥有私人汽车最多的城市之一，并没有出现难以解决的社会问题。

C.各国的经验表明，在发展车和路的关系上，都是车的发展促进了路的发展。促进城市道路建设的动力之一就是发展私人汽车。

D.国外的财团纷纷看好中国的私人汽车市场，这方面的外部投资有着光明的前景。

E.衣、食、住、行是人的物质生活的四大要素，没有任何理由不让普通老百姓也享受私人汽车的便利，特别是当他们拥有相应的经济能力之后。

第五章 挑战你的综合思维

综合思维指的是在熟练掌握分析思维、逻辑思维、推理思维、观察思维等各种思考方式的基础上，拆开和重组各类思维模式，分析、推断并解决问题的过程。

迷宫

难度：★★★★☆

下图是一个与众不同的迷宫，它有多种走法都可以到达终点，但其目标是，所走的路线的得分要尽可能的低。你知道最低的分数是多少吗？

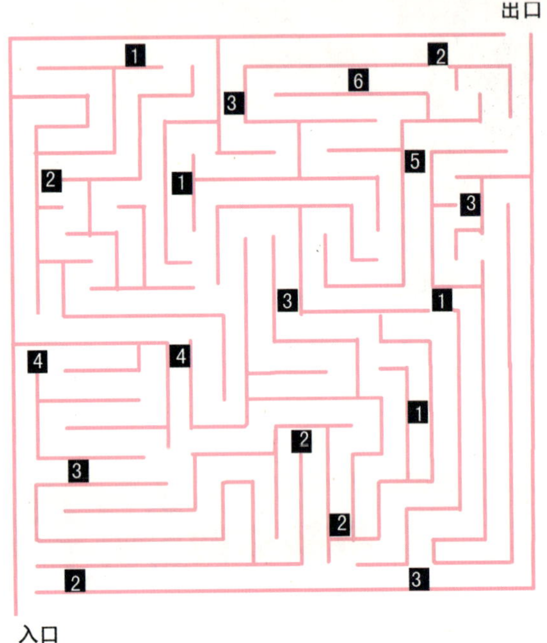

折模型

难度：★★★☆☆

右面的立方体中，哪一个不可能由左侧的模版折叠而成？

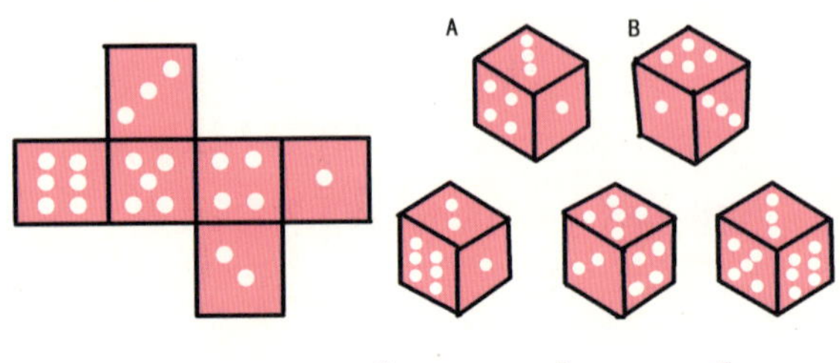

特殊图形

难度：★★★☆☆

下列图形中，有四幅遵循着一定的规律，有一幅图比较特殊，那么，你能找出那个特殊的图形吗？

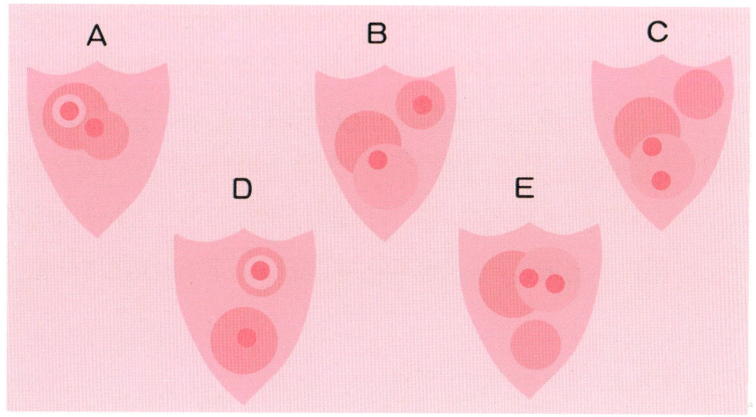

隐藏的单词

难度：★★☆☆☆

这幅图片看起来是由线条和方框随意组成的形状，但如果你仔细观察，发挥想象，你就会发现一个四个字母长的单词，这是什么单词呢？

第5关 郑板桥的诗

难度：★★★☆☆

郑板桥是清代著名的文学家。有一天，他路过一座学堂，听到里面传来嘻嘻哈哈的声音，走过去一看，原来是一群调皮的学生不听老师讲课，正在打闹呢。郑板桥生气地说："你们太不像话了，赶快好好读书吧！"

有个学生看他穿着布衣草鞋，还以为是个农民，就傲慢地问："穷光蛋还来教训我们，我问你，你会写诗吗？"郑板桥说："我不光会写诗，还会出谜呢！"他看到学堂旁边是厨房，里面有一样东西，就当场吟了一首咏物诗："嘴尖肚大个不高，放在火上受煎熬。量小不能容万物，二三寸水起波涛。"学生们猜了半天，谁都猜不出来，只好老老实实地读书了。你知道郑板桥咏的是什么东西吗？

提示：别忘了，它是厨房里用的。

第6关 海涅说了什么

难度：★★☆☆☆

德国著名诗人海涅是犹太人。一次，有个人想捉弄他一下，便对他说道："我去过一个小岛，那岛上什么都有，只缺犹太人和驴了。"面对这样带有侮辱性的语言，海涅只平静地说了一句话，那人听了之后立马灰溜溜地走了。

聪明的读者，你知道海涅是怎样反击的吗？

第7关 多米诺骨牌

难度：★★★★☆

28 块瓷砖组成了一套多米诺骨牌，每块瓷砖上都标着从 0–0 到 6–6 不同的点数。去掉 0–5、0–6 和 1–6 三块瓷砖，用 5×5 块瓷砖组成一个长方形格子，使得每一横排、每一竖列和每一对角线上的点数都为 30，你能做到吗？

3—6				
3—5	0—2			
		5—5		
		2—2		6—6
2—3	0—4	4—4		1—5

第8关 图片变换

难度：★★★★☆

观察右图，回答图中的问题。

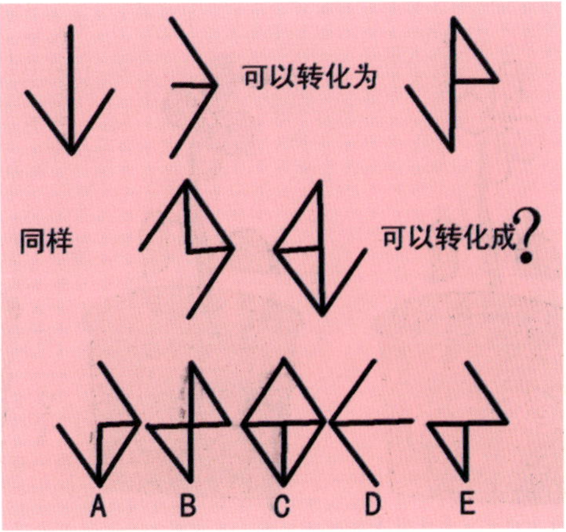

可以转化为

同样

可以转化成？

A B C D E

第9关 花朵的颜色

难度：★★★★☆

音乐老师教的五个姑娘就要毕业了，她想给每一个学生送一束鲜花表示祝贺。花匠建议说："夫人，我看你就买五束玫瑰花吧，每束花里配上 8 朵盛开的鲜花，那真是太美了。这儿有黄色、粉红色、白色和红色的玫瑰，您看选哪种颜色更好？""先生，依我看这四种颜色的花在五束花中都应该有，能办到吗？"托马斯夫人要求道。

由于花匠的精心组合，结果令人满意。

A.丽丽得到的那束玫瑰，黄色的花比其他三种颜色花的总和还要多。

B.妍妍那束花中，粉红色的花比其他任何一种颜色的花都更少。

C.薇薇手上的那束花里，黄色和白色的花朵总数与粉红色和红色花朵的总数相等。

D.静静捧着的那束花中，白色的花是红色的花的两倍。

E.菲菲那束花里，红色的花和粉红色的花一样多。

已知每种颜色的花为 10 朵，总数一共为 40 朵，请问每个姑娘手上的花束各种颜色的花朵各有多少？

判断是非

难度：★★★★☆

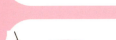

请判断下面的叙述是否正确，而错误的叙述的代表字母将会从图表中去掉，当你做完所有的判断，你将得到一个两位数。

A.莎丽·贝希演唱了电影《生死关头》的主题曲。

B.一个老者拥有8瓶香槟酒。

C.博克斯·马文·海格勒的绰号是“了不起的马文”。

D.一年的最后一天是12月31号。

E.新斯科舍是加拿大的一个省。

F.摩洛哥的首都是哈拉雷。

G.钡的化学元素符号是BA。

H.冰镇果汁郎姆酒中含有椰奶。

I.炮是象棋中的一个薄弱环节。

J.英语中，小猫的集合名词是“Kindle”。

K.卡通形象加菲猫是由迈尔士·戴维斯设计的。

L.高棉又被叫作柬埔寨。

M.次最轻量级的拳击选手是最轻量级的拳击选手。

N.丹麦的流通货币是克郎。

作完上述题后，你得到的两位数是什么？

第 11 关 哪些城市

难度：★★★☆☆

有位老华侨古稀之年回国观光。当儿孙们问他到了哪些城市旅游时，老华侨以谜语的形式做了如下回答：

船出长江口，
风平浪静，
一路平安来到海上绿洲，
那里四季如春，
真是八月飘香香满园，
不冷不热的好地方！

你知道老华侨观光过哪 7 个城市吗？

图形转换的规律

难度：★★★★☆

找出转换的规律，选择正确的选项。

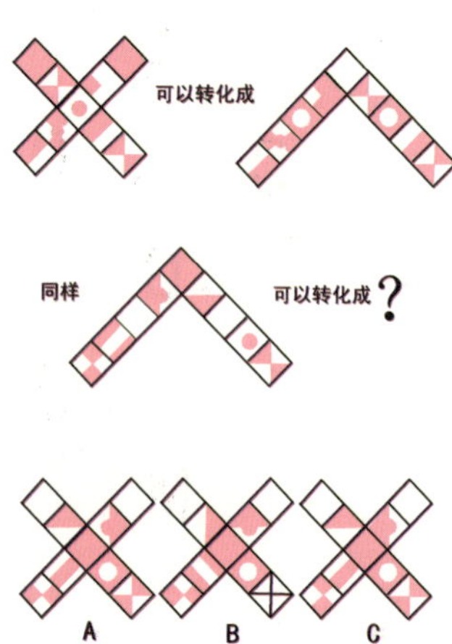

唐伯虎卖画

难度：★★★☆☆

唐伯虎的画很有名，人们愿意出很高的价钱来买他的画。于是，他就在西湖边上开了一个画廊。这一天，画廊里又挂出了一幅画，画上是一个人牵了一只狗，在西湖边散步。

人们围着画纷纷赞叹："真是千金难买的好画啊！"唐伯虎听到赞扬声，心里可得意了，马上宣布："这是一幅字谜画，谁要是能猜出答案，这幅画就白送给他。可是谁要是猜错了，罚 10 两银子！"大家一听，都皱起眉头苦苦思考起来。忽然，有一个年轻人跑上前，一下子趴在地上，大家正感到奇怪呢，唐伯虎却大笑起来，然后把画取下来，送给了年轻人。

请问为什么年轻人趴在地上，唐伯虎就把画送给他了呢？

提示：年轻人肯定不是磕头求画。

什么时候碰面

难度：★★★★☆

有七条鲨鱼，经常到同一片海域捕猎，它们去的频率不同，壮壮每天都去，小音隔一天去一次，小豆子隔两天去一次，小琪隔三天去一次，小峰隔四天去一次，小星隔五天去一次，小利隔六天去一次，昨天是 2 月 29 号，它们在这片海域碰面了，请问下次它们再次在这片海域相聚是什么时候？

第15关 串字解题

难度:★★★★☆

下面28个字中隐藏着一道智力题,请用一条既不交叉又不重复的线段将这28个字串起来,如果串对了,便可读出这道题,你不妨串一串,并回答所提问题。

方 方 正 一 条 边 要
大 一 正 每 你 只 三
厅 椅 子 整 说 怎 样
共 有 十 只 应 该 放

第16关 奇怪的指路

难度:★★★☆☆

招潮蟹到陆地上游玩,可是它迷了路。招潮蟹非常着急,走到一个岔路口,不知道该往左走还是往右走,这时候,它看见一个人在大石头后面休息,于是它前去问路。但是那个人没有说话,只是从后面露了下头;招潮蟹以为对方没有听明白,就重新问了一遍,没想到那个人把头缩到了石头后面,然后又露出头来看了看它。招潮蟹正想发怒,突然明白了对方已经给它指出了路,于是急忙道谢,继续赶路,你知道招潮蟹该往哪个方向走吗?

第17关 美食

难度：★★★☆☆

苏东坡不仅是古代有名的文学家，还是有名的美食家。有一年，苏东坡来到海边，听说一家饭馆的口蛏非常美味，于是就慕名前去尝鲜。饭馆的老板听说大文豪苏东坡来了，非常高兴，急忙把自己的拿手好菜端出来。苏东坡拿起筷子要吃的时候，饭馆老板拦住了他。原来饭馆老板也是一个喜爱文学之人，他给苏东坡出了一个词谜，只要苏东坡能够解开这个词谜，就能够美美地吃上一顿了。这个词谜是这样的：

忆江南，两字同。

四竖又三横。

形状高低恰相反，低者深下如池井。

高者似障屏。

苏东坡不愧为大文豪，立即就解开了这个词谜，你能猜到词的谜底吗？

第18关 组装船

难度：★★★★☆

左下图的图形组合起来，可以成为右下图的那条船。但左下图1～13中，有一块是多余的，请你找出是哪一块？

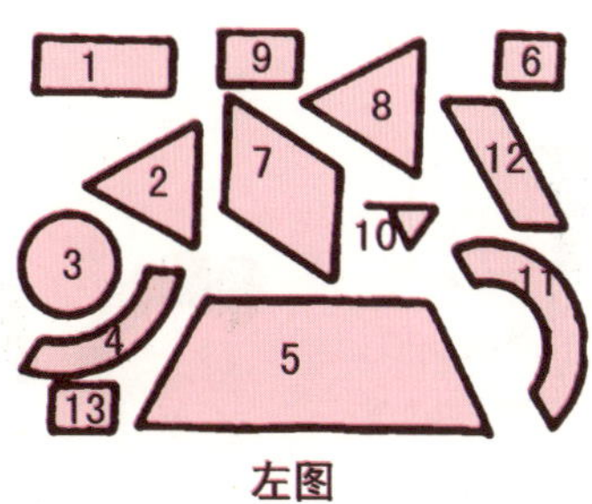

左图

右图

第19关 盒子的问题

难度：★★★★★

下面的哪个盒子是由这个模板做成的？任意一个符号在盒子的面上只出现一次。

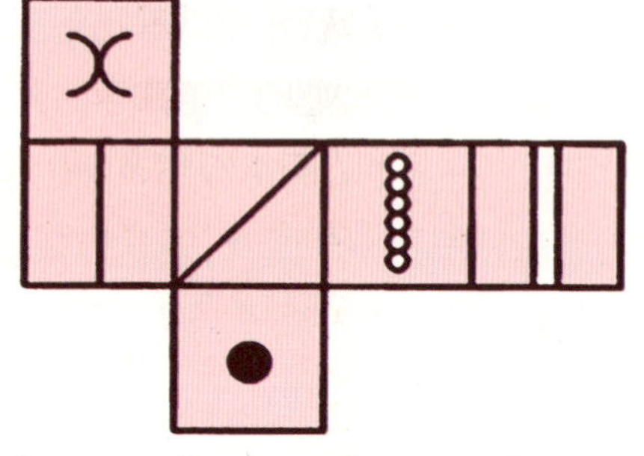

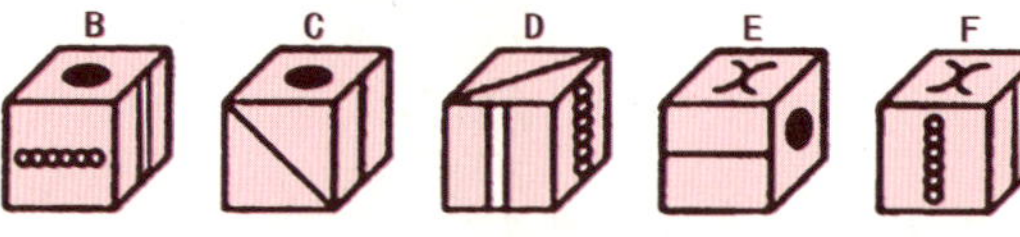

第20关 谁在说谎

难度：★★★☆☆

陈先生在潜水的时候，以为发现了一个巨大的砗磲，他费了很大的力气，才把砗磲弄出来。砗磲的市场价格非常高昂，最后陈博在市场换回来5000元钱。

陈先生非常累，回到家把钱放到桌子上就睡着了。当他醒来的时候，钱已经不见了。家里只有他和两个孩子。

陈先生问两个孩子看见钱没有，大儿子说："我看见了。我把它放到了你书房上的书桌上，用一本黄皮书压住了。"

二儿子也说："我也看见了，我把那些钱夹到黄皮书的113和114页之间了。

陈先生立即知道谁在说谎，你知道吗？

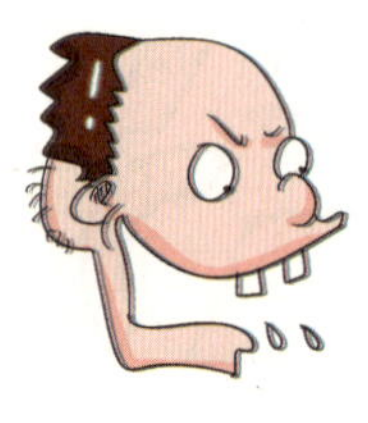

第 21 关 坐车的选择

难度：★★☆☆☆

嫣然每天都乘坐公共汽车上学，离嫣然家不远处有一个公共汽车站。45 路公共汽车和 12 路公共汽车都是每 10 分钟一趟，票价也一样。唯一不同的是，当 45 路车开过来之后，再过 3 分钟，12 路汽车就会开过来，之后下一趟 45 路车在 6 分钟后开过来。

根据这些信息，你觉得嫣然是坐哪趟车比较省事，也更划算？

第 22 关 闹鬼的房间

难度：★★★☆☆

一座古代的城堡被改建成了一个旅馆，但几个月后，许多人都说这个旅馆里有鬼。于是，订房间的客人逐渐减少，旅馆老板非常着急。但同时，有些喜欢捉鬼的人闻讯赶来预订房间了。现在，如果他能提前测算出鬼的出没时间和地点，把适当房间配给适当的人，那就可以让所有的客人都满意了。他发现，1 月到 3 月间，3 号房间每两个晚上就会闹一次鬼；4 月到 6 月间，4 号房间每 3 个晚上就会闹一次鬼；7 月到 9 月间，9 号房间每 4 个晚上就会闹一次鬼。现在，他需要测算出最后三个月会闹鬼的房间和频率。他要怎样才能算出来？答案又是什么呢？

食物的奥秘

难度：★★★★☆

一片草地，每周都匀速生长。这片草地可以供 12 头长颈鹿吃 9 周，或者供 15 头长颈鹿吃 6 周。那么，这片草地可供 9 头长颈鹿吃几周？

第 24 关 飞行速度

难度：★★★★☆

秘书鸟、戴冕鹤、火烈鸟三只鸟同时从 A 地出发到 B 地去，秘书鸟、戴冕鹤两鸟的速度分别为 60 千米／时和 48 千米／时。有一只迎面飞来的秃鹫分别在它们出发后 6 时、7 时、8 时先后与秘书鸟、戴冕鹤、火烈鸟三只鸟相遇。求火烈鸟的速度。

第 25 关 凤蝶采蜜

难度：★★★☆☆

一只凤蝶出去采蜜，发现一片花海，它立刻回去招来 10 个伙伴，可是还是采不完，于是一只凤蝶又回去找来来 10 个伙伴，可是蜜源仍然很多。于是凤蝶们又回去叫同伴，每只凤蝶各叫来 10 个伙伴，但仍然采不完，凤蝶们再回去，每只凤蝶又各叫来 10 个同伴。

你知道现在这块地有多少凤蝶吗？

第 26 关 愚笨的海蜈蚣

难度：★★★★☆

海蜈蚣的手虽然非常多，但是它一点也不聪明，它的数学一点儿也不好。有一道数学题，已经困扰海蜈蚣一个星期了，同学们，你们能帮海蜈蚣算出来吗？

这道题是这样的：有一堆贝壳，如果 3 个 3 个地数，最后剩下 2 个；如果 5 个 5 个地数，最后剩下 3 个；7 个 7 个地数，最后剩下两个，问这堆贝壳最少有多少个？

第 27 关 霸王龙的题目

难度：★★★★☆

在森林里，霸王龙拦住了去路，霸王龙说："我已经好几天没有吃饭了，我现在给你们出一道题目，回答不上来的人，就当我的晚餐吧。"说完，霸王龙就给大家出了一个这样的题目：这幅图的四周有四个字，在这四个字的中间填上一个字，让这四个字组成新的四个字。你能做出来这道题目吗？

第 28 关 银杏树的年龄

难度：★☆☆☆☆

波波家有一棵古银杏树，很多人来波波家都要问波波银杏树的年龄，刚开始的时候，波波总是直接告诉客人银杏树的年龄，后来，时间长了，波波觉得这样直接告诉客人很无趣。于是，再有人问这个问题的时候，波波就会告诉他："要问银杏树的年龄，100 比它小，1000 比它大，从左往右每位数增加 2，各位数字之和是 21。"你能猜出来银杏树的年龄吗？

诗体数学题

难度：★★★☆☆

古希腊名著《诗华集》记载了一道诗体数学题："我尊敬的毕达哥拉斯哦。你——缪斯女神的家族！请你告诉我，你的弟子有多少？"

"我一半的弟子，在探索着数学的微妙；还有四分之一，在追求这自然界的哲理；七分之一的弟子，终日沉默寡言深入沉思；除此之外，我还有三个女孩子，这就是我全部的弟子。"

你能推算出毕达哥拉斯有多少弟子吗？

孔子猜谜

难度：★★☆☆☆

春秋时期，有一位著名的思想家、教育家，名叫孔丘，字仲尼，人们尊称他为孔子。孔子强调"中庸之道"，也就是要求不偏不倚。有一天，孔子到乡村去讲学，走累了，就在一口水井边休息。

这时候，有个老农挑着一副担子，也来到水井边休息。他站在井边，把扁担搁在井口上，然后问孔子："我有一个字想请教先生。"孔子问："是哪个字？"老农说："就是我的动作呀！"孔子看了看，马上就笑着说："这很简单，井口搁一条扁担，当然是中庸的中字啊！"那老农也大笑说："先生是见物不见人，你猜错啦！"孔子认真一想，发现自己确实错了，心里后悔极了。

聪明的读者，你知道孔子错在哪里了吗？

第 31 关　数字游戏

难度：★★★★☆

数学老师常和大家玩数字游戏。一次，他对大家说：“把我的眼睛蒙上，然后你们随便写一个两个数字以上组成的数目，我叫加就加，叫减就减，最后得到的结果我一定猜得出来。”同学们蒙上他的眼睛写出 8973 这个数。

写完后，数学老师说：“在数后添个 2，然后把这个数横加起来。”于是 9+8+7+3+2=29。他又说：“再横加一遍。”(2+9=11)，“再横加一遍”(1+1=2)，“然后乘以 9，再横加一遍”(2×9=18)(1+8=9)。这时老师笑着说：“用这个数乘以 5 除以 3 结果一定是 15。”大家一见，果然不错。

你知道这其中的道理吗？

第 32 关 如何分配奖励

难度：★★★★☆

倩倩家养了三盆植物，分别是瓶子草、猪笼草和捕蝇草。南南出门前，告诉它们各自捕捉 3 只苍蝇。

猪笼草觉得家里的苍蝇太少，就决定到院子里去捕捉，不过它答应把自己捕捉到的所有苍蝇都送给瓶子草和捕蝇草。

第二天，瓶子草捕捉了 4 只苍蝇，捕蝇草捕捉了 5 只苍蝇。院子里的苍蝇果然很多，猪笼草捕捉了 9 只苍蝇。

请问，猪笼草该如何分配自己的苍蝇给瓶子草和捕蝇草？

第 33 关 都捕捉了什么

难度：★★★☆☆

主人出门前告诉瓶子草要努力地捉家里的虫子。过了 3 天，主人回来了，发现瓶子草的瓶子里剩了 118 条腿，翅膀 20 对，主人非常高兴，就问瓶子草都捕捉到了什么？

可是瓶子草的记忆力不好，只记得总共捕捉了蜘蛛、苍蝇和蜻蜓三种昆虫一共 18 只。请问瓶子草捕捉了多少只苍蝇？

提示：蜘蛛 8 条腿；蜻蜓 6 条腿，两对翅膀；苍蝇 6 条腿，一对翅膀。

赚钱的佛手瓜

难度:★★★☆☆

一个人花7块钱买了一个佛手瓜,8块钱卖掉了,然后他觉得不划算,花9块钱又买回来了,10块卖给另外一个人。问他赚了多少?

聪明的瓶子草

瓶子草想从水塘里取3升水，有两个瓶子比较大,容量分别是5升和6升。请问瓶子草该如何做才能取到3升水?聪明的瓶子草很快就完成了这个任务。同学们,你们知道瓶子草是如何做的吗?

称重问题

难度：★★★☆☆

倩倩去买佛手瓜，她想买12个，在采摘过程中，有的佛手瓜采摘的时间晚了，因此里面的种子已经发芽了，不能再食用了，倩倩不小心挑了已经发芽的佛手瓜。已知发芽的佛手瓜比普通的佛手瓜要重，假如普通的佛手瓜都是一样重，同学们，你们能用一个方法，让倩倩在3次之内找出发芽的佛手瓜吗？

第37关

智力小测验

有4棵巨型睡莲，它们平均能载重25千克，其中最小载重的能载18千克，4棵睡莲的载重能力各不相同，假如它们的载重都是整数，请问载重最大的那棵睡莲，最多有可能载重多少？

怎样摆放水晶兰

难度：★★★☆☆

现在一共有10棵水晶兰，要求把这10棵水晶兰摆成5排，每排4棵，同学们，你们能够做到吗？

水晶兰实在太漂亮了，刚才倩倩路过这里，忍不住拿走了一棵水晶兰，所以这9棵水晶兰摆的造型现在没有那么漂亮了，现在我们能不能想个办法把这9棵水晶兰摆成6排，每排3棵？同学们，开动脑筋想一想。

滴“血”的玫瑰

难度：★★☆☆☆

在这一节中，我们发现有些植物的花是会变色的，接下来我们做个小实验，看看普通的花儿是不是也会变色。材料：一支白玫瑰，玻璃杯，红墨水，小刀。

步骤：将玻璃杯中注入红墨水，将白玫瑰插入红墨水中，静置两天，我们会发现白玫瑰已经变成了红玫瑰。

用小刀削下玫瑰的下部的一段花茎。过一会儿你会发现花茎的切口上落下点点滴滴的“鲜血”。

同学们，你们知道这是怎么回事吗？

第40关

永不凋落的树叶

难度：★★★☆☆

秋天的时候，很多树叶都会变黄，随风掉落下来，枯萎的树叶都纷纷掉落，有没有方法让枯萎的树叶不掉落呢？事实上非常简单，在夏天，同学们可以剪下来一段树枝，找一个塑料袋把这段树枝包起来，找一个安静的地方，不要碰触。过几周，树叶就变枯萎了，但是不会轻易从树枝上掉落下来，你知道这是为什么吗？

青绿的西红柿

难度:★★★☆☆

我们在市场上买来的西红柿,个个都是鲜红的,非常漂亮,让人看了就忍不住流口水,有没有让西红柿从始至终都是青色的呢?找一棵西红柿树,选一个刚刚长出的果子,用一碗热水浸泡这个西红柿,不要采摘下来,大约浸泡三、四分钟。把这个西红柿标记再观察,你会发现,这个西红柿自始自终都是青色的,其他所有的果实都成熟的时候,它也是青色的。

这是为什么?

长腿草搬家

难度:★★★★☆

由于天气过于干旱,长腿草决定搬家,它想和自己的邻居一起搬家,等到了邻居家才发现,邻居已经在三天前出发了。长腿草立即开始追赶它的邻居。已经知道邻居每天可以走1千米,长腿草为了赶上邻居,每天要走1500米,请问长腿草几天能够赶上自己的邻居?

长寿草的年龄

难度：★★★☆☆

长寿草跟它的邻居聊天，询问邻居的年龄，邻居这样回答它："我当年的年龄跟你现在的年龄相同，我现在的年龄刚好是你当年年龄的3倍，现在咱俩的年龄加一起是30岁。"同学们，你们能猜到长寿草现在多少岁了吗？

吃胖的葡萄干

难度：★★☆☆☆

找一个玻璃杯子，弄一大杯清水。找几个葡萄干，我们会发现葡萄干皱巴巴的，非常难看，把葡萄干放进杯子里面，用筷子搅动。静置几分钟。过一会儿，我们发现葡萄干变胖了，胀鼓鼓的，就像是水晶一样。

第45关 变软的胡萝卜

难度:★★★☆☆

胡萝卜是一种常见的蔬菜,含有丰富的营养,可以用来做很多美味佳肴。平时我们见到的胡萝卜,都是又硬又脆,有没有什么方法让它变软呢? 方法:找一个玻璃杯,加入清水,放入两勺食盐,搅拌。找一个新鲜的胡萝卜,切一个萝卜条,放入玻璃杯中。

10 分钟之后,捞出萝卜条,这时我们就发现,萝卜条已经变得软软的了。

第46关 种树问题

难度:★★☆★☆

为了美化环境,决定在一段 450 长的路两旁种植珙桐和红豆杉,每隔 5 米种一株珙桐,每两棵珙桐之间种植一棵红豆杉,请问总共要种植多少棵红豆杉?

参考答案

答案仅供参考，不要太依赖答案哦！自己多动手、多动脑解出的答案才让人快乐！

参考答案

第一章 挑战你的发散思维

第 01 关 损失多少钱

李敬损失了 118 元钱。

第 02 关 拔河比赛谁第一

丁第一名，乙第二名，甲第三名，丙第四名。

第 03 关 神秘岛

41 个嘻嘻，19 个哈哈。

首先，所有的哈哈都说谎了。也就是两种情况：1. 哈哈两边站的都是嘻嘻；2. 哈哈两边站的都是哈哈。如果是第二种情况，那么所有人都是哈哈。显然不成立。所以：每个哈哈都是独立地站在两个嘻嘻中间。

为了方便，设嘻嘻为 A，哈哈为 B。

然后，如果所有的嘻嘻都说了实话那么他们两边应该是一个嘻嘻，一个哈哈。

第 04 关 他的做法正确吗

他的做法正确，因为当鸽子飞行时对于车来说是没有增加重量的，车子的净重正好是桥的载重量。

第 05 关 阿里巴巴的财宝

(一) 假设甲箱上所写的内容是真的，那么，如下两个状况便是真的：

A. 乙箱上所写的内容是真的。

B. 黄金在甲箱。

(二) 根据 A，可以推出下两个状况也是真的：

C. 甲箱上所写的内容是假的。

D. 黄金在甲箱。

(三) 明显可见，(一) 和 C 自相矛盾，不能同时存在。所以，(一) 的假设不能成立，也就是说：

甲箱上所写的内容是假的。

(四) 既然甲箱上所写的内容是假的，那么便会产生如下的两种可能的状况：

E. 乙箱所写的内容是假的

F. 黄金在乙箱。

(五) 如果是 E 为真，则可进一步推出两个可能的状况。

G. 甲箱上所写的内容是真的。

H. 黄金在乙箱。

之前，G 是一个错误的假设，无法成立。所以 H 才是正确的推论，其结论也与 (四) 的推论相符。

(六) 所以，答案是：黄金宝物在乙箱。

第 06 关 校园马拉松比赛

大鹏，李敬，杜鹃，小清，涛涛，薇薇，小燕，贝贝。

第 07 关 谁是盗窃犯

没有人会一问就招供的，张飞是盗窃犯。

第 08 关 期末考试

一. 法语　二. A　三. A　四. 3　五. D

第 09 关 巧移火柴棍

如图

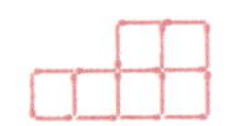

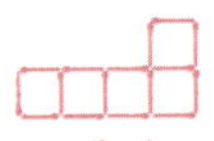

第 10 关 孤岛聚会

超人

第 11 关 昨天火腿，今天猪排

根据 {(1) 如果牛牛要的是火腿，那么贝贝要的就是猪排和 (2) 牛牛或豆豆要的

是火腿,但是不会两人都要火腿。}如果牛牛要的是火腿,那么贝贝要得就是猪排,豆豆要得也是猪排。这种情况{(3)贝贝和豆豆不会两人都要猪排。}矛盾。因此,牛牛要的只能是猪排。

于是,根据{(2)牛牛或豆豆要的是火腿,但是不会两人都要火腿。}豆豆要的只能是火腿。

因此,只有贝贝才能昨天要火腿,今天要猪排。

第 12 关　手表的时间

D

第 13 关 为什么不是犯罪案件

车是救护车,在去往火葬场的路上遇到了车祸。

第 14 关 提问找生路……

随便问一个士兵一个问题:如果我问另外那个士兵这个门是生门还是死门,他会回答什么?

得到的答案是死门,那就可以进入

第 15 关 伪造的金币

只需称一次。从第一个袋子里拿出一个硬币,从第二个袋子里拿出两个硬币,从第三个袋子里拿出三个硬币,然后将这六个硬币放在一起称。如果总的重量是 305 克,那么第一个袋子装的显然是假币;如果是 310 克,那么第二个袋子装的就是假币;如果是 315 克,那就意味着第三个袋子装的是假币了。

第 16 关 选哪一种

乍看上去,第一个方案好像对职工比较有利。但实际上,第二个方案才是有利的。

第一个方案(每年提高 500 元):

第一年:10000+10000=20000 元

第二年:10250+10250=20500 元

第三年:10500+10500=21000 元

第四年:10750+10750=21500 元

第二个方案(每半年提高 125 元):

第一年:10000+10125=20125 元

第二年:10250+10375=20625 元

第三年:10500+10625=21125 元

第四年:10750+10875=21625 元

第 17 关 给经理的考验

这一次,经理不再使用以前的老方法来移动观众的座位了,而是将观众从 2 号座位移到 3 号座位,3 号座位移到 5 号座位,4 号座位移到 7 号座位,等等。这样就可以剩下无限多个偶数号码的座位,留给无限多的观众。

第 18 关 谁才是农场主

甲先生就是农场主。

第 19 关 连圆点

D

第 20 关 能钓几条鱼

5 条鱼

第 21 关 啤酒和葡萄酒

第一位顾客买走两桶,30L 和 36L,共 66L;第二位顾客买走三桶,32L、38L 和 62L,共 132L,为第一人的两倍,所以 40L 的为啤酒。

第 22 关 挑战……

赵亮将手帕放在门的下面,自己站在门另一边的角落里。

第 23 关 根据图形回答问题

5

第 24 关 变化……

图 A

第 25 关 法官为什么无法逮捕罪犯

他们五个是男子，但发牌人却是女的。

第 26 关 夫妇俩喝酒

因为妻子喝完一桶白兰地需要 40 个星期，所以她一星期喝 1/40，而他们夫妻喝完一桶白兰地要 8 个星期，所以妻子一星期喝 1/8，由此求出丈夫喝完半桶白兰地需要 5 星期的时间。按照上面的方法，可以求出妻子喝完半缸葡萄酒要 42 天。所以，丈夫喝完了白兰地时，妻子还剩下 1/12 葡萄酒没喝完。最后，两个人喝葡萄酒的话，还需要 5 天。所以，喝完这些酒一共需要 40 天的时间。

第 27 关 狡猾的船长

1，2，3，4，10，11，13，14，15，17，20，21，25，28，29

第 28 关 赢了赌局，输了钱

有可能，但有一个补偿因素。吉姆开始时有 8 块钱，所以若比尔 10 局全赢的话，也只赢得 8 块钱。但吉姆如果全赢的话，则会赢得大量的钱：8、12、18、27，等等。因此，作为补偿，即使多输几局，比尔也可以赢少量的钱。

第 29 关 差了钱

10 元 2 斤的哈蜜瓜的平均价格是 5 元，10 元 3 斤的哈密瓜的平均价格是 3.33 元。那么，每斤哈密瓜的平均价格是 4.16 元，而不是美雅妈妈定的价格，所以，她才会少卖了 10 元钱。

第 30 关 巧妙的安排

360			340			320		
10	80	10	20	70	10	20	50	30
80		80	70		70	50		50
10	80	10	20	70	20	30	50	20

280			260			220		
30	40	30	40	20	40	50	10	10
40		40	20		40	10		10
30	40	30	40	40	20	40	10	50

第 31 关 自然老师的算术题

24（秒）+36（秒）=1（分）；11（小时）+13（小时）=1（天）；158（天）+207（天）=1（年）；46（年）+54（年）=1（世纪）

第 32 关 小鸭子拼单词

鸭子的英文是 duck，公鸡的英文是 cock，把 d 竖的木棍拿下来放在 U 的上面形成 0，就成了公鸡的英文单词。

第 33 关 巧修电话机

只有第八个是坏的才会被算在坏的范围内。

第 34 关 磊赚了多少钱

百分之五十的利润

第 35 关 空心字谜

挖空心思。另个字为空心字，扣“挖空”，而想念是要用心来思的。

第 36 关 西瓜到底有多重

设杆秤的提纽 C（支点）与秤盘悬挂点 A 的距离为 d，零刻度 0（定盘星）到支点 C 的距离为 l_0（0 点若在 C 点左边，与 A 点在提纽的同侧，l_0 为负值；反之，l_0 为正值），每千克刻度长为 λ，秤砣的质量为 m_0。当秤盘中不放物体的情况下，秤砣应放在 0 点处，这时秤杆和秤盘对 C 点的合力矩 M 与秤砣产生的力矩大小相等，$M = l_0 m_0 g$。当秤盘中放有质量为 m 千克的物体时，平衡条件为：

$$M + mgd = m_0 g(l_0 + \lambda m)$$

即 $md = m_0 \lambda m$，$d = \lambda m_0$

这是每一杆秤都满足的关系。

用双砣称量质量为 m 的物体时，设读数为 m①平衡时应用：

$$mgd + M = 2m_0 g(l_0 + \lambda m①)$$

即 $md = m_0 l_0 + 2dm①$

得到 $2m'=m=m_0l_0/d$

因此,用 2m 作为称量结果时,其值与实际值之差为:

$\triangle m=2m'-m=-m_0l_0/d$ 此差值与 m 无关,当 $l_0>0$ 时,2m' 偏小;当 $l_0<0$ 时,2m' 偏大。

由店员 B 的检验可知:

$\triangle m=-m_0l_0/d=-2$ 千克

由此可知店员 A 卖给顾客的那个西瓜的实际质量为:

$m=2m'+m_0l_0/d=13+2=15$ 千克

第 37 关 过马路的机器人

在机器人右边 5 米处停放了一辆车,该车虽然没有在行驶当中,但足以使机器人望而却步。因此,程序“25 米内是否有车辆”应该改为“25 米内是否有正在行驶的车辆”。

第 38 关 钻石项链难

工匠师只要在水平一排的两端各偷走一颗钻石,再把最底下的一颗钻石移到顶上,就可以蒙骗住愚昧的贵妇人。

第 39 关 有几个外星人

252

第 40 关 阿凡提智斗国王

阿凡提说的是:“那要看桶的大小了,如果桶是和水池一样大的话,那么这池子里的水只装一桶,如果桶是水池的一半大,那么就可以装 2 桶水,如果桶是池子的三分之一大,那么就是 3 桶水。”阿凡提这样的回答,等于把难题丢给了国王。

第 41 关 聪明的倩倩

不能答应。如果是半价,那么两匹布就只值 10 元钱,一匹布也就值 5 元钱。5 元钱是不能抵消两匹布的半价的 10 元钱的。

第 42 关 香肠有毒

这些数字的规律是前面一个数字乘以 2 减 1,就是下面一个数字,所以答案是 257。

第 43 关 倒掉酸梅汤的爸爸

保温瓶是装开水的,里面会有水垢。水垢的成分是氢氧化镁、碳酸钙等碱性物质,遇到酸梅汤就会融化,产生对人体有危害的东西,食用后影响人的身体健康。

第 44 关 如何击中帽子

可以把帽子挂在枪口上,这样无论一路走多远都能打中。

第 45 关 鱼儿和水

把小金鱼放里面水会溢出来。

第 46 关 不诚实的一家人

从爷爷的左边开始依次是儿子、女儿、爸爸、妈妈。

第 47 关 跨不过的地方

因为纪晓岚把书放在墙角。

第 48 关 车牌号码

6198,因为被撞的小学生被撞飞起来翻个半圈时看到的车牌号码是倒着的。

第 49 关 帽子和人的关系

男生有 4 个,女生有 3 个。

第 50 关 骂人的画难

各国军队列“阵”,托桃还以“逃脱”,合起来就是讽刺慈禧太后当年“临阵脱逃”,跑到西安。

第 51 关 美雅的问题

地球。在地球上你随便往上空扔一个小石头,它都会回来。

参考答案

第二章 挑战你的分析思维

第 01 关 薪酬政策的陈述

案 B。分析:求不可能假即求必然真。如果学习过一些逻辑技巧，你马上就可以得出题干的母体原型:A→B,则非 A 或 B。这样就可以迅速作答。由“如果…那么…”直接找到“或”。

题干 1:高管不参与→薪酬政策不会成功。即:高管参与←薪酬政策成功,即:高管参与或薪酬政策不成功。题干 2:有更多管理人员参与且告诉→薪酬政策将更有效。

第 02 关 古希腊哲人的名言

B. 要想人生有价值,就要不时地对人生进行反省。

第 03 关 谁在撒谎

雷米

第 04 关 被困小岛

这个人在流沙堆积成的小岛上呆了十天，这简直与绝食生活差不多。正因为这样,他的身体变得骨瘦如柴,体重轻得可以过这座桥了。

第 05 关 巧传密函

他把密函用双脚夹着，传递给了他的助手。

第 06 关 纸牌游戏

根据(2),三人手中剩下的牌总共可以配成 4 对。

再根据(3),小芳和贝贝手中的牌加在一起能配成 3 对，小芳和小刚手中的牌加在一起能配成一对，而小刚和贝贝手中的牌加在一起一对也配不成。

根据以上的推理，各个对子的分布(A、B、C 和 D 各代表一个对子中的一张)如下:

洛伊丝手中的牌	多拉手中的牌	罗斯手中的牌
ABCD	ABC	D

根据(1)和总共有 35 张牌的事实,小芳和小刚各分到 12 张牌,贝贝分到 11 张牌。

因此,在把成对的牌打出之后,贝贝手中剩下的牌是奇数,而小芳和小刚手中剩下的牌是偶数。

于是，单张的牌一定是在小刚的手中。

第 07 关 谁偷吃了蛋糕……

小杨偷吃了蛋糕。

第 08 关 判断身份……

A 是农民,B 是警察,C 是木匠,D 是医生。

分析:A 带儿子去找医生,则 A 不是医生,他又有儿子,则他不是农民;医生的妹妹是 C 的妻子,则 C 不是医生,也不是农民,因为农民未结婚;B 经常到农民家去买鸡蛋,则 B 不是农民。由于职业各有一个,A、B、C 都不是农民,则 D 是农民;民警每天都与 C 见面,则 C 不是民警,那么 C 不是医生、民警、农民,只可能是木匠,所以 A、B、D 都不是木匠。可是 A 又不是医生、农民、木匠,则 A 是民警,所以 B 是医生。

综上:A 民警 B 医生 C 木匠 D 农民

第 09 关 100 颗绿豆……

100 颗绿豆,5 人平分的话是 20 颗,

显然第一个人不会选 21 或以上的数目(这样中间 3 人只需简单选择 20);

而如果选 1～19 的任何数字，第二人只可能选 18,19,20 中的一个,第 3,4 人的选择只可能是 1,2 人所选数之一，最后全部光荣死亡。

选 20 结果也应该是全部一样,大家一起死。

综上所述,所有人存活概率都是 0。

结果是只可能大家一起死!

无论怎么拿 1 号都是死的，所以怎么样他都得拖人下手,1 号会拿 20 个,结果是前 4 个都拿 20 个,最后一个人拿几个都一样,大家一起死。

第 10 关 人和计算机

B. 计算机程序不能模拟人的主动性和创造性。

第 11 关 神秘的店

书店

第 12 关 进城

农贸市场的一三六中——排除理发店的周一,排除银行的周六日,所以是周三。

第 13 关 我买了什么

E

第 14 关 颜色与生产效率

B. 土褐色的工作间是被设计用来最多为 65 名工人提供足够空间的工作间。

第 15 关 网球选手是谁

艾丽斯

第 16 关 小和尚顿悟了什么

小和尚的顿悟是：学习的心态就是要把杯口打开,要有空杯心理,不仅要用小杯盛装,还要用大杯,甚至换用大缸。而我们有许多的人是自己的杯太小、太满,外加有盖,虽然心有学愿,无奈行无学念。

知识是需要一种心态才可以捕获的。

第 17 关 亲缘关系

吴凡是女的,她是赵刚的女儿,李志是赵刚的儿子。

第 18 关 环境危机

D

第 19 关 酒鬼先生

白兰地

第 20 关 我的关系

C.“我”是张任的儿子。

第 21 关 数学家的遗嘱

妻子得 2/7,儿子得 4/7,女儿得 1/7。

第 22 关 女盗梅姑

把地毯从一端卷起来接近王冠。这样,稍一伸手就可拿到王冠了。

第 23 关 紫罗兰变“红罗兰”

能

第 24 关 谁是间谍

D 英国蓝色大衣

C 美国黑色大衣

B 俄国灰色大衣

A 德国褐色大衣

间谍是 D 英国人

第 25 关 谁当“司令”

小光

第 26 关 他们各是什么职业

甲工人,乙是商场服务员,丙医生。

第 27 关 葡萄酒和可乐

葡萄酒:21 升 9 升 12 升

可乐:17 升 27 升 19 升 63 升 。

第 28 关 谁是凶手

凶手是代号 608 的光,因为女侦探背着手写下 608,数字排列发生变化,正反顺序也颠倒过来，608 成了 809。

第 29 关 让人遐思的碑文

最少 10 个人。

第 30 关 不幸的遭遇难度

菲菲是受害者。

特别提示：关于被害者就是假话，其他人则是真话。

第 31 关 合伙打鱼

我们还可以从小强第一天拿走的鱼是 8 和第二天又拿了 5 条知道，每人平均拿了 8÷2+5 条，所以打的鱼一共是(8÷2+5)×3=27(条)。

第 32 关 六角迷宫

略

第 33 关 羽毛球能手

杨老师的妹妹

第 34 关 取胜的秘方

第一个棋子放在盘子的中心点。因为对称关系，怎么摆都比对方多一个棋子。

第 35 关 小蚂蚁回家

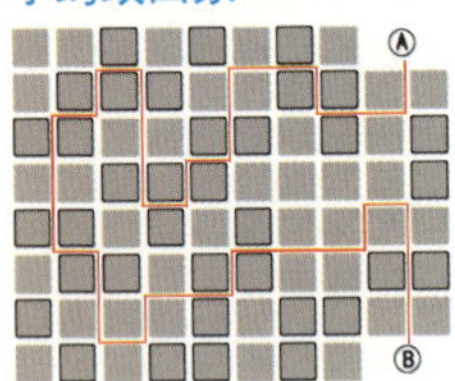

第 36 关 三位客商

瘦大爷卖的是(伞)，胖客商卖的是(脸盆)，女客商卖的是(熨斗)。

第 37 关 说话的医务人员

女护士

第 38 关 越境的特务

09876

第 39 关 世界第三长河

还是长江，那个时候即使人们不知道长江是第三长河，但是它仍然是事实上的第三长河。

第 40 关 灯泡被盗的问题

改造灯泡底座。让灯泡必须向左旋入，不像其他大部分灯泡是顺时针方向旋入的。当小偷想偷灯泡时，不知不觉灯泡会拧得更紧了。

第 41 关 售票员是怎么知道的

警察给自己买了一张往返票，但没有给他的妻子买。售票员认为这很奇怪。

第 42 关 过河问题

第一次带 2 只金钱豹过去，然后回来再带 1 只羚羊过去，顺便把第一次带过去的 2 只金钱豹带回来，之后把另外 2 只羚羊带过去，这样一边 3 只金钱豹一边 3 只羚羊了，然后再带 1 只金钱豹过去，再回来把另外 2 只金钱豹带过去。这样就顺利把金钱豹和样都带过去了。

第 43 关 脑筋急转弯

年 月 日

第 44 关 漂流的草帽

由于河水的流动速度对划艇和草帽产生同样的影响，所以在求解这道趣题的时候可以对河水的流动速度完全不予考虑。虽然是河水在流动而河岸保持不动，但是我们可以设想是河水完全静止而河岸在移动。就我们所关心的划艇与草帽来说，这种设想和上述情况毫无差别。

既然渔夫离开草帽后划行了 5 英里，那么，他当然是又向回划行了 5 英里，回到草帽那儿。因此，相对于河水来说，他总共划行了 10 英里。渔夫相对于河水的划行速度为每小时 5 英里，所以他一定是总共花了 2 小时划完这 10 英里。

第 45 关 刷牙

他刷的是假牙。

第 46 关 散步

父亲每分钟走 200 米，儿子每分钟走 100，而且儿子早出门 10 分钟，那么我们设父亲用 x 分钟后赶上儿子，就有 $200x=100x+1000$

解：$x=10$

所以小狗的路程应是 10×500=5000 米。

第 47 关 几何谜题

1. 半径　2. 曲线　3. 直径　4. 顶角 5. 半角 6. 圆心 7. 线段 8. 平行。

第 48 关 一台老钟

36 分钟。如果目前是 12 点，则已经走了 9小时。所以还需 36 分钟。

第 49 关 谁的方法最好

菲菲的最好。

第 50 关 坐不到的地方

可能，爸爸永远坐不到自己的腿上。

参考答案

第三章 挑战你的逻辑思维

第 01 关 为什么说录音是伪造的

录音机相信大家都用过，录完音之后肯定要倒带才能重听录音，既然没有人开过录音机，而探长一按下就听到录音了，那说明肯定是有人录音完了还倒好带，伪造证据的意识太差了。

第 02 关 与众不同

两个两个一起称就行了。

第 03 关 辨别真假精灵

1）精灵说真话，杜尚别位于吉尔吉斯境内。你会得到回答“是”。

2）精灵说真话，杜尚别不是位于吉尔吉斯境内。你会得到回答“否”。

3）精灵说假话，杜尚别位于吉尔吉斯境内。你会得到回答“是”，因为两个断言中只有一个是真的，正确的回答应该是“否”，但是精灵要说假话，它会回答说“是”。

4）精灵说假话，杜尚别不是位于吉尔吉斯境内。你会得到回答“否”，因为两个断言都是假的，正确的回答应该是“是”，但是精灵要说假话，它会回答说“否”。

这样根据精灵的回答，你就可以准确地知道杜尚别是不是位于吉尔吉斯境内。因为无论精灵说真话还是说假话，如果杜尚别位于吉尔吉斯境内，你会得到回答“是”；如果杜尚别不是位于吉尔吉斯境内，你会得到回答“否”。

第 04 关 日期的疑问……

1. 第三个星期二是 15 号。
2. 这个月的最后后一个星期五是 25 号。
3. 这个月的第一个星期一是 7 号。
4. 这个月一工有 4 个星期六。
5. 这个月的第二个星期五是 11 号。

第 05 关 手提包的颜色……

黄色的

第 06 关 抓阄……

好大臣可以采取这样的一个办法：当第二天国王命令他抓阄的时候，他抓起一个阄来，马上把它吞了下去。结果，就能混过这一关而免于一死。

原因在哪里呢？原来，国王只知道盒子里装的一只是“生”阄，一只是“死”阄。抓阄的那天，好大臣抓起一只阄就吃了下去，吞下去的那只是什么阄呢？国王无法知道，不过他可以通过留下的另一只阄去推断。国王想，既然一只“生”，一只“死”，留下的一只是“死”，吞下去那只一定是“生”了。于是，他当然也只好按事先的命令，让好大臣活下去了。

第 07 关 谁说错话

全错

第 08 关 在哪个岛上

你现在是在这个岛上吗?

第 09 关 凶犯是谁

真正的凶犯不是别人，而是侦探爱默生自己。

第 10 关 相同的蛇

会被对方吐出来甚至能把前天的食物都吐出来。

第 11 关 雅婷的自信

因为巧克力太硬了，巧克力在 28℃以上就会变软，而当时气温高达 34℃。梦瑶的巧克力是硬梆梆的，这说明她刚从有空调的地方出来，这个小火车站上并没有空调房间，有空调的只能是刚刚到达的火车车厢。

第 12 关 想想看

到开关房间打开一个开关，半小时后熄灭，打开另一个开关。进有灯的房间，亮的是刚打开的开关控制的，有温度是第一次打开又熄灭的开关控制的，没有温度也没有打开的是没有开过的开关控制的。

第 13 关 谁偷了朴太的钱包

中年妇女，因为前两个如果是小偷的钱包丢时他会知道的。

第 14 关 企鹅肉

几年前，他和一个朋友出去玩，遇海难漂到一个岛上，没有东西吃。朋友出去找东西，带回了烤好的企鹅肉，而且腿因捉企鹅时受了伤。朋友不肯吃企鹅肉，结果饿死了。现在他吃到真的企鹅肉，知道那时候朋友是把自己腿上的肉割下来烤了给他吃了。

第 15 关 夜半敲门声

他每推一次门就把那个敲门人推到了山下，几次后便死了。

第 16 关 分配宝石

答案有 3 个:

利益最大化:99, 0, 1, 0, 0

保守的方案:97, 0, 1, 2, 0 或 97, 0, 1, 0, 2

第 17 关 谁跑得慢

跳上弟弟的马就狂奔。

第 18 关 三只瓶子

同时调换两边两个瓶子的位置。

第 19 关 马拉松比赛名次

第一名到最后一名的顺序是：里克，约翰，阿历克斯，肖恩，安妮，李安，桑德拉，罗伯特。

第 20 关 原始部落

41 个男人，19 个女人。

第 21 关 击鼠标比赛

打平手

第 22 关 巧倒葡萄酒

答案：经理有两个相同的玻璃杯和两个不同容量的酒瓶，一个是 3 个容积单位的酒瓶，另一个是 5 个容积单位的酒瓶。

首先将 3 升容量酒瓶的酒倒进玻璃杯：

然后将 5 升容量的酒瓶里的酒倒进 3 升容量的空酒瓶：

将剩下的 2 升酒倒进空的玻璃杯：

然后将 3 升容量的酒瓶里的酒倒进 5 升容量的酒瓶：

再将第 1 个玻璃杯里的其中 2 升酒倒进 5 升容量的酒瓶：

现在将 5 升容量酒瓶的酒倒进 3 升容量的酒瓶：

将两个玻璃杯放在一起，把 3 升酒瓶的酒倒进有 1 升酒的玻璃杯，直到两个玻璃杯装的酒一样多为止。

这样，每一个容器都剩下 2 升酒。

第 23 关 谁的羊多

答案：老孙的羊最多，老王、老钱第二多，往下依次是老单、老毕、老李。

第 24 关 在哪所学校读书…

根据 2，王洲、蒋新和林娟不属于光明中学。

根据 3，林娟不属于第十五中学，所以她和蒋新属于江滨中学。

根据 4，蒋新和贾明都属于江滨中学。

根据 5，王洲不属于江滨中学，所以他属于第十五中学。

根据 6，朱蓉和田路属于同一个学校，因为 6 人分属 3 个学校，所以只能是光明中学。

第 25 关 城市街区

有五条路

第 26 关 猜年龄……

因人口普查员知道门牌号却仍然推算不出年龄，那只有 8 3 3 和 6 6 2 的组合相加答案相同，所以门牌号是 14。因“大女儿”，所以是 8 3 3 ……

第 27 关 空姐分物

设 A 在左边发 X 份 B 在右边剩下的发 Y 份。

由于同时完成，且 B 帮 A 发了 15 份。

因而 X=Y+15。

而 A 共发 (X+6)=Y+21。

B 共发 (Y+15)。

所以 A 发的多，多发了 6 份。

第 28 关 亲戚关系……

(一) 根据以上的提示，可推出如下的线索：

A 由提示 1，可知，父亲安东，不是儿子向南的爸爸。即，父亲安东的儿子是理彬。据此，可再推出其他两家的父子关系：

a 父亲成向南的儿子叫安东。

b 父亲理彬的儿子叫向南。

B 由提示 2，可知，妻子嫣然和丈夫安东不是夫妻。即，丈夫安东的妻子有可能是晨曦和梦雅。

C 由提示 3，可知，妻子梦雅和丈夫理彬不是夫妻。即，丈夫理彬的妻子，有可能是晨曦或嫣然。

(二) 根据如上的线索，可进一步推知：

D 由提示 2 及 a，可推知，丈夫向南的妻子是嫣然。

E 由 D 及 C，可推知，丈夫理彬的妻子是晨曦。

F 由 E 及 B，可推知，丈夫安东的妻子是梦雅。

（三）既然提示 3 说理彬的女儿叫梦雅，所以

G 向南的女儿叫晨曦。

H 安东的女儿叫嫣然。

（四）所以，答案是：

夫妻 儿女

理彬和晨曦 向南和梦雅

向南和嫣然 安东和晨曦

安东和梦雅 理彬和嫣然

第 29 关 迷惑的队伍

E C D F A B

第 30 关 土财主的行踪

（一）当天不可能是星期天，因为根据提示，星期天两人都会说真话，则李阳应该会说他昨天（星期六）说真话才对。

（二）当天不可能是星期五或星期六，因为那两天功成说谎话，则他应该说他昨天（星期四或星期五）说真话才对。

（三）当天也不可能是星期二或星期三，因为那两天李阳说谎话，则他应该说他昨天（星期一或星期二）说真话才对。

（四）当天也不可能是星期一，因为当天李阳说谎话，功成说真话，则李阳应该说他昨天（星期天）说谎话，而功成应该说他昨天说真话才对。

（五）所以，答案就是星期四。

因为当天功成说谎话，李阳说真话，则功成他昨天（星期三）应该说谎话，而李阳应该说他昨天（星期三）说谎话。符合题意。

第 31 关 白纸遗嘱

其实，简的妻子为了保住遗产，故意把没有墨水的钢笔递给简。由于库尔和简都是盲人，自然也就没有发现，没有字的白纸最终被当成遗书保存下来。

可是，虽然没有字迹，但钢笔划过白纸留下的笔迹仍然存在，如果仔细鉴定是可以分辨出来的，所以遗嘱仍然有效。

第 32 关 如何反驳

那就叛你无期徒刑。

第 33 关 4 个仙女

倩倩：原来 6，吃 2，剩 4

静静：原来 7，吃 1，剩 6

蓓蓓：原来 5，吃 2，剩 3

妍妍：原来 4，吃 2，剩 2

第 34 关 学生的爱好和籍贯

东东喜欢外语，北京人；小荷喜欢数学，上海人；小希喜欢语文，长沙人。

第 35 关 黑白球

四次中有三次机会。看一看所取出来的球的组合：黑色－黑色、白色－黑色；黑色－白色和白色－白色。只有第四种情况没有黑球。所以至少有一个黑色的球的概率是四分之三。

第 36 关 花园里的路径

A＝9 米，B＝8 米，C＝8 米，D＝6 米，E＝6 米，F＝4 米，G＝4 米，H＝2 米，I＝2 米，总共是 49 米。

第 37 关 他的做法正确吗

假设甲说的第一句话是真的，那和乙的第一句话相矛盾，所以不可能为真。根据题意“三人都说对了一半”，所以甲说的第二句话为真，既然此句为真，则乙的第二句话就为假，乙的第一句话为真。乙的第一句话为真，则丙的第二句话为假。这答案就是菲利普亲王是英女王的丈夫，克劳斯亲王

是荷兰女王的丈夫，亨利亲王是丹麦女王的丈夫。

第 38 关 都是些什么牌……

左 -- 右

红桃 K-- 红桃 A-- 方块 A

第 39 关 有多少只小鸡……

600 只

第 40 关 牛吃饲料……

绳了没有拴在树上。

第 41 关 意外之财……

黄金在乙箱子里。

第 42 关 过年……

好心舅舅在上下联头各加一个字:“早行节俭事,免过惨淡年。”

第 43 关 最少时间……

18 小时 20 分钟

第 44 关 阿尔加维的约会……

从横向看,

最远的两个人之间的距离是 6,

就是说无论在中间任何点见面,

两个人横向走的和都应该是 6,

此时应该找尽量靠近中间的位置且该位置最好有人。

同理分析纵向,

应该是街道 4 和道路 5 交叉处。

第 45 关 摩天大楼的麻烦……

因为她住的楼屋比较低。

第 46 关 迷失的城镇……

1 C、2 D、3 F、4 A、5 B、6 没有

第 47 关 恰当的座位安排……

1. 科林 2. 艾迪 3. 阿伦 4. 比尔 5. 大卫 6. 格雷斯 7. 简 8. 英迪拉 9. 菲奥纳 10. 希拉莉

参考答案

第四章 挑战你的推理思维

第 01 关 黑麦……

D

第 02 关 购买纪念品……

D

第 03 关 偷答案的学生……

由题知:A 上 4 节,B 上 3 节,C 上 2 节,ABC 都只上了迪教授 2 节。

则 A 上了 2 节其他教授的课,B 上了 1 节其他教授的课,C 没上其他教授的课。

出现 2 种组合:A,AB。

A 还有 2 节，唯一可能的组合:AC,ABC,不然组合重复。则 B 单独上过 1 节李教授的课。李教授上的课中只出现AC这个2组组合,所以 B 是偷了答案的人。

即刘华是小偷。

第 04 关 什么决定素质……

B

第 05 关 广告与收视率……

B

第 06 关 比比个子……

A

第 07 关 反驳……

D. 美国用于医疗新技术开发的投资,占世界之最。

第 08 关 交通事故……

D. 中国的车况、路况很少能达到时速 100 公里。

第 09 关 会说话的指示牌

足球场的指示牌上都是真话；健身房的指示牌上都是假话；篮球场的指示牌上一句是真话，一句是假话。

第 10 关 工作与健康

A. 只有①

第 11 关 最流行的品牌

C. 随着 PC 机的用户水平越来越高，他们更倾向于购买并不知名的品牌。

第 12 关 买汽车

d 是正确的，b 肯定是错误答案。罗伯特买的是奔驰车，叶赛宁买的肯定不是皇冠车，欧文自然不会是奔驰车。

第 13 关 院校排列名次

B

第 14 关 恐龙灭绝的原因

B. 三人都同意气候的改变引起了恐龙食物的短缺，但在食物短缺如何造成恐龙灭绝的问题上有不同的看法。

第 15 关 世界贸易组织

B

第 16 关 戒烟

C. 如果这次戒烟失败，我就不再戒烟。

第 17 关 帽子的颜色……

解答思路 1：

由于六名少年每个人只能看到五个人的帽子，只有两个帽子看不到，所以这两个看不到的帽子只能是一黑一白，即六名少年的帽子是三黑三白。被蒙住眼睛的少年戴的是白帽子。

解题思路 2：

六名少年都没猜到，说明六名少年看到的黑、白帽子数都相同，由对称性可知，中央的被蒙住双眼的少年戴的是白帽子。

第 18 关 游泳池

E. ①、②和③

第 19 关 环境保护

C. 在爱尔兰，采煤湿地的生态环境和未开采前没有实质性的不同。

第 20 关 计算方法

A. 一般说来，会计是根据他们所做的计算数量以及他们所挣的钱数的不同而有区别。

第 21 关 第二味觉

C. 有低效率的新陈代谢但没有边吃边呼吸能力的哺乳动物。

第 22 关 皇帝挑女婿

绿色

第 23 关 地球和月球

B. 月球上同一地点温度变化极大，白天可以上升到 128℃，晚上又降至零下 180℃。

第 24 关 利润

C. 只有 III

第 25 关 沼泽地

C. 链蛇体表的颜色对其捕食的对象有很强的威慑作用。

第 26 关 推测职业

D. 李珂是医生，陈旭是教师，孙旺是经理

第 27 关 相互分裂

C. 为什么被催眠者表现出已接受催眠者的暗示，觉得自己是聋子呢?

第 28 关 接续序列……

酒吧

第 29 关 社会财富……

E.

第 30 关 Internet……

A

第 31 关 计算机程序……

B

第 32 关 是什么影响购物……

A,E

第 33 关 防疫检测……

A

第 34 关 假设……

D. 报考戏剧学院。

第 35 关 满意程度……

E. 记者采访时离开出口的乘客 60%不是乘坐 FSI15。

第 36 关 校学生会委员……

A. 两个特长生都是特困生。

第 37 关 考古学家……

E. 所有的东方考古学家都是对中国古代史很有研究的人。

第 38 关 坚强的儿子……

儿子说:“如果我正直的话，就不会被神遗弃;如果我不正直,就不会被大众所背叛。所以不论如何,我都不会被背叛的。”

第 39 关 私人汽车产业……

C. 各国的经验表明,在发展车和路的关系上，都是车的发展促进了路的发展。促进城市道路建设的动力之一就是发展私人汽车。

参考答案

第五章 挑战你的综合思维

第 01 关 迷宫

六分

第 02 关 折模型

E

第 03 关 特殊图形

A

第 04 关 隐藏的单词

能够看到的单词是 VIEW(景色)

第 05 关 郑板桥的诗

水壶

第 06 关 海涅说了什么

如果我和你去了。那就什么都有了。

第 07 关 多米诺骨牌

如图

3-6	2-6	2-5	3-3	0-0
3-5	0-2	0-1	4-6	4-5
1-1	5-6	5-5	1-3	1-2
2-4	1-4	2-2	0-3	6-6
2-3	0-4	4-4	3-4	1-5

第 08 关 图片变换

C

第 09 关 花朵的颜色

丽丽:黄花 5,粉红花 1,白花 1,红花 1; 妍妍黄花 2,粉红花 1,白花 3,红花 2;微微:黄花 1,粉红花 1,白花 3,红花 3;静静;黄花 1,粉红花 4,白花 2,红花 卜 菲菲;黄花 1,粉红花八白花 1,红花 3;总数均为 8。

第 10 关 判断是非

45

第 11 关 哪些城市

上海、宁波、旅顺、青岛、长春、桂林、温州。

第 12 关 图形转换的规律

A

第 13 关 唐伯虎卖画

谜底是一个“伏”字。

第 14 关 什么时候碰面

下一年的 4 月 24 日

第 15 关 串字解题

方方正正一大厅，共有椅子十只整，每一条边要三只，你说应该怎么放？

第 16 关 奇怪的指路

右边的那条路。那个人在石头后面露出头来，就是“石”字出头，就是右。

第 17 关 美味的蠕蛭

凹、凸

第 18 关 组装船组装船

第 12 块是多余的。

第 19 关 盒子的问题

E

第 20 关 谁在说谎

二儿子在说谎，因为书的 113 和 114 是印在同一张纸上的。

第 21 关 坐车的选择

哪辆车先来就坐哪辆。

第 22 关 闹鬼的房间

用房间号乘以这个房间闹鬼的间隔天数，再减去这个房间闹鬼的间隔天数，得数就是下一段时间闹鬼的房间号。每过一段时间，闹鬼的间隔天数就会增加 1 天。所以最后三个月间，闹鬼的房间号为 (9x4)－4＝32，频率为每 5 天一次。

第 23 关 食物的奥秘

12 头×9 周 = 原有草 +9 周新生草 15 头×6 周 = 原有草 +6 周新生草，每周新生草：(12 ×9−15 ×6) ÷(9−6)=6 原有草：15×6−6×6=54 六头长颈鹿吃新生草，其余 3 头长颈鹿吃原有草，9−6=3(头)，54÷3=18(天)

第 24 关 飞行速度

第一步：当秘书鸟经过 6 小时与卡鸟相遇时，戴冕鹤也飞了 6 小时，秘书鸟比戴冕鹤多飞了 660−486=72 千米；(这也是现在戴冕鹤鸟与秃鹫的距离)

第二步：接上一步，戴冕鹤与卡鸟接着飞 1 小时相遇，所以卡鸟的速度为 72−481=24：

第三步：综上整体看问题可以求出全程为：(60+24)6=504 或 (48+24)7=504

第四步：5048−24=39(千米)

注意事项：画图时，要标上时间，并且多人要同时标，以防思路错乱！

第 25 关 凤蝶采蜜

一共有 14641 只凤蝶。

第一次：凤蝶回去找来 10 个同伴，加上它自身，是 11 只。

第二次：11+11×10=121，同样道理推论，一共找了 4 次同伴，所以蜜蜂的总数为 11×11×11×11=14641 只。

第 26 关 愚笨的海蜈蚣

23 个解析：首先我们观察，这堆贝壳的数目除以 3 和 7 都余 2，我们让 3 乘以 7 再加上 2，得到 23，再拿过来验证，除以 5，最后余 3，符合题意。因此这个最小的数是 23。

第 27 关 霸王龙的题目

中间加一个“白”字，就可以组成“百”“皆”“皖”“皇”四个字。

第 28 关 银杏树的年龄

579。解析假设最左边的数字是 X，那么就是 X+(X+2)+(X+2+2)=21。

解这个方程，得出 X=5，所以银杏树的年龄是 579。

第 29 关 诗体数学题

28 个弟子解析：三个女孩子应该占全部弟子的多少呢？

1/2+1/4+1/7=25/28

1—25/28=3/28

所以，毕达哥拉斯一共有 28 名弟子。

第 30 关 孔子猜谜

囚

第 31 关 数字游戏

a+b+c+d=27，则该数为 9 的倍数，之后无论如何横加，只要是 9 的倍数，横加的结果必然也是 9 的倍数，加到最后结果必然等于 9 。所以 9×5/3=15。

第 32 关 如何分配奖励

猪笼草的任务是 3 只，瓶子草帮猪笼草捕捉了 1 只，占总数的三分之一，捕蝇草帮猪笼草捕捉了另外的三分之二，所以应该送给瓶子草三分之一的奖励，也就是 3 只苍蝇，捕蝇草得到三分之二的奖励，也就是 6 只苍蝇。

第 33 关 都捕捉了什么

蜘蛛 5 只；蜻蜓 7 只；苍蝇 6 只。

第 34 关 赚钱的佛手瓜

此人的付出的钱 7+9=16 块钱，

得到 8+10=18 块钱，

所以他赚到了 18—16=2 块钱。

第 35 关 聪明的瓶子草

第一步，先用 6 升的瓶子盛满水，倒进 5 升的瓶子里，6 升的瓶子里剩 1 升。

第二步，把 5 升的瓶子腾空，把 6 升瓶子里的 1 升水倒进 5 升的瓶子，这时 5 升的瓶子能再盛 4 升水。

第三步，再把 6 升的瓶子装满水，这时候 5 升的瓶子里还有 1 升水，把 6 升的瓶子里的水倒进 5 升的瓶子，6 升的瓶子里剩下 2 升的水。

第四步，把 5 升的瓶子腾空，6 升瓶子里的 2 升水倒进 5 升的瓶子，这是 5 升的瓶子只能再盛 3 升。

第五步，再次把 6 升的瓶子装满水，倒进 5 升的瓶子里，等 5 升的瓶子倒满的时候，6 升瓶子里剩下的就是 3 升水了。

第 36 关 称重问题

首先我们在天平的两边各摆上 4 个佛手瓜，这样会有两种情况：第一种情况。天平两边平衡，这样说明发芽的佛手瓜在余下的 4 个里面。我们就把剩下的 4 个在天平两边分别摆上 2 个，重的一端里面有发芽的。再把重的一端的两个果子分别摆到天平上，重的那一个就是发芽的佛山瓜。第二种情况。天平两端不平衡，重的那一端里面有发芽的佛手瓜。把重的一端的四个果子在天平两端各摆两个，重的那一端含有发芽的佛手瓜，再把含有发芽的佛手瓜的一端分别摆上天平，就能够找出发芽的佛山瓜了。

第 37 关 智力小测验

43 千克。解析：要算最大可能的载重，那么让其他三棵睡莲的载重都最小，又因为载重能力各不相同，所以最小的三棵睡莲的载重为，18、19、20，那么最大有可能的那棵睡莲的载重能力为：25 × 4-18-19-20=43 千克。

第 38 关 怎样摆放水晶兰

摆成五角星的形状。摆成“田”字型。

第 39 关 滴“血”的玫瑰

玫瑰的维管束就像是毛细管，红墨水会沿着植物的维管进入到植物的细胞中，切掉维管束的时候，饱和的水分会重新流出来，看上去就是玫瑰流血了。

第 40 关 永不凋落的树叶

树叶秋天变黄是为了保护自己过冬，当秋天来临的时候，树叶会产生一种特殊的物质，使叶柄跟树枝分离开来，树叶就会掉落。剪下来的树枝，由于没有到秋天，树叶不会产生分离物质，叶柄跟树枝的联系还是非常紧密的，所以即使树叶枯萎了，也不会掉落。

第 41 关 青绿的西红柿

西红柿成熟的时候，会产生一些酶，使西红柿产生一种叫作乙烯的物质，西红柿就变红了。被热水浸泡过的西红柿，由于酶失去了效能，所以不会产生使西红柿变红的乙烯。

第 42 关 长腿草搬家

6 天

第 43 关 长寿草的年龄家

假设长寿草当年年龄是 1 份，那么邻居现在的年龄就是 3 份，因为邻居当年的年龄与长寿草现在的年龄相同，因为长寿草当年年龄、长寿草现在年龄（＝草邻居当年年龄）、邻居现在年龄这三个数是等差的，所以长寿草现在年龄（＝邻居当年年龄）就刚好是 2 份，那么它们现在的年龄和是 3＋2＝5 份，一份就是 30÷5＝6，长寿草现在是 6×2＝12 岁。

第 44 关 吃胖的葡萄干

葡萄干的制作过程，就是让新鲜的葡萄脱水，这样就不容易腐烂，便于运输和储存，还另有一种特殊的风味。把葡萄干重新投入水中的时候，就会发现葡萄干重新吸到了水。

第 45 关 变软的胡萝卜

胡萝卜含有很多水分，当泡进浓盐水中的时候，胡萝卜中的水分会跑到浓盐水中。失去水分的胡萝卜就变软了。

第 46 关 种树问题

180 棵

解析：每隔 5 米种珙桐一棵，那么道路每旁种珙桐应该是 450÷5+1=91 棵。

马向于◎编著

越玩越聪明

脑筋急转弯

海量题+超有趣+多漫画

河南人民出版社

图书在版编目(CIP)数据

脑筋急转弯 / 马向于编著. -- 郑州 : 河南人民出版社, 2016.3

(越玩越聪明)

ISBN 978-7-215-10010-7

Ⅰ. ①脑… Ⅱ. ①马… Ⅲ. ①智力游戏—少儿读物 Ⅳ. ①G898.2

中国版本图书馆CIP数据核字(2016)第070621号

目录

超有趣的童话版脑筋急转弯

小美人鱼

大海深处，一个叫爱丽儿的美人鱼爱上了人类的王子。为了与王子相亲相爱，她用自己的声音换取了一双腿，来到岸上，开始了爱丽儿与王子的故事……

在蔚蓝的海水中，美丽的海洋深处……你知道什么海里没有水吗？

答案

辞海。

有一个漂亮的海洋王宫。如果一加一不是王，那是什么字？

“丰”字。

王宫里有六位美丽的海公主，她们都有一条美丽的鱼尾巴。那么你知道一条鱼什么时候可以咬到自己的尾巴吗？

答案

在餐桌上。

最小的公主最漂亮也最纯洁，她们一直向往水面上的世界。公主小时候几个月都不吃饭，可依然很健康，你知道怎么回事吗？

但是祖母只允许她们在15岁后才可以到水面上看一看。第一位姐姐在海面上看到了繁华的城镇。在城镇里有很多桥，可是桥下不走船却跑车，哪是什么桥？

第二位姐姐在海面上看到了湛蓝的天空和美丽的白云。有一种东西我们看不见、摸不着，但时时刻刻和它在一起，哪是什么东西？

空气。

第三位姐姐顺着小河游到山下，看到了一群在河边嬉戏的孩子们。那些孩子竟然吃一种从屁股排出来的东西，你知道是什么东西吗？

鸡蛋。

第四位姐姐看到了各种船只，以及在海面上跳跃的海豚。海豚跳跃能力很强，比所有的船只跳的都高，为什么？

答案

船都不会跳。

第五位姐姐看到各种冰山和暴风雨下恐怖的海洋。把冰变成水最快的方法是什么？

小公主终于 15 岁了，迫不及待地游向海面。她看到了一艘大船还有最帅气的王子。骑白马的如果不是王子，哪最有可能是谁？

答案

唐僧，唐僧也骑白马啊。

小公主一眼就喜欢上了他。怎样才能让男人一眼就喜欢上你？

暴风雨来了！巨大的海浪打翻了船只。世界上哪儿的轮船最小？

答案

书上。

王子落水了，在这狂暴的海里，他很快就支持不住了。王子穿着黄色的衣服，掉进深蓝的海里衣服会怎么样？

会湿。

小公主游过去，托起已经昏迷的王子向岸边游去。你知道什么时候最好把眼睛闭起来吗？

答案

去世或睡觉的时候。

小公主把王子放在海滩边，在他的额头吻了一下。每个人都爱的人是谁？

答案

都爱自己。

一个年轻的女孩向这边走来，小公主赶忙躲了起来。那女孩看到躺在沙滩上昏迷的王子，赶忙跑了过去。闭上眼睛能看见的是什么？

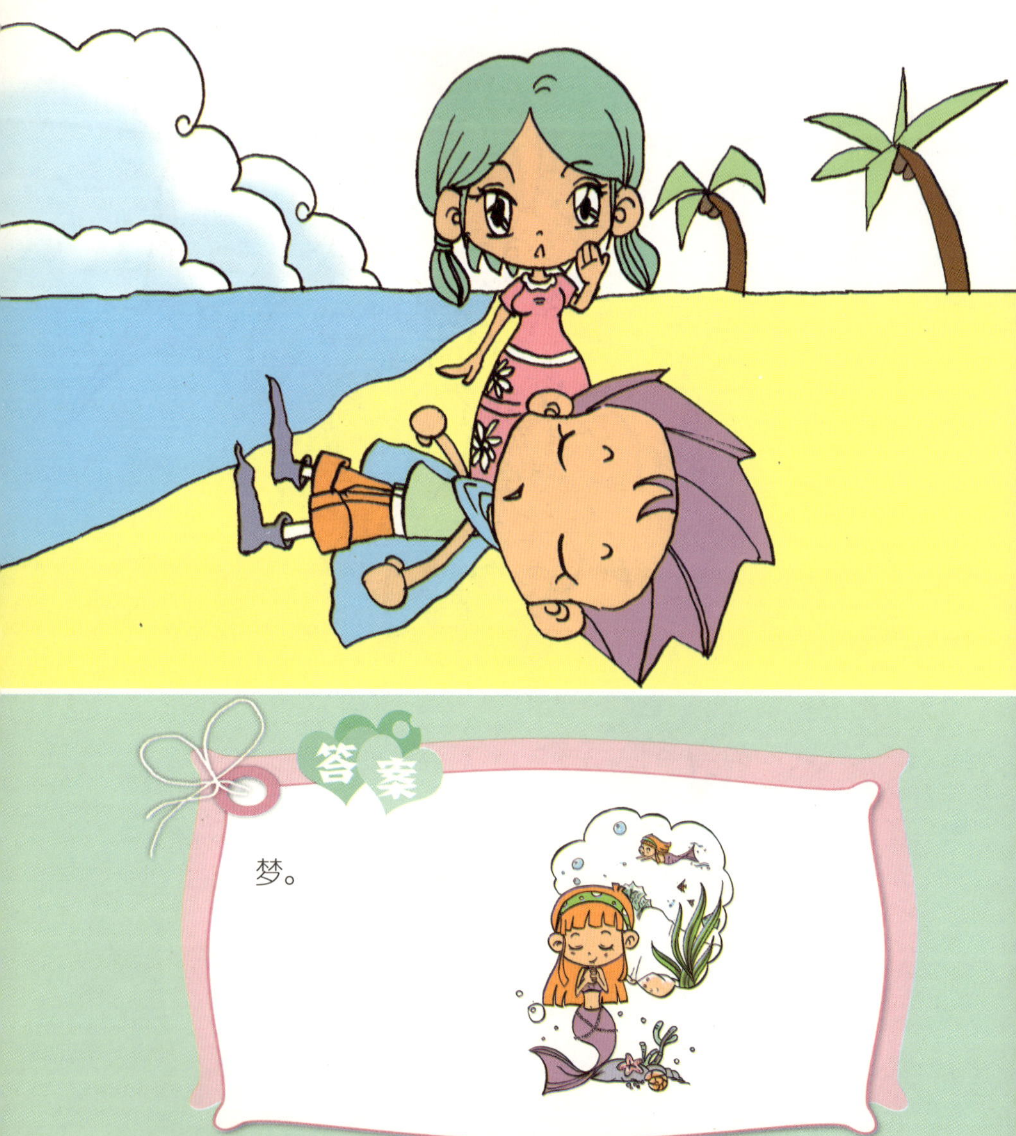

答案

梦。

王子渐渐苏醒了，以为是那个女孩救了他，对那女孩感动地笑了。王子苏醒的时候，首先要做的事情是什么？

答案

睁开眼睛。

小公主伤心地回到了海里。她忘不了帅气的王子，天天到岸边偷看王子。你知道被人家放了鸽子还很高兴的是谁？

鸽子。

小公主开始盼望能够生活在他们中间，也渴望得到王子的微笑。小公主与王子中间有什么？

她决定寻找巫婆，请求巫婆的帮助。巫婆遇见什么事情最头疼？

巫婆告诉小公主，一种药可以帮她去掉鱼尾、长出两条腿。蝌蚪没有尾巴，成了青蛙。如果鱼没有尾巴，是甚么？

答案

还是鱼。

但每一步将会像在尖刀上行走那样疼痛。又小又大的是什么字？

“尖”字。

还不能再回到海里，将失去父母姐妹。曾经有人问小人鱼公主，你是国王的女儿吗？小公主回答是，又问，国王是你的父亲吗？小公主回答说不是，这是怎么回事呢？

国王是女王，是小公主的母亲。

小人鱼公主必须得到王子爱情并与王子结婚否则，在王子结婚的第二天早上太阳出来的时候就会变成泡沫消失在世界上。如果地球爆炸了，你知道哪地方人最多？

天堂和地狱。

小公主还是决定变成人类，并用自己美妙的声音来交换那罐魔力的药。有一种药，不用去买就能吃到，那是什么药？

答案

后悔药。

小公主恋恋不舍离开了海底王宫，来到海边。

都知道龟兔赛跑兔子输了，假如小公主和乌龟赛跑，谁会赢？

答案

乌龟赢，因为这时小公主还没有腿。

小公主喝下灵药，尾巴疼的昏迷了过去。尾巴疼在哪里小公主比较没感觉？

醒来时，尾巴已经变成了修长洁白的腿，还看到了帅气的王子。你知道人走路时两只脚有什么不同吗？

一前一后。

可是小公主没有了声音，不能说话，不能回答王子的任何问题。你知道什么人最不听话吗？

王子带小公主回到了王宫，穿上漂亮的衣服。小公主用最轻盈的舞蹈、最灵动的眼神打动了每一个人。小公主第一次参加舞会时，父母最担心什么？

与狼共舞。

王子是小公主最最宠爱的人，王子也很喜欢小人鱼公主。小公主还有一件东西，几乎都是别人在用，自己却用的很少，那是什么？

但是王子最终选择了那个他认为救他的那个女孩做了王妃。王子与那个女孩结婚时有很多不同点，但他们有一个唯一的共同点，你知道是什么吗？

同一天结婚。

王子结婚后的第二天清晨，小人鱼公主的姐姐给了小人鱼公主一把匕首。如果用匕首或者针刺王子，哪个比较疼？

答案

王子比较疼。

只要小人鱼公主把刀刺进王子的心脏，那么人鱼公主就可得到一条鱼尾，重新回到海里生活。有一种人拿针到处扎人，大家还都很欢迎，那是什么人？

人鱼公主失去王子虽然心痛，但怎么忍心加害于他。那么，你知道出生入死的地方是哪里吗？

医院。

人鱼公主扔了匕首，深情地看着熟睡中的王子。王子竟然能够连续 10 小时不眨眼，他是怎么做到的？

答案

王子在睡觉。

太阳出来的时候，人鱼公主化成了泡沫消失了。天上本来又 10 个太阳，为什么后羿只射掉 9 个太阳？

答案

他不想摸黑回家。

白雪公主

白雪公主又美丽又善良！她与七个小矮人和一群小动物快乐地生活在森林里，可恶的王后总想除掉她。但是，坏王后最后搭上自己的性命也没有害死白雪公主。

在一个遥远的国度里，一位黑人国王与白人皇后他们生下一名婴儿，那么婴儿的牙齿是什么颜色的？

婴儿没有牙齿！

这个婴儿的肌肤像雪一样白嫩，国王就称她为白雪公主。你知道白雪公主最怕遇见什么吗？

太阳，白雪见太阳就融化了。

国王特别高兴，于是带白雪公主一起去游玩，他们三人来到完全陌生的地方。由于语言不通，国王与王后都显得不知所措。而只有白雪公主未感受丝毫不方便，这是为什么呢？

因为白雪公主还是婴儿嘛，还不会说话呢。

白雪公主逐渐长大了，终於成了一个人见人爱的美少女。有一个人，是她父母生的，但她却不是白雪公主的兄弟姐妹，她是谁？

当然就是白雪公主她自己啦！

不久，皇后得了肥胖症住进了医院，她最怕别人来探病时说什么？

答案

多多保重！

而这家医院以前从不给人看病，为什么？

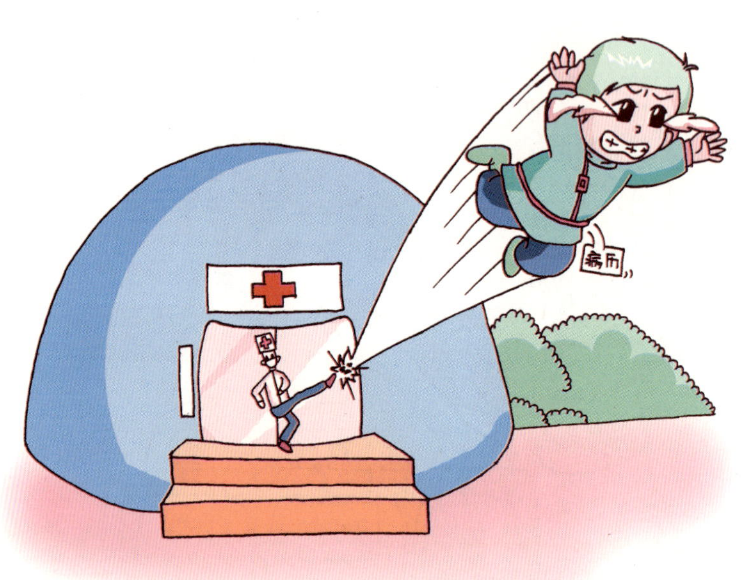

答案

因为它是一家宠物医院。

皇后天天吃药，病情也不见好转。皇后还是去世了！国王为她准备了一件礼物，这种礼物买的人知道，卖的人也知道，只有用的人不知道，是什么东西？

这个礼物是棺材了。

国王后来迎娶了一位新王后，新王后又胖又懒。如果说女人象一本书，那么新王后像什么书？

答案

合订本。

新王后不仅胖，而且脸上还长满了青春痘，她最恨别人比她美丽。你知道青春痘长在哪里，你比较不担心？

答案

长在别人脸上啦！

新王后有一面很奇特的镜子，从镜子里可以得到一切你想知道的答案。如果猪八戒照镜子的话，那别人会说什么？

答案

里外不是人。

王后经常对着镜子问谁是世界上最美丽的女人？镜子回答的都是白雪公主。你知道什么蛋只能看不能吃吗？

答案

脸蛋！

王后讨厌白雪公主，生气地对着镜子喊："我一定要惩罚她！虽然她明明什么都没有做。"什么事明明没有做却要受惩罚？

做作业啦。

王后把白雪公主关押起来。白雪公主被关在一间并没有上锁的房间里，可是她使出吃奶的力气也不能把门拉开，这是怎么回事？

门是推的，推开就行了。

一个武士奉王后的命令把白雪公主带到森林里，想把白雪公主杀掉，早晨醒来，白雪公主去做的第一件事是什么？

武士不忍心杀掉纯洁、善良的白雪公主，白雪公主于是逃向青蛙可以跳得比树高的森林里。青蛙为什么跳得比树高？

因为树不会跳啦。

武士回去后被恶毒的王后关进监牢。武士和一名杀人犯被关在一起，武士被关了三个星期！而杀人犯只关了一个星期，为什么？

杀人犯关了一星期就被拉出去填命了。

白雪公主在广阔的森林孤身冒险，你知道大森林的中间是什么吗？

“森”字啊。

后来，白雪公主在路上遇到一只凶猛的老虎。白雪公主飞快的奔跑，脚不挨地，真厉害！她是怎么做到的？

答案

穿着鞋呢！脚当然不接触地。

白雪公主被老虎穷追不舍，突然前面有一条大河，她不会游泳，但她却过去了，为什么？

晕过去了！

白雪公主在森林里遇到一个漂亮的小木屋，白雪公主急忙向前敲门，可是屋子里没有人来开门，白雪公主也没有钥匙，但她竟然走进屋子里了！为什么？

门没锁，是开着的。

屋子桌子上有蜡烛和煤油灯，房间很暗，白雪公主该先点燃什么？

答案

先点火柴。

房子里有 7 张小床，一个衣柜，白雪公主想把外套挂在衣柜里，她首先要做什么？

脱下外套！

白雪公主觉的非常疲倦，就把七张小小的床并在一起，躺下后竟然在 6 个钟头内一眨不眨眼睛，她是怎么办到的？

睡着了，眼睛闭着，不需要眨眼。

7个小矮人回来了！看到可怜漂亮的白雪公主，就收留了白雪公主，给白雪公主好多好吃好喝的东西。你知道大家都不愿意吃的东西是什么吗？

答案

吃亏！

白雪公主和 7 个小矮人一起下河打鱼、一起玩耍，你知道什么河里从来没有水吗？

象棋棋盘上的楚河。

小矮人和森林里的小动物都非常喜欢白雪公主，白雪公主在森林里快乐极了。白雪公主平时最怕狗.可今天她看见狗却很喜欢，为什么?

答案

因为那是能吃的热狗，你吃过吗?

王后知道白雪公主没有死！就做了一个毒苹果，准备毒死白雪公主，苹果明明有毒，为什么却对人无害？

人不吃就没害。

王后就打扮成老太婆的模样，趁小矮人都不在家的时候偷偷地把毒苹果送给了白雪公主。你知道偷什么东西不犯法吗？

偷笑。

白雪公主吃苹果时，吃出一条虫子，感觉很恶心，那么吃出几条虫子感觉最恶心？

答案

半条。

白雪公主咬了一口就昏死在地上，小矮人回来后伤心极了！虽然他们采了很多食物，但都没有胃口。什么东西生的可以吃，熟的可以吃，用刀切不开，洗过之后就没人吃？

水。

小矮人以为白雪公主死了！把白雪公主放在水晶棺中，举行了盛大的葬礼。你知道世界上死亡率最高的地方在哪里？

床上。

水晶棺亮晶晶，光彩夺目，但小矮人和小动物们都伤心极了。你知道什么“光”会给人带来痛苦吗？

邻国的王子正好路过森林，看见了可爱的白雪公主，王子情不自禁地俯身吻了她。为什么王子对白雪公主一见钟情?

因为王子是独眼龙。

王子的吻救醒了白雪公主，小矮人为他们举办了庆祝晚会，可王子和白雪公主到了晚会现场却半个人都没看到，为什么？

答案

人没有半个的！

王子要白雪公主做他的王妃，白雪公主同王子一起到了邻国，她受到了全国人民的欢迎。你知道什么山什么海可以自己移动吗？

人山人海！

坏心的王后自从毒害了白雪公主之后，以为白雪公主必死无疑，所以非常高兴。什么人敢在王后的头上胡做非为？

理发师。

一天，魔镜告诉她最美丽的女人还是白雪公主时，她知道白雪公主没有死！气的七窍生烟。人在什么情况下真的会七窍生烟？

火化的时候。

王后骑着魔扫帚，带着魔剑，飞往邻国，准备除掉白雪公主。你知道在天空飞的小鸟最怕得什么病吗？

恐高症！

当她飞到邻国的上空时，一道闪电劈死了王后，王后得到了应有的惩罚。你知道电和闪电的最大区别是什么吗？

绿野仙踪

一个可爱的小女孩、一个没头脑的稻草人、一头胆小的狮子、一个铁皮人组成一个冒险小团队,他们经历了种种惊险刺激又奇幻的冒险的过程……

多萝茜是一个漂亮的女孩，和叔叔、婶婶住在堪萨斯州大草原的中部。他们住的小木屋门怎么都拉不开，怎么办？

拉不开就推开。

一次，多萝茜和她的小狗托托连同房屋被旋风吹了起来。你能在一秒钟把房子给变没了吗？

能，闭上眼睛就看不到房子了。

旋风把多萝茜和托托吹到了一起奇异的世界，到处鸟语花香，你知道一年四季都开的花是什么花吗？

假花。

木房子压死了邪恶的东方女巫，解救了芒奇金人，多萝茜还得到了一双银鞋。你能穿上鞋脚不着地的走路吗？

答案

能，穿上鞋脚就没挨着地。

北方女巫亲吻了多萝茜，并且告诉多萝茜要回家就得去翡翠城找奥芝帮忙。铁放在外面会生锈，那么翡翠呢？

答案

会丢，不被人拿走才怪。

在去翡翠城的路上，多萝茜救了一个稻草人，稻草人请求和多萝茜一起找奥芝，请奥芝给它一个脑子。稻草人最怕什么？

答案

火。

在森林还救出了一个铁皮人，铁皮人也跟随多萝茜一起去翡翠城，它要请求奥芝给它一颗心。铁皮人有很多帽子，但没有一个帽子是能戴的，为什么？

随后，他们又遇到了一个胆小的狮子，狮子也要请求奥芝给它一个勇气。这个狮子每次见到兔子就跑，为什么呢？

因为它要抓兔子。

多萝茜、稻草人、铁皮人、狮子和托托组成一个小团体，向翡翠城进发了。在动物园，你最先见到的动物是什么？

动物园售票员。

不久，在森林遇到一个很大的壕沟，铁皮人把一颗树砍到横放在壕沟上。有一种东西能托起 50 公斤的木材却托不起 10 公斤的沙子，你知道是什么吗？

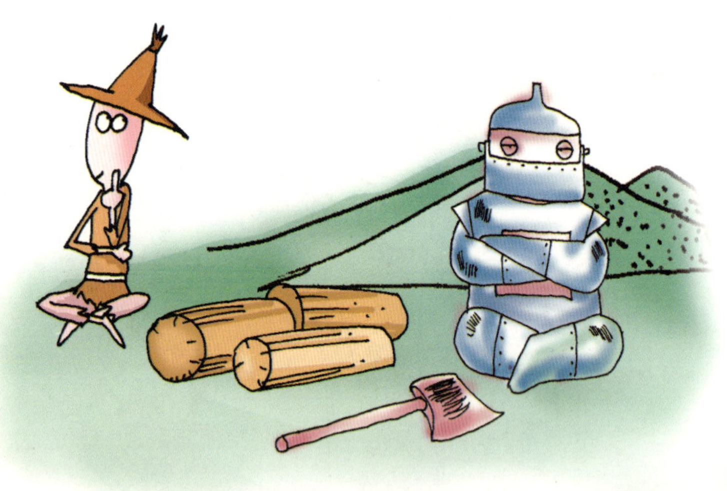

水。

这时，两个身体像熊、头像老虎开力大正向他们跑来。他们过了壕沟，铁皮人就把横在壕沟上树干砍断，两个开力大掉了下去。你知道什么虎会吓人但不吃人吗？

答案

壁虎。

经过罂粟花田的时候，多萝茜、狮子还有托托都被花香薰的熟睡了。将稻草人浸泡于黄河中，会怎么样？

答案

会湿。

铁皮人和稻草人救了多萝茜和托托出来，但却拉不动狮子。把狮子用1米长的绳子拴住，它能吃到1.5米远的草吗？

正当他们苦恼的时候，铁皮人救了被野猫追赶的田鼠皇后。田鼠皇后胆子很大，有一次见到一只老虎，还把老虎给吃了，这是怎么回事？

答案

那是纸老虎。

在田鼠皇后以及众多田鼠的帮忙下，救出了熟睡中的狮子。一只田鼠在挖洞时并没有在洞口四周留下泥堆，为什么？

要先挖出口。

他们终于到达了翡翠城，守城的人要求他们戴上绿色的眼镜。常把手伸向别人包里的人，却不是小偷，为什么？

海关检查员。

翡翠城真是一个很漂亮的城堡，城堡的大多数人是用左手端碗，右手吃饭，你觉得对吧？

多萝茜拜见了奥芝，但是奥芝告诉她，必须杀死邪恶的西方女巫才肯帮助她。奥芝曾被一只蚊子叮过，你知道是公蚊子还是母蚊子吗？

答案

母蚊子，公蚊子是不叮人的。

稻草人、铁皮人、狮子也得到奥芝同样的回答。

奥芝遇到什么事情最头疼?

感冒。

这个奇怪的小团体只有再次出发，去温基寻找西方恶女巫。那么你知道大雁为什么秋天要飞到南方吗？

答案

大雁走路太慢了。

西方恶女巫只有一只眼睛，像千里眼一样，可以看得很远。而且她能举起一个连 100 个男人都抬不动的蛋，你知道这个蛋是什么蛋吗？

答案

鸡蛋、鸭蛋、鹅蛋都可以，100 个男人无法抬起一个蛋。

看到多萝茜因为疲倦熟睡的时候，西方恶女巫派出了一群恶狼去撕碎他们。你知道睡美人最怕什么吗？

失眠。

当恶狼袭击的时候，铁皮人挥动斧头，杀死了所有的恶狼。铁皮人身上有一种东西，用完了很快就会再次拥有，还不用花一分钱，那是什么？

答案

力气。

西方女巫很生气，又派了一群野乌鸦去袭击他们，稻草人杀死了所有的乌鸦。为什么杀人要判刑，杀乌鸦就不用？

答案

乌鸦没有律师。

西方女巫更加生气了，派了一群黑蜂去螫死他们。一个黑蜂飞到多萝茜边需要 3 分钟，90 个黑蜂飞到多萝茜旁边需要多长时间？

也是 3 分钟。

稻草人用稻草覆盖了多萝茜、狮子和托托，黑蜂只好去螫铁皮人，却被铁皮摧毁了它们的毒刺。

成功的母亲叫什么？

西方女巫彻底愤怒了，用皇冠召唤了最后一次飞猴。飞猴会飞，它们最怕得什么病？

答案

恐高症。

飞猴把铁皮人丢在了乱石堆上，把稻草人丢在高高的树上，把狮子和多萝茜关了起来。你知道世界上最便宜的住房是什么吗？

答案

牢房。

西方恶女巫看到北方女巫的亲吻标记和银鞋，也不敢伤害多萝茜，多萝茜和狮子被迫做苦工。有一次多萝茜去买书，可是书店根本没有卖，那是什么书？

秘书。

西方女巫趁多萝茜洗澡的时候偷一只银鞋，被多萝茜发现泼了一盆水，西方女巫融化掉了。你知道什么东西越洗越脏吗？

水。

多萝茜解救了所有的温基人，温基人报恩救活了铁皮人和稻草人，并请求铁皮人做他们的领导者。用铁皮和稻草打头，哪个疼？

头疼。

多萝茜用皇冠召唤飞猴，飞回了翡翠城。他们经过一个城镇的时候，发生了地震，他们却安然无恙，怎么回事？

他们在天上飞。

他们发现奥芝是个骗子，不是一个真正的法师，只是一个杂技师。大骗子最终会怎样？

答案

会死，人都会死的。

不过，奥芝还是给了稻草人一个脑子、铁皮人一颗心，还有狮子的勇气。什么袋每个人、每个动物都有，但都不借给别人，那是什么？

脑袋。

奥芝让稻草人领导翡翠城，还建造了一个轻气球，打算与多萝茜一同离开这个地方。世界上什么东西最宝贵，如果丢失了就永远找不到了？

但是多萝茜为寻找托托错失了回家的机会。你知道什么狗不会叫吗？

热狗。

奥芝乘坐轻气球飞走了，多萝茜只得寻找南方女巫，请求帮助。稻草人、铁皮人、狮子都愿意帮助多萝茜。那么你知道这头狮子为什么不吃多小狗托托吗？

答案

这头狮子是素食主义者。

他们经过森林，越过瓷器城，来到兽国。谁的脚常年走路不穿鞋？

狮子打败了侵袭兽国的巨型蜘蛛，做了兽国的王。在动物园里，谁是兽中之王？

动物园园长。

他们在飞猴的帮助下终于来到了桂特林，见到了南方女巫甘达林。甘达林有一根魔杖，在不能锯断、折断或削短的情况下，你能让它变短吗？

能，拿一个更长魔杖来。

南方女巫让飞猴送稻草人去了翡翠城，送铁皮人去了温基国，送狮子去了兽国。桂特林有一家奇怪的医院，从来不给人去看病，为什么？

这是一家兽医院。

南方女巫告诉了多萝茜银鞋的秘密，银鞋可以帮助多萝茜去她任何想去的地方。回家的时间和读完北京大学的时间一样久，那需要多长时间？

北京大学四个字，读的话 1 秒就可以了。

多萝茜终于回到了堪萨斯州，与叔叔、婶婶一起快乐地生活。叔叔钓鱼技术高超，1 分钟就能钓到一条鱼，假设 10 分钟，叔叔在草原上能钓多少鱼？

一条也没有，草原不产鱼。

灰姑娘

灰姑娘虽然受到姐姐的欺负，但她依然很乐观、开朗，对生活充满希望。舞会上，王子一眼就爱上了她，可是，灰姑娘却不见了！只留下了一只水晶鞋……

有一个失去母亲的漂亮小姑娘。她的衣服总是没有扣子，但她从来都不在意，为什么？

有拉链。

后来爸爸和一个恶毒的女人结婚了，后妈带了两个女儿，其中一个女儿拿着针天天刺人，可没人责怪她，为什么？

答案

她是针灸师。

另一个女儿特别顽皮，一定要等到后妈动手才肯听话，你知道为什么吗？

答案

她是个聋子，需要手语。

两个姐姐什么都不会做，特别懒惰。你知道什么人衣来伸手，饭来张口吗？

婴儿。

两个姐姐脾气还特别坏，简直就是祸害，可后妈为什么还是拼命催她们结婚。

嫁祸于人。

小姑娘经常被两个姐姐欺负，整天灰头灰脸的，所以叫灰姑娘。这样，灰姑娘的爸爸就有了三个女儿，老大叫大傻，老二叫二傻，老三叫什么？

答案

灰姑娘。

爸爸是个生意人，要经常出差做生意。你知道做生意主要靠什么吃饭吗？

靠嘴。

姐姐们向爸爸要新衣服、新首饰，而爸爸却带回来喝多了能让人变成鬼的东西，你知道是什么吗？

酒。

而灰姑娘什么都不要，还送爸爸一把雨伞，以备下雨时需用。什么伞下雨天不能打？

答案

降落伞。

不久，王子给每个女孩发了请帖，请女孩子参加皇宫的舞会。王子发请帖的时候发现有一封装错了，国王说王子真马虎，为什么？

答案

如果发现有一封装错的话，就是错两封，不是错一封。

灰姑娘也想参加舞会，就请求后妈允许她去。

后妈有一次拿鸡蛋丢石头，鸡蛋没有破，为什么？

答案

左手拿鸡蛋，右手拿石头，把石头丢出去，鸡蛋当然没有破。

后妈把豌豆和绿豆混合一起，如果灰姑娘2小时内分清就可以去参加舞会。灰姑娘很聪明，一秒就可以念完清华大学，你知道怎么才能做到吗？

把清华大学四个字念一遍，一秒钟足够了。

灰姑娘分清了，但后妈把一只铅笔放在地上，要灰姑娘跨过去才可以参加舞会？可灰姑娘怎么也跨不过去，你知道为什么吗？

后妈把铅笔放在紧靠墙边的地上。

后妈带着她的两个女儿去参加舞会了，两个女儿称赞妈妈的新衣服十分漂亮，但却被妈妈打了一巴掌，为什么？

百分是满分。

灰姑娘伤心极了，于是给菩萨烧了高香，请求帮助。为什么菩萨坐在金童玉女的中间？

一个仙女出来帮助灰姑娘了。她是中国第一个登上月球的女人，你知道是谁吗？

嫦娥。

仙女请狗和老鼠来帮忙，让狗变成一匹马，老鼠变成车夫，还把南瓜变成漂亮的马车。你知道什么车寸步难行吗？

风车。

可是，灰姑娘没有漂亮的礼服。虽然上午洗了半天衣服，可她的衣服还是脏的，为什么？

洗别人的衣服。

仙女就想把树叶变成一套很漂亮的衣服。可是树叶不小心掉了！怎么办？

拾起来。

还送给灰姑娘一双水晶鞋。灰姑娘打扮后真是漂亮极了。灰姑娘有一件衣服最耐穿，是哪一件？

最不喜欢的那件。

仙女告诉灰姑娘务必在午夜12点前回来，否则将会变得很难看。那么你知道谁最不听话吗？

聋子。

灰姑娘感谢了仙女的帮助后满意地坐上马车去参加舞会去了。可舞会上半个人影都没有，为什么？

人影没有半个的。

两个姐姐在搔首弄姿希望引起王子的注意，还不小心把墨水洒在了地毯上，挨了王子的数落，她们觉得很委屈，为什么？

灰姑娘一到舞会上就引起了人们的注意。你知道怎么使人有心跳的感觉吗?

活着。

灰姑娘受到王子的邀请。灰姑娘与王子快乐地一起飞舞。那么，你知道谁天天笑口常开吗？

时间过的真快，12 点快到了。你知道 12 点与 1 点有什么不一样吗？

灰姑娘慌忙丢下王子跑出了皇宫。午夜时分外面没有月亮、没有星星，也没有太阳，灰姑娘是怎么找到路的？

有路灯。

王子舍不得灰姑娘就跟着追了下去，皇宫外的路四通八达。有一种路也是四通八达，但是不能走人，你知道是什么路吗？

电路。

可是灰姑娘已经无影无踪了，王子拾到一只水晶鞋，还看到一张百元大钞，他为什么不捡钱?

百元大钞在别人手里拿着。

王子命令卫兵寻找水晶鞋的主人。男孩最喜欢女孩眼里的什么水?

秋波。

卫兵找了很多的女孩，但没有一个能穿得上水晶鞋。有2个士兵做事总是拖泥带水，但从来没有被长官骂过，为什么？

盖碉堡的士兵。

最后找到了灰姑娘，灰姑娘刚好能穿上水晶鞋。灰姑娘穿上水晶鞋在土地上行走，回头居然看不到自己的脚印，为什么？

灰姑娘成了王妃。为什么有人说建立在金钱基础上的婚姻是最牢固的？

金婚、银婚……

后妈和两个姐姐知道错了，灰姑娘也原谅了她们。从此，一家人过上了快乐幸福的生活。有一个字大家都写错，你知道是什么字吗？

"错"字。

马向于◎编著

越玩越聪明

数独智力游戏

海量题+超有趣+多漫画

河南人民出版社

图书在版编目（C I P）数据

数独智力游戏 / 马向于编著. -- 修订本. -- 郑州 :
河南人民出版社, 2016.3
(越玩越聪明)
ISBN 978-7-215-10010-7

Ⅰ. ①数… Ⅱ. ①马… Ⅲ. ①智力游戏—少儿读物
Ⅳ. ①G898.2

中国版本图书馆 CIP 数据核字(2016)第 070620 号

一见倾心的启智游戏

孩子的心灵是一块奇异的土地，播上思想的种子，就会获得行为的收获；播上行为的种子，就会获得习惯的收获；播上习惯的种子，就会获得品德的收获；播上品德的种子，就会获得命运的收获。

——巴尔博士

认识数独，是一种偶然；爱上数独，却是一种必然。

九个数字的简单排列，便能给人们带来无穷的快乐，能不爱它吗？

数独，又名 sudoku，是一个包含 9 行、9 列的九宫格，需将 1～9 这九个数字填到格子里去，不用任何加减乘除的运算。其概念起源于瑞士数学家欧拉发明的拉丁方块，曾在美国、日本得到发展。偶然的机会被新西兰人韦恩•古德发现，并将其刊登在英国的《泰晤士报》上，一经发表便迅速地风靡全世界，给人们带来了无穷无尽的游戏乐趣。数独游戏看似简单，其实是一种全面锻炼人逻辑思维能力、推理判断能力、观察能力的“大脑体操”，这种跨越文字与文化疆域、仅以数字为表现方式的世界性的益智游戏，被誉为“全球化时代的魔术方块”。

在这里，我们根据不同难易度分初级入门篇、中级提高篇、高级挑战篇三个阶段。由简入难，每册精选了 140 道构思巧妙的数独谜题，涵盖四种不同难度且循序渐进，同时结合不同的题目设计思路使你在做题的同时对数独解题技巧有一定的把握，力求迅速地提高你的解题水平。

还等什么，赶快加入到数独游戏中来吧，会有无穷乐趣等待着你！

目录

Sudoku

第一章 数独的前因后果

第二章 数独解题技巧

第三章 数独题库

第四章 数独答案

第一章
数独的前因后果

什么是数独

不经意间，数独已经成为了一种风靡世界的益智游戏。它规则非常简单，三两句话就能说明它是如何玩的；看起来也非常的普通，仅仅是简简单单的九行、九列、九个九宫格、九个数字，但是它为什么能在全世界流行起来呢？现在，我们就来了解数独吧。

看下面这个图：

这是一张数独的游戏图，其中我们把横向的叫做行(Row)，也就是R1行、R2行……R9行，总共有9行；

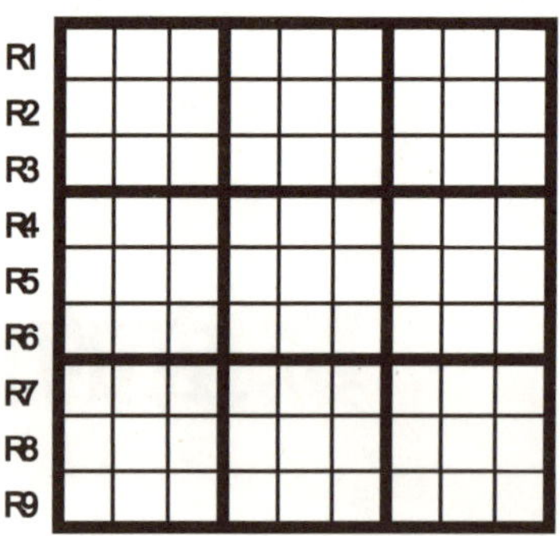

纵向的我们叫做列(Column)，也就是C1列、C2列……C9列，共9列；

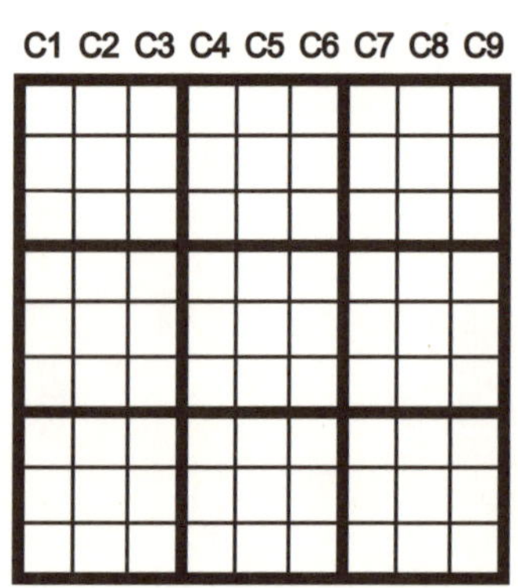

图中粗线围成的地方叫做九宫格，共有 9 个九宫格，分别是第一宫、第二宫……第九宫。

第一宫 B1	第二宫 B2	第三宫 B3
第四宫 B4	第五宫 B5	第六宫 B6
第七宫 B7	第八宫 B8	第九宫 B9

数独游戏就是在这张图上面，把 1~9 九个数字填入到图中，使每一行、每一列、每一个九宫格中都有这九个数字，并且不能重复。一道数独题，会在九宫格图上一些格位上填好数字，这些数字被叫做填数的线索，称为提示数。我们就是根据这些提示数把其他空缺地方的正确填数推理出来。每一道数独题都有一个唯一的答案，如果题目设计的是无解或者多解，就算不上一道合格的题目。

数独与中国人的渊源

数独的基本单元是九宫格，而九宫格跟中国人的渊源非常深。九宫格最早是由我国唐代书法家欧阳询创立的，它最早是应用在书法上。而九宫格的前身，则是非常有名的洛书。

据说，八卦图就是根据洛书与河图变化而成的，河图是中国古代的另外一种非常有名的数阵，洛书则跟九宫格有非常紧密的联系。相传，大禹治水的时候，为了考察水势，大禹来到黄河的支流洛水。正当大禹在观察水势的时候，突然从河里出来了一个神龟，神龟的龟甲上有一个图案，大禹感到非常惊奇，就把这个图案记载了下来，并且据此找到了治水的方式。

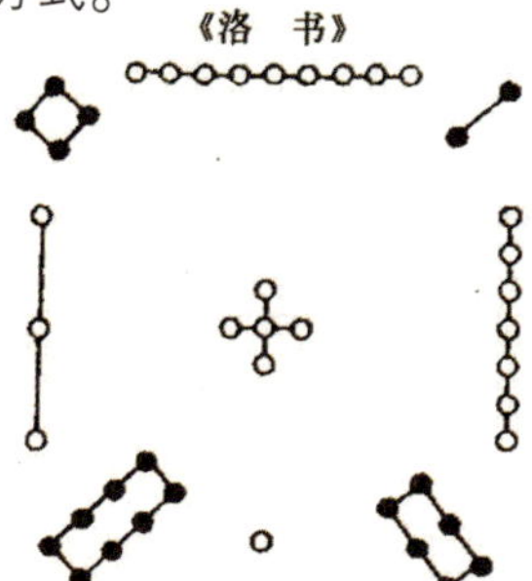

左边这个图案就是神龟背上的图案也就是洛书，洛书就是把 1~9 这九个数字排到一个九宫格里面。这个九宫格非常神奇，它的三行三列以及两条对角线的数字之和都是 15，既均衡对称，又深奥有趣，在奇偶数的交替变化之中似有一种旋转运动之妙。

大家看到这幅图可能还有点迷糊，我们把它提炼成一个九宫格，就是右边的这幅图。

四	九	二
三	五	七
八	一	六

洛书在中国已经有 3000 多年的历史了，在数学上被称为数阵，它其妙的结构和无穷的变化令中外的数学家都非常叹服。数学家华罗庚对洛书非常推崇，他认为洛书可以作为一种星际语言，成为我们跟外星人交流的媒介，其他星球的生命只要对着洛书数数就行了，不需要任何语言。

上古时期，洪水泛滥，
大禹奉命治理水患。

在洛水中，一只巨大的龟在水面沉浮。
Help!help !!!!

你救了我，我把我
的宝贝献给你。

这是原始数独星空图，
解答出来就能称为始祖。

太好了！有了
星空图，我就
可以向我的梦
想进发了。

飞出地球，
奔向月球！

欧洲人的数独前身

虽然中国人跟数独的渊源很深，但是数独却不是根据中国的洛书发明的，数独的祖先是欧拉发明的拉丁方阵(Latin Square)游戏。

瑞士的数学家欧拉，是一个数学天才，据说他不到10岁就开始自学代数学，13岁就考上了大学，15岁大学毕业，16岁获得硕士学位，即使放到今天，也是一个不折不扣的天才。

欧拉的一生，不但为数学做出了突出的贡献，还把数学推之几乎整个物理学领域。他一生共写了886本书和论文，例如《无穷小分析引论》、《微分学原理》等，都是数学中的经典著作。28岁的时候，欧拉为了计算一颗彗星的轨道，连续工作了三天三夜，过度的劳累使他得了眼病。59岁的时候，他的双目失明，但是欧拉并没有放弃工作，靠着自己惊人的记忆力和心算能力，在黑暗中工作了17年。

在工作之余，欧拉发明了一种数学游戏，这个游戏就是一个正方形数字方阵，在这个方阵中，每一行和每一列的数都是不重复的，这些数也可以用字母替代，这被认为是数独的最早雏形。它跟我们现代数独游戏相比，没有宫格的概念，因此难度也相对小了很多。大家看一看下面这个拉丁方阵，试一试看，你能不能完成它。

8	9				7	1		
4		7		1				
	8				6			4
			8	4		7		2
	2		4		9		3	
5		8		6	2			
9			1				8	
				2		4		1
		9	5				2	8

拉丁方阵(同一行或同一列数字不能重复)

中国人最聪明！

我也不笨！还发明了拉丁方阵游戏呢！

我们早在几千年就发明了洛书呢！拉丁方阵太简单了。

我是数学天才，再难的数学题我都能解答出来！
四 九 二
三 五 七
八 一 六

那你把这个九宫洛书的数字再变化试一试。

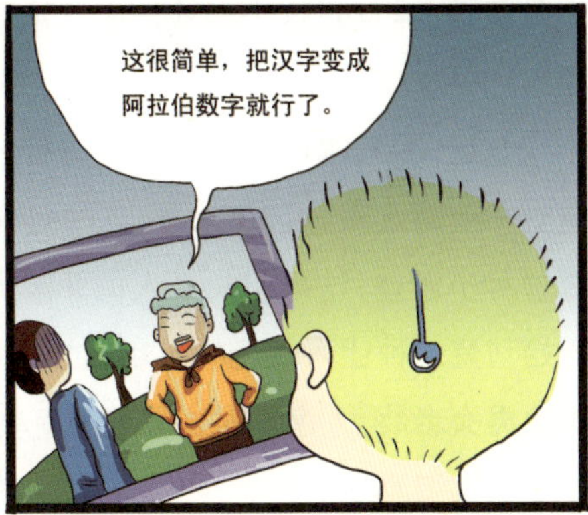
这很简单，把汉字变成阿拉伯数字就行了。

数独成熟以及走向世界

虽然数独的祖先是欧拉的拉丁方阵，但是1783年欧拉发明这个游戏之后，这个游戏并没有流行开来，反而慢慢地被人遗忘了，很多人根本就不知道还有这样一个游戏。

人们现在查阅资料，能查到的最早的现代数独游戏，是发表在20世纪70年代美国纽约的一本益智杂志上的。这本杂志的名字叫做《Math Puzzles and Logic Problems》，当时被称为“数字拼图”（Number Place）。

1984年，日本的一位学者开始在日本游戏杂志上介绍这种游戏，并把它起名叫做“Suuji wa dokushin ni kagiru”，简称“sudoku”，成为现在国际上对数独的通用叫法。

数独在日本和美国的杂志上虽然有连载，但是都没有引起世界范围的影响，只是在本国内有一小部分的游戏爱好者在玩这个游戏。1997年，新西兰人高乐德从香港高等法院退休了，为了庆祝，他和妻子决定四处游玩一下。在东京机场转机的时候，高乐德在一家书店里看到了一本介绍数独游戏的书。虽然看不懂日语，但是他还是弄明白了这个游戏的简单规则，并且对这个游戏产生了浓厚的兴趣，妻子也跟他一起玩上了瘾。

之后，高乐德用了6年时间设计一款“数独”游戏的电脑程序，并且建立一个游戏网站。2004年，英国的《泰晤士报》开始在报纸的边角里刊登这种小游戏，结果引起了人们非常大的兴趣，之后英国的各大报纸也开始刊登这种让人着迷的游戏。时至今日，数独已经在全世界风靡起来，不论男女老幼，大家都对这种规则简单但是又包含着无穷魅力的游戏产生了非常浓厚的兴趣。

我的功劳最大，我发明了数独游戏！
莱昂哈德·欧拉

我的功劳最大！数独的名字是我起的！
鍜治真起

我的功劳最大，数独游戏是我推向全球的！
高乐德

我功劳最大！
我功劳最大！

你们都不对！我功劳最大，我发明了阿拉伯数字！
印度位科学家巴格达

你是印度人，你怎么发明阿拉伯数字啊？你个大骗子！

真的是我发明的，虽然我只发明了1.2.3……

数独为什么要采用阿拉伯数字

别看数独里面出现了很多数字，看上去密密麻麻的，但是它却跟数学几乎没有什么联系，它本质上是一种推理游戏，考察的是人们的逻辑思维能力。如果我们把数字换成其他元素也是同样成立的，比如说英文字母、拉丁字母、不同的汉字，甚至是字母和汉字的混合都是可以的，只要是九个不同的元素就可以了。

那么为什么数独要采用数字而不是其他别的元素呢？这要归结于阿拉伯数字的功劳吧。阿拉伯数字是印度人发明的，由阿拉伯人传向欧洲，欧洲人再把它们经过规范化，成为现在国际通用的数字。只要是地球人，应该都认识阿拉伯数字，虽然它本来应该被叫做"印度数字"。

阿拉伯数字简单易记，不存在文化差异问题，易于推广。如果用汉字，不仅写起来麻烦，而且汉字的填字游戏外国人肯定看不懂！如下页用"一颗开满鲜花的树旁"这九个字来玩填字游戏对外国人来说肯定是噩梦。如果用英文，中国人看着也费力，所以，还是简单的阿拉伯数字比较适合，直观而简洁。

数独游戏的规则简单易懂，几乎没有比这个规则更简单的游戏了，所以，无论男女老少，都适合玩数独游戏。它没有场地限制，书桌旁、沙发上、床上、飞机上、火车上、轮船上，只要有一张纸、一只笔，就可以投入到这项人人皆宜的健脑运动中去了。在家庭里面，你也可以跟家人一起来场数独比赛，没有人数限制，还能融洽家庭气氛。怎么样，是不是心动了？快来跟我们一起玩数独吧！

	开	鲜	树		旁			花
花		树					满	
	颗	旁	鲜	一	花		树	
		颗	一	旁	树			
			花	开	的	旁		
	的		满	花	鲜	树	开	
	满					的		一
颗			旁		一	花	鲜	

一、二、三、四、五、六、七、八、九。

One、two、three、four、five、six、seven、eight、nine。

上面汉字的填字游戏外国人肯定看不懂！如果用英文，中国人看着也费力，所以，还是简单的阿拉伯数字比较适合，直观而简洁。

数独能培养哪些能力

玩数独游戏的过程，实际上是一次严密的逻辑推理过程，是一种对大脑全方位锻炼的体操。它可以激发左右脑的潜能，开发孩子们的智力，同时能保持脑细胞的活力，培养孩子们多种能力。

毅力：在玩数独游戏的过程中，长时间对数字反复推理，这需要坚强的毅力，难度越大的数独对毅力要求越高，没有毅力的人往往半途而废，自然不可能解答出来。

专注力：它需要你全身心地投入，三心二意几乎不可能解答出来题目，所以，数独游戏能提高你的专注力。

逻辑推理能力：逻辑推理能力是以敏锐的思考分析、快捷的反应，迅速地掌握问题的核心，在最短时间内作出合理正确的选择的能力。

数独要求玩家从行、列、九宫格多角度推断数字，认识不同区域的数字联系，要求孩子们思维敏捷、反应快速、推断准确。所以说，数独是培养孩子们逻辑推理能力最好的游戏方式之一。

观察能力：观察力是指大脑对事物的观察能力，在数独游戏中，要仔细观察各个数字之间的关系，才能更快地进行数字推理判断。当我们第一眼看到数独游戏时，就要仔细观察行、列、九宫格中不同数字之间的关系，找出空白区域与提示数的关系，这样才能进行空白区域的数字推理。

比较能力:能够把各种事物和现象加以对比，确定它们的相同点和不同点。

分析能力: 能够在头脑中把事物的整体分解成各个部分和各个属性。

排序能力:能够将大小、长度不同的事物按照一定的顺序进行排列。

毅力
我打算花 60 年解开这道数独题！

专注
苍蝇的叮咬、墙体的晃动都打不乱老教授解答数独的思考……

开发脑力
玩数独，对孩子们来说开发了孩子的大脑，让孩子更聪明、更可爱……
智力挑战赛

玩数独，对老年人来说保脑活力，增强记忆、远离老年痴呆……
保持活力

数独题目总共有多少种

现在，数独游戏已经非常流行，公车上、公园内、街道旁，经常能看见聚精会神地玩数独游戏的人们，有些人就会有点担心了，这么多人玩数独，会不会有一天，大家把所有的数独题目都做完了，以至于无题可做了？

事实上，大可不必为此担心，为什么呢？

别看数独游戏仅仅只有 81 个小格，里面的数字也仅仅是 1～9，但是其中的数字排列千变万化，最后组成的题目也数以万计。那么数独题目到底有多少呢？把一道数独题正确的解出来，叫做终盘，仅仅是所有的数独终盘，根据计算，就有约 6.67×10^{21} 次方种组合，也就是 6,670,903,752,021,072,936,960 个数独终盘，这个数字是由费根华尔（bertram felgenhauer ）与杰维斯（frazer jarvis）二位数学家在 2005 年计算出来的。也就是说，合格的数独题就有 6.67×10^{21} 次方道题。

在这个数字的基础上，还可以把数独进行变形，如果把塔形数独、锯齿数独等变形数独也认为是新数独的话，那么可以设计出来的数独题目将是一个天文数字，在你一生有限的生命中，无论如何都不可能做完这么多数独题。

公园内

我就不信过不了这个数独游戏！

这么多人玩数独游戏，数独都玩遍了不就没意思了？

这个情况是不存在的！

数独有上亿个题目，你一天玩一道，一年365道题，从5岁开始玩到85岁，还不过3万到题呢。就说你修炼活个上万年，也不过3000万道题而已。你真以为你是万年老妖怪吗？

这哥们是谁啊？
哈哈！万年老妖怪你也玩不完数独题。

一道数独题目最少需要多少个提示数字

我们做数独题目的时候，会发现不同难度的数独题目，给出的提示数也不一样多，有些给的提示数比较多，有的给的比较少，大多数报纸上的数独，提示数为 25 个，随着题目难度的增加，提示数越来越少。那么，一道数独题目最少要多少个提示数字，才能够解出来呢？一些数学家正在对这个问题进行深入研究，到现在为止，大家公认的最少提示数是 17 个。

标准数独有解的最少提示数是 17 个，数学家们为了进行证明，设计了很多方法。都柏林大学学院的 Gary McGuire 于 2006 年编写了一个方程，试图用超强的方法来进行证明。这个方程会把所有的 16 个提示数的数独求解一遍，试着找出能有 16 个提示数的数独，如果找不到，就可以证明一道数独题目至少有 17 个提示数才能求解。这种方法虽然是正确的，但是计算量特别大，用一台普通的单核电脑，需要 30 万年才能计算出来，很明显这种方法的可行性不太大。

台湾的毅成教授和他的团队将 Gary McGuire 的方程式加以改进，使得效率大幅提升，大约 2417 年即可完成演算。这种工作量仍然非常巨大，为了提高运算能力，他们把这个方程放到 BOINC（伯克利开放式网络计算平台）上，让世界加入 BOINC 的电脑一同演算，这么多台电脑一起运算，大大提高了运算能力，到 2012 年 4 月，这个方程已经完成了一半以上。

在这之后，Gary McGuire 的团体又设计了新的计算方法，大大缩短了计算时间，在强大的计算能力运算下，到 2012 年 1 月 1 日，最终的计算结果出来了，标准数独不存在 16 个提示数的唯一解，说明一道有解的标准数独，最少需要 17 个提示数才能够正确地解出来。

娜娜，你在
玩数独游戏？

?
哇！这数独也太
老旧了吧！

哇！这个数独提示
数是16个数字啊！

同学，提示数有16数字的数独答案
可不是唯一的哦！
!

数独之所以为数独，就是要求答
案的唯一性，如果答案为多个，
那么这道数度题就是错误的。
!!!

我说怎么做起来
几个答案都正确
呢！原来答案不
是唯一的。

数独是怎样设计的

数独这么好玩，又有这么多千变万化的题目，那么，一道数独题目是如何设计的呢？数独设计一般有两种方法：挖洞法和填数法。挖洞法就是先生成一个终盘，也就是一个已经解出来的数独，然后再把这个终盘上的一部分数字去掉，生成一个数独题目，之后还可以对这个数独进行等价变换。

填数法是在一张空白的数独表格上，一边推理，一边填数，直到生成一个数独题目。用填数法可以打造出一种非常漂亮的数独题，使数独的形状变得很漂亮，数独也很有意思。比如下面这几个数独：

花式金字塔

		7				8		
	8		7		2		6	
		5	4		8	3		
		3	5		1	2		
	7		6		9		4	
		9				6		

心形数独

	6	1				7	4	
5			9		1			6
7				2				3
1								4
6		7	4		5	3		2
	5			8			1	
		9				2		
			3		6			
				5				

堂吉诃德风车数独

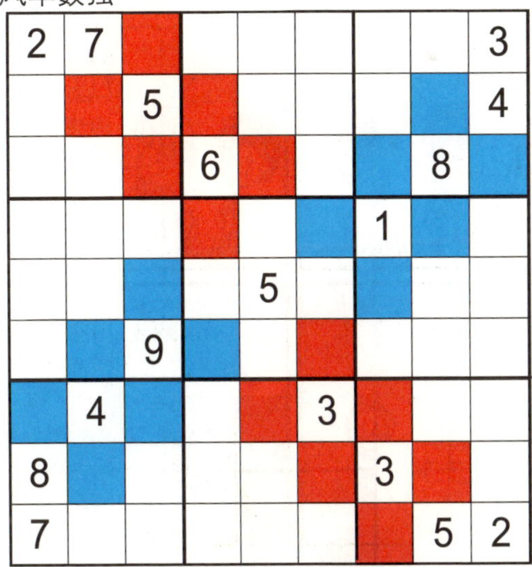

2	7							3
		5						4
			6				8	
						1		
				5				
		9						
	4				3			
8						3		
7							5	2

现在借助计算机，设计数独题目已经不算是特别难的事情了，不过基本的原理还是这两种。如果大家有兴趣，试着自己设计一道数独题目吧！

小美，数独玩时间长都感觉视觉疲劳了！有没有新颖的数独啊。

当然有了！那就是变形数独，变形数独玩起来也很有意思呢！

变形？

		7				8		
	8		7		2		6	
		5	4		8	3		
		3	5		1	2		
	7		6		9		4	
		9				6		

这种数独就叫做花式金字塔。

2	7							3
		5						4
			6				8	
						1		
				5				
		9						
	4				3			
8						3		
7							5	2

这种数独则叫做唐吉可德风车数独。

	6	1				7	4	
5			9		1			6
7				2				3
1								4
6		7	4		5	3		2
	5			8			1	
		9				2		
			3		6			
				5				

这是心形数独。

我正在用电脑设计一个动物数独，把数独变成小狗、小猫，是不是很趣啊！这么伟大的计划请给十元钱支持一吧下。

如果不支持，后果肯定很惨！

变形数独

数独经过这么多年的发展，出现了非常多的变形(Variants)，按照规则千变万化，各国的数独爱好者也不断地创造出新的数独。最常见的变形数独是对角线数独、锯齿数独、杀手数独。

对角线数独是除了标准数独的规则之外，另外又增加了一条规则衍生出来的数独。除了要求每个数字在每一个小九宫格、每行、每列唯一出现，还要求九个数字在每条大对角线上也唯一出现。

对角线数独增加了一条规则，相对标准数独来说，同时也增加了两个额外区，这样，它的解法也更加丰富，有唯一解的数独提示数也相对更少。有人提出对角线数独有唯一解的最少提示数是 12 个，但是到现在还没有人能够证明它。

锯齿数独。锯齿数独跟标准数独的区别在于它的“宫”是不规则的，但是基本规则还是相同的。下图就是一个锯齿数独，大家可是试着解开它。

			8			5		
		9			2		5	
	1					7		8
7							1	
				7				
	4							7
3		8					7	
	3		1			8		
		1			8			

杀手数独是另外一种常见的变形数独。

9	8		14	11				
	22		9		14		15	
		13				13	4	8
25		9			22			
	7				9		15	
		17			21		10	10
16		7		12	11			
11							12	
	13		17		8		5	

杀手数独除了标准数独的规则之外，还要求虚框里的数字之和等于虚框左上角的数字，同时虚框里的数字又不能重复。

以这三种变形数独为基础，数独爱好者们又延伸出更多形形色色的变形数独。对角线数独引发了额外区域；锯齿数独打破了宫的形式，使更多的奇怪形状的数独发明出来；杀手数独更是引发了更多的计算类数独。

你玩的是数独游戏吗？
我怎么没见过这样的？

这是锯齿数独，一种变形数独。

看上令人耳目一新的感觉，有更难的吗？

这是杀手数独！
绝对有难度。

太好了？可以难倒语文老师了！
扭一捏

第二章
数独解题技巧

单元限定法

在数独中，每一行、每一列、每一个小九宫格中的数字都是 1~9，并且是不重复的，我们都称它为一个单元。

当一个单元中的 9 个小格中的 8 个小格中都有数字的时候，我们就可以确定剩下的那个空格中的数字了。例如：

9	6	5		7	3	2	8	4

上面这一行是一个单元，通过单元限定法，我们知道空格里应该填入的数字是 1。

1	3	6
9	5	
2	4	8

在这个小九宫格单元中，空缺的小格中应该填入的数字是 7。

一列是一个单元，在这一列中，空缺的小格中应该填入的数字是 8。

单元限定法是最简单最基础的方法，一般情况下，一道数独题直接上来就用这种方法的几率并不大，但是在解题的过程中，特别是到后期，这种方法却是最常用的方法。

怎么样，你掌握了刚才的方法了吗？通过下面两道题，用刚才的方法进行解题，达到对这个方法进行熟练掌握。

8	3	7	5	6	9	4	1	2
4	9	1	8	2	7	6	5	3
5	2	6	1	3	4	7	8	9
3	8	9	7	5	2	1	4	6
6		2	9	8	1	3	7	5
7	1	5	3		6	9	2	8
9	5	3	4	1		2	6	7
2	7	4	6	9	5			1
1	6		2	7	3	5	9	4

1	7	8	6	4	3	5	9	2
		4	8	9	1	3		7
9	6				2	8	4	1
6	8	5	3	2	4	1	7	9
7		2	1	5	6		3	8
4	3	1	9		7	2	5	6
	4	9	2	6	8	7	1	5
5	2	7	4		1	6	8	
8	1	6	7	3	5	9	2	4

唯一余解法

唯一余解法是单元限定法的进阶方法，它把考虑范围不仅仅限定在某一个单元之内，而是把某一格所关联的所有单元都考虑进去，如果跟这个小格相关的所有位置一共出现过8个数字，那么我们就可以判断这个小格的数字了。例如：

								3
						5		4
8		2		1				
								7
								9

■在颜色的小格中，它所在的行、列、九宫格中的数字出现了8个，最终我们能够确定这个小格中应该填入的数字是6。

唯一余解法虽然不常用，但是在特殊的时候，往往能够起到非常关键的作用。

怎么样，你掌握了刚才的方法了吗？通过下面两道题，用刚才的方法进行解题。

3	8	5		6		2		
	9	4		1	2		8	3
2	1		3	9	8	7	5	4
5	7	3	4	8	9	1	2	6
	4	1	2		6	5	3	
	6	2	1		3	9	4	7
6		8	9	2	5		7	1
1		9		4	7	3	6	
4	2	7		3	1	8	9	

9	2	7	5		6	1		4
8		3	1	4	9	5	2	7
	5		7	3	2	6		8
7	8	6		9	5	2	4	
5		2	6	7	1		8	9
	1	9	4		8	7	6	5
	7	5	8	6	4	9	1	
4	9	1	2		3	8		6
6		8		1	7	4	5	2

单元排除法

根据数独的规则，我们知道，一个单元中，1~9 这九个数字都是唯一的，所以，一旦一个数字在某一格中出现，那么在这个格所在的行、列、九宫格中都不可能再出现这个数字。例如：

在下图中，由于正中央有数字9，那么图中所以有颜色的小格都不能在出现数字 9.

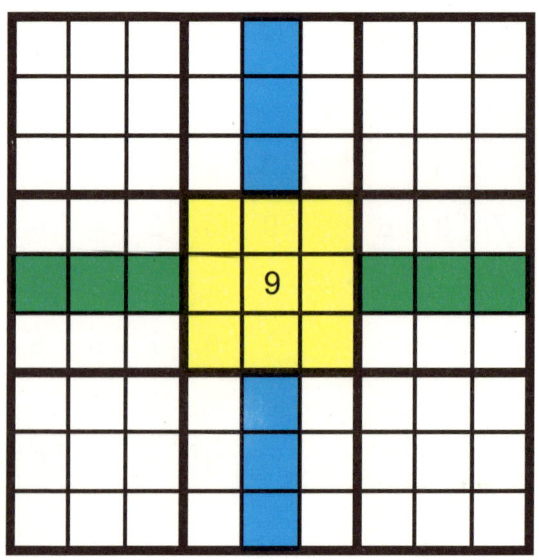

应用实例一：

	2	7	6			9	1	3
				8				
					8			

图中第二宫，由于有两个8存在，所以有颜色的小格都不能是8，所以在第三行中，小格中只能是8.

应用实例二：

	7							
	4							
	3							
	4							
	5							
				1				
							1	
	9							

由于第八、九宫中的两个1存在，所有色的小格中都不能使1，第二列中只剩下颜色的小格空缺，所以它是1。

单元排除法是解题当中最常用的方法，熟练掌握单元排除法，对进一步提高数独解题技巧有很好的帮助。

接下来，我们通过下面几道练习题反复练习，达到熟练掌握这种方法的目的。

用 1 分钟的时间，解出下面所有带颜色的单元格，你能做到吗？

	2	8		9		6		
		4		7	8	1		2
7	6	5			4		9	3

怎么样？你做到了吗？再试试这两道题。

第一题

3		5		9	
7					
2	1	6			
5	7	3			
	4				
8	6	2			
		8	5		
1	3	9			
4			2		

第二题

2			4		
6	8	3			
			1		
1	2	6			
5					
9	4	7			
4	7	1			
3					
8	9	5			

区块排除法

区块排除法是单元排除法的进阶，它利用小九宫格与行和列之间的关系，来推理出一些数字。

以下四种情况是可以利用区块排除法来解题的。

1. 当一个数字在一个小九宫格中的可填入的位置正好都在同一行上，那么我们就可以确定这一行的其他位置都不会再有这个数字出现。在同一列上的道理跟这相同。例如：

	3	4				1		
	A	B						
	6	7	3	4	C			
1								

在第一行中，第三宫的一个格子里有一个数字 1 出现，所以 1 不可能再出现在红颜色的小格里；第一列里面，由于第四宫里面有一个数字 1 出现，所以 1 也不可能出现在蓝色的小格子里。最后我们能够确定 1 必定在 A 或者 B 这两个小格其中的一个，不管是 A 小格里面是 1，还是 B 小格中是 1，第二行橘黄色的小格里面都不可能再出现 1。在第二宫里，我们现在看到，只有粉红色的小格里有空位，这里就是 1。

通过下面的几道题，熟练掌握区块排除法：

你能一眼看出这些带颜色的方块里应该填入什么数字吗？

3					
			5	1	2
				9	8

			8	7	
			1	2	5
		9			

			5	4	3
	9				1
			8		2

矩形排除法

矩形排除法是直观法中比较难的。它包括两种情况：第一种，如果一个数字在某两行中能填入的位置只能在同样的两列中，那么这两列上的其他单元格不会再出现这个数字。

第二种，如果这个数字在两列中能填入的位置只能出现在同样的两行中，这两行的其他单元格就不能再出现这个数字。例如：

	9			2		8	7	4
4	8	5	9	7	6	3	2	1
	2	7	4		8	5		
	4	8	7		2		3	5
		3				2		
2							1	
	C	2	6		4	7		
			3	5	7	B		
			2	8	A			

在第三宫中，由于有一个数字1出现，所以两个红色的单元格里面不可能再有1出现，那么在第三行中，1只可能出现两个绿色的方块中。同样的道理，由于第六宫中有数字1存在，所以红色的单元格中不可能是1，在第四行中，1也只能出现在两个紫色的单元格中，根据矩形排除法，我们就能够知道，所有蓝色的单元格都不可能出现数字1。那么第八宫中，只剩下A单元格可以是1了；再运用之前的知识，我们又可以确定B单元格中是1；又能够进一步确定C单元格是1。矩形定位法是不是很好用？但是这种方法相对不太好掌握，只有玩得非常熟练了，才能够灵活地运用它。

用矩形排除法解下面的题：

							1	
5	7	3	4	8	9			6
9	4			7	6	5	3	8
8	6			5	3			
6	3				5			
	5			4	7			
4				3	1			

撑点定位法

撑点定位法并不是非常难，是需要大家熟练掌握的方法，在比较重要的关键点，撑点定位法往往能够发挥特别大的作用。

在某一个小九宫格中，如果有一行有三个数字的时候，我们就把这三个数所在的行叫做撑。对于列也同样。例如：

			2	5	4			
	3							
	7							
	8							

我们找到一个撑以后，会发现这个撑上有三个九宫格，其中一个是有三个相连数字的；其他两个九宫格中还有一些其他数字，在这两个九

宫格中，有一些数字是跟有三个相连数字所在的宫里的数字相同，一些是不同的，这些不同又不在撑上的数字被称为“点”。

“撑点”都有哪些特点呢？

1.点所代表的数字，在撑所在的宫里，不在点和撑所在的行上。

2.在另外一宫中，点所代表的数字必定出现在撑所在的行上。

例如右图：

	3	5	8		9			6
6		8					4	
	2	9	5	1	6		8	
	4	2	1	9	8		3	

第一宫的点3所代表的数字，在撑所在的第二格中，肯定在第二行上；在第三宫中，3必定在撑所在的第三行上。

第三宫的点4所代表的数字，在撑所在的第二宫中，必定在第一行上；在第一宫中，4必定在撑所在的第三行上。

下面这些题目，你能在1分钟内全部找出带颜色的单元格中的数字吗？

			8				5	2
					1			
	3	8	5	7	9			

候选数法

随着数独题目难度的增加，仅仅使用直观法，已经不能满足解题的需要了，这个时候就需要候选数法上场了。

候选数法是根据已有的数字，推测出各个空白格中可能出现的数字，并把这些数字按照从小到大的顺序，写在这个空白格里。

如图：

7	6				8	1	2	
2		1		7		6	8	
8	4	3	6	7	2			9
	2	6	7	5			9	8
		7	3	8	6	2	1	
	8			2			6	7
5	3	8	1	6	7	9	4	2
	1	2	8	9				6
	6		2			8		1

当我们用直观法完全没有任何进展的时候，想要进行下一步是非常困难的，我们就把所有空白的单元格中可能出现的数字都写下来，一般情况下，为了阅读方便，我们会用其他颜色的笔把这些待定数字写得比较小一些，写在格子的上半部。如下图：

6	7	5 9	459	34	8	1	2	345
2	59	1	459	7	3459	6	8	345
8	4	3	6	1	2	57	57	9
134	2	6	7	5	14	34	9	8
49	59	7	3	8	6	2	1	45
1349	8	459	49	2	149	345	6	7
5	3	8	1	6	7	9	4	2
47	1	2	8	9	345	357	357	6
479	6	49	2	34	345	8	357	1

写候选数的时候要细心认真，既不能漏数、多数，也不能出现错数，基础工作做好了，才可能再接下来的推理过程中得到正确的结果。

显式唯一法

显式唯一法是候选数法中最基础的方法，但是也是最有效的方法，一些相对简单的题，仅利用这一种方法就可以把题目全解出来。

当我们把一道数独题目中的所有空白格的候选数都填上之后，先观察候选数表，如果有某一个单元格中的候选数是唯一的，我们就可以把这个单元格填入这个数字；在这一个格所在的行、列、九宫格内，其他含有这个数字的待定单元格，就可以把这个数字排除掉。比如：

1	349	358	7					
4	2	58	158	1458	3	9	7	68
479	4679	578						
6								
5								
23								
2347								
379								
8								

单元格中只有一个候选数是 4，我们就可以确定这个单元格填入数字 4，同时把所有带颜色的方格里的候选数 4 删掉。

当我们确定一个方格之后，再次观察我们的候选数表，反复利用显式唯一法，直到再没有可以解的单元格。

隐式唯一法

隐式唯一法是跟显式唯一法相对而言的，显式唯一法我们可以一眼看出一个待定单元格里的只有一个待定数字。在有些时候，我们会发现没有这样的数字，经过仔细观察，我们发现某一个单元格，里面的待定数字虽然有好几个，但是其中的一个数字，在它所在的行、列、九宫格里，其他待定的单元格里都没有出现这个数字，我们就可以认定这个数字肯定出现在这个单元格里，这就是隐式唯一法。例如：

						4 5	4 5 8	2
						9	7	6 8
4 7 9	4 6 7 9	5 7 8	1 2 5 8 9	1 2 4 5 8 9	2 4 5 8 9	3	1 4 5 6 8	6 8
							5 9	
							3	
							5 6	
							4 6 8 9	
							2	
							4 6 9	

单元格中虽然有5个候选数，经过仔细观察，我们发现在第三宫内，只有这一个方格内有候选数1，所以我们可以确定这个方格里肯定是1，接下来我们再利用显式唯一法，可以确定它所在的行和列里面，不可能再有1出现，把出现1的待定单元格里的1删掉。

隐式三数集法

隐式三数集法跟显式三数集法很类似。有些时候，虽然有些单元格里的候选数并不只有三个数字，但是下列情形也符合三数集法：在同一行、列或者一个小九宫格中，有三个待选数只出现在三个单元格中。这种情形出现的时候，我们可以把这三个待选数出现的三个单元格视为一个三数集，这三个单元格中的其他待选数删去。例如

5 8 9	1 3 5 7	1 7	3 5 7 8	4 8 9	4 5	2 8	2 9	6
		6		2	1	5	7	4
4		2			6	1	3	

单元格所在的行中，只有蓝色单元格中出现了1、3、7三个待定数，并且这三个单元格中每个都至少含有这三个待定数中的两个，根据隐式三数集法，我们把这三个单元格中的其他候选数删除。

隐式三数集法虽然不能直接产生可以确定出来单元格中的数字，但是可以大大地简化待选数表，与其他方法一起配合着使用，往往起到意想不到的效果。

好了，到现在为止，基本解题技巧都已经介绍完毕了。因为篇幅有限，不能把所有的解题技巧介绍给大家，但如果能够熟练地掌握这些基本解题技巧，相信你现在已经能够解非常多的题目了，甚至一些难度更高的题目也可以解出来了。不过解题技巧虽然理解起来非常简单，要想熟练地掌握，却是需要反复使用才能够做到。

第三章
数独题库

sudoku 第1关

	8	5				2	1	
	9	4		1	2			3
			3			7		4
5		3	4		9			
	4		2		6		3	
			1		3	9		7
6		8			5			
1			8	4		3	6	
	2	7				8	9	

sudoku 第2关

	6	1		3			2	
	5				8	1		7
					7		3	4
		9			6		7	8
		3	2	7	9	5		
5	7		3			9		2
1	9		7	6				
8		2	4				6	
6	4			1		2	5	

sudoku
第3关

1			8	3				2
5	7				1			
			5		9		6	4
7		4			8	5	9	
		3		1		4		
	5	1	4			3		6
3	6		7		4			
			6				7	9
8				5	2			3

sudoku
第4关

	3				7			4
6		2		4	1			
	5			3		9	6	7
	4				3			6
	8	7				3	5	
9			7				2	
7	1	8		2			4	
			1	6		8		9
4			5				3	

sudoku 第5关

	8				1	6		
	7		4				2	1
5			3	9	6			
2		4		5		1	3	
		8	9		7	5		
	5	7		3		9		
			5	6	3			9
3	1				2		5	
		5	8				4	

sudoku 第6关

	1	2	6	8			9	
6					4		1	
8		5	2			3	7	
					7	5	2	3
			4		6			
3	8	1	9					
	5	4			2	8		1
	7		3					2
	3			5	9	7	6	

sudoku
第7关

	4	7		5				8
6		5		3		2		1
			7		6		3	
		6		7			2	4
9			8		4			6
4	5			1		9		
	1		5		2			
2		8		4		5		3
5				9		7	1	

sudoku
第8关

		9			1	6	2	
5	7			2	8		3	
3			7					4
8	9			7		4		
	6		5		3		9	
		1		9			7	6
6					7			8
9	4		1	3			6	5
	2	7	6			9		

sudoku 第9关

1			8	3				2
5	7				1			
			5		9		6	4
7		4			8	5	9	
		3		1		4		
	5	1	4			3		6
3	6		7		4			
			6				7	9
8				5	2			3

sudoku 第10关

	2	7	5			1		
8					9	5		7
1	5	4		3	2			
7				9		2	4	
5			6		1	3		9
	1	9		2			6	5
2			8	6		9	1	3
	9	1	2					6
		8		1	7		5	

sudoku
第 11 关

			1	5	7			
5		1				9		4
3		7		4		1		5
	8		5		6		2	
4	7		8		3		9	6
	1		9		4		3	
7		9	4	8	2	6		3
1		8	6		5	2		7
			7	3	1			

sudoku
第 12 关

6		1		7	5	2		4
		7	6		4	5		3
	3	4	8				7	
	5				3			7
7				2		8	6	5
	4					3		9
				4	8	1	5	
1	6		2	3		9		
	8			6				

sudoku

第13关

	1			2			6	
		7	8		5		3	
		6						
1	2	8		9		6		
		4		7	8	1	5	2
7	6	5			4		9	3
8	9	3	1	4	6	2	7	5
4		2			9	3	1	
6	7		3	5		4	8	9

sudoku

第14关

		6		1	8	4	5	9
3			2		4			
1		4					3	
	3		9	5	2		6	
9		8			6			7
	6			8	7		9	4
	4	3				9		5
			7		5			
6	7	5	8	9		2		

sudoku
第 15 关

							2	
			9	4				7
	1	6			8		4	
		9	6		4		5	
6				1				
2	4		8	3	5	6	9	
	7							
8		1	4	5	6			3
		4	1	9		2		

sudoku
第 16 关

5	3			4			8	9
9		2		5		4		
7	8		6			1		
			7	8	9	3	6	1
6	7	1		2		9	4	8
3			4		1	5		
	5		2	3		6		4
2		9	5	7	4	8	1	3
8			9	1	6	7		2

sudoku

第 17 关

	9	5			8		7	3
4			9	2		6	8	1
		8		7		2		5
8	4	3	2					
	6	9		4		1	3	
					3	5	4	8
9		4		1			2	
7	2	1		3	9		5	
3			7			9		4

sudoku

第 18 关

9						5		
	7				8			4
8	2				1			
		8						3
		4	3			8		
			6					7
			5				9	
			4				6	
	5	7			2			

sudoku
第 19 关

5	7		1	2				
9							1	
		6	7				8	
3		4			9		7	
	2			7			5	
	1		3			9		2
	8				2	1		
	6							
				5	4		6	3

sudoku
第 20 关

9	1		6			5		
	5			4			8	
8	6	3			7		9	4
	3			9				
		9		1	6	7		3
1				3			2	
5		1	9				7	2
	9	6		8				
		2		7	4		6	1

sudoku 第21关

4	5		3	9		7	8	2
	7	3	2	8	5	6		
	1	2			7		3	5
	4	8		5	2		9	3
	2	7	9		4	5	6	
3	9		8	1		2	7	
5	6		4			3	2	
		9	1	6	3	4	5	
7	3	4		2	9		1	6

sudoku 第22关

	3					1	2	
	2			8	1		4	
					2	3		5
	5		4		3			7
4			7					
		6				8		
	8						3	6
	9	7						
			5					

sudoku

第23关

7		1	8	2		4		5
	8				6		1	9
		9		3		2		8
4			3	6			9	1
		5	4	7			8	2
8		6	2		5		4	
2			6	1	4	9	7	3
6	7	3	9		2	1	5	4
1			7	5	3	8		

sudoku

第24关

5		7		8		6		
	8		6	9			5	
6			3		7		4	2
		1	5		3	4		
3	5				4		9	
		2	9		8	5		1
9			8		6	1		4
	7			4			8	
	4	3				2		

sudoku
第 25 关

4	5	6	3		1		8	2
	7	3	2		5	6	4	1
8	1	2	6	4	7			5
6	4	8	7	5			9	3
	2		9		4		6	
3	9			1	6	2	7	4
5			4	7	8	3	2	9
2	8	9	1		3	4	5	
7	3		5		9	8	1	6

sudoku
第 26 关

			7					1
9			1				3	8
	4	7						2
2	1	5			6			
	6						1	
						6		
		8		3		9		7
	3		5		2			

sudoku
第 27 关

4					1		3	
		8	5	6		4		7
3	1			2		5		9
1						2	5	
	5		2	4	8		7	1
	2	7						4
		2		3			9	5
				5	2	1		
	4		7			3		6

sudoku
第 28 关

1			6		4	7	8	9
4	9				7			6
6		3	8		1			2
	6	4				1		
9	8	1	7		3	2	4	5
		5				9	6	
5			4		6	8		1
3			2				9	7
8	1	7	3		9	6		4

sudoku 第29关

2			9					
4	8		5			9	7	
		3		8			5	
6		4						
	3	5				4	8	
						1		7
	4			3		8		
	1	2			5		6	3
					9			1

sudoku 第30关

		4		1				
					4		5	8
1	9			8			2	
	5			6	8			7
2								3
6			2	9			1	
	1			4			3	2
5	6		7					
				3		9		

sudoku
第31关

5	6	9			7		4	3
				8	6	1		
						6		7
7		1			9			
			8			3		2
9		4						
		8	5	2				
6	3		4			5	7	8

sudoku
第32关

		2				1		
4	9			6			2	5
		7	2		1	4		
1			3		5			8
2			7		4			1
		8	4		9	5		
7	2			8			9	4
		6				8		

sudoku
第33关

			5		4			
			7		8			6
		3		2		7	1	
	1				7	6		9
	3						4	
6		4	3				8	
	4	8		7		5		
5			8		1			
			2		9			

sudoku
第34关

3	1		7			9		
					6	1	2	
	6	2		4	8	3	7	
							4	
		6	5					2
4			3	2		7		6
				8	5	2		7
	2						8	3
	8		2	9	3	4	5	1

sudoku
第 35 关

		2			7	1		
4	9			6			2	5
		7	2		1	4		
1			3		5			8
2			7		4			1
		8	4		9	5		
7	2			8			9	4
		6				8		

sudoku
第 36 关

		7			2			
			7	1			9	
2				4				6
3	4	6			8		1	
1								8
	8		1			2	4	7
8				6				5
	6			9	3			
			8			9		

sudoku 第37关

				7		8		2
	9						5	
		5	3		8		7	
9			2			4		
6								1
		3			5			8
	1		4		2	5		
	3						9	
2		8		5				

sudoku 第38关

1					2		9	
	3				1		2	
		4						
	8							5
2					5			7
3					4		6	
						5		
	9		8				3	
	5		7					8

sudoku
第 39 关

	7				3	6		
		9	5					4
	6							
	9		8			3		
	8			1			5	
		2					9	
							3	
5					4	1		
		6	7				8	

sudoku
第 40 关

			9					2
9					8	6		
1			2				8	
		7		9		8		
	2		4		1		6	
		6			3	1		
	3				7			9
		1	8					6
4					2			

sudoku
第41关

8				3	9		7	
	3		6					4
		5		2			6	
7		3				2		
1					8			6
		4		1		9		7
	6			4		5		
5					2		1	
	1		3	5				8

sudoku
第42关

1				4			5	6
		8				9		
	6	7		5	1			
9	8		6					4
		4						1
2								9
	5		7					
			5		4			
8				3		2		

sudoku

第43关

		8	7					5
		9	3			2		1
	4			2		7		
9			5		6	1		
		4	9			6		
		7		3				4
		6		1			3	
1		5			7	8		
7					3	4		

sudoku

第44关

	9			3				6
3					4			
		1				7		
		8		5		1		9
	1						4	
		9			6	5		
		4				9		
			6					4
7				2			3	

sudoku

第45关

	7				8		1	
	8			4	1	5		9
				2	5			
5				9				4
		4					7	
	6					8	5	
		1		3				6
8		6		5				

sudoku

第46关

		4	8				1	
				7				4
	2	5			9	7		
8	7		1				5	
	1				6	4		
		9		3				1
	8				5	1	3	
4								
		7	2		1	9		

sudoku
第 47 关

			2					
7								6
				4	8	9		2
5	4	7					3	9
6	9							
	1		5			2		
4				2		6	9	
						3		7
	5		1					

sudoku
第 48 关

9	3							1
	1			5		9		
7	2				3	6		
						5	7	3
	8			6				
			7					8
			5	2	6			
2			4					9
8							4	

sudoku

第49关

		8						2
					2			5
	3	9		1				
		6			3	5		
	7						6	
				7	9		3	8
8							2	7
1			4					
5			8			4		9

sudoku

第50关

		7		4			9	
			3	2			1	
		8		5			7	
6	3					1		
						2		7
			1		3			
5		3						9
					8			6
2		4			5			

sudoku
第 51 关

		7		9				
	1						2	
2		8	5	6			1	
							3	5
	8			7	2			
7		6					4	
1		9					6	
	3							
8	7				9			4

sudoku
第 52 关

	4			7				6
					8			1
	6		5	2				
					6		8	
					7	2		4
		7	9					
	7	1			9			
	8	6				3		
	2						5	8

sudoku
第53关

7							2	
9			8				4	
	1			5				
	5			1		4		
	6						1	
		3		6			5	
				7			6	
	8				6			2
	9							8

sudoku
第54关

					7		1	
		7			5			8
5			4			3		
4		3	7		9	8		5
		1	2			6		
						9		
3		2		5				
			3		6			
				8				

sudoku
第 55 关

2	8					6		
			6	5		1		
4							8	5
				1		9		4
			2		4			
9		7		3				
5	9							1
		4		7	9			
		2					9	8

sudoku
第 56 关

		1			2			
		2	6					9
			3			6		
		8	5			4		
6			8					
				4				1
		7		9				
9	3	6		8				2
				2				5

sudoku
第57关

9					5			
				7	4			
	1		6			7		8
						5		3
		4		8			6	
							7	
	6		2		8			
		7				4	3	
		2			3		5	

sudoku
第58关

		8	7					5
		9	3			2		1
	4			2		7		
9			5		6	1		
		4	9			6		
		7		3				4
		6		1			3	
1		5			7	8		
7					3	4		

sudoku
第 59 关

					1	7		
	2			7		8		
6					8			4
9			4		3			2
	4				7		6	
3				6				8
8			3					7
		9		8			5	
		6	2					

sudoku
第 60 关

	5							4
	1	4		6			2	3
2								6
1	2		4	7				
8				3	2			
9								
	8					9		2
				9	3			
6			5					1

sudoku 第61关

1		5	6			8	7	
7						1		
	3		7					2
		7	2			3		9
				9	8	2		
								8
					2			
6	5							
	1			8	4		9	

sudoku 第62关

6			2					
	8	2					6	
		7		9				3
9					4	5		
	2						1	
		3	7					9
1				2		8		
	5						4	
					9			7

sudoku
第 63 关

1				4			5	6
		8				9		
	6	7		5	1			
9	8		6					4
		4			9			1
2								9
	5		7					
			5		4			
8				3		2		

sudoku
第 64 关

					3	4		
		6		4			2	
	8			9				5
	1		8	7				6
9					6			3
4				2			1	
3				5			8	
	2			6		3		
		7	1					

sudoku 第65关

					2	6		
		5				9		
	4	6			5		2	8
				8	6	3		2
			5	7	4			
5		8	2	3				
6	5		4			7	9	
		7				2		
		4	1					

sudoku 第66关

5	3	4	1					
					8			3
					4			7
6	1				9			
		2		3				
						5	2	
	9		5					
		7	4					
8		6					9	1

sudoku
第 67 关

8						7		
		6						
		1		9	5			
6			3			4		
5		9	4					8
		7	5			1		3
	8	2			7			
7			1				9	4

sudoku
第 68 关

	4				6	8		
	1					7		
		3			5	4		
2			4		7			
				5				
5	6				3		4	
6				9				
			7					8
			8		4		3	

sudoku
第 69 关

8	5		1			4		
					2			3
4				6			2	5
			2		4			
5	3							
6							9	
			4		5			6
						1		7
				8	9			

sudoku
第 70 关

4	8	5		1				
7		9	5	3				
			7			4		
							7	
		4			2			6
	6		3			5	8	
	9					1	5	
		2	8			6		

sudoku
第71关

					6			1
9						3	7	6
7	1			4				
1	7		8					3
	3						1	
6					3		5	8
				3			6	5
3	5	1						2
8			1					

sudoku
第72关

8						5		1
3			7				4	2
				6	5	7		
2								
6				7		9		
4				5	2	8		
			3			1		5
			1				6	
	2							8

sudoku

第73关

			7				3	9
1		2						5
		7					6	
	3					4		
	4							8
			9		7			1
	8	4	3				7	
				8	2			
9								

sudoku

第74关

	2							
4			9		6			5
9		3		8			7	
	3		8		1			
7	5					4	9	
				7			8	
8					3	7		
6				1		9	2	

sudoku
第 75 关

3				2			4	
2				8				7
					4	6		
					2	3	6	9
	4				6	1		
1	2							
	3							5
			8			7	3	
			1					

sudoku
第 76 关

	6					1		
1						8	3	
					9	4		
	5	4					7	1
8								
6	7	9		3				
3				1			6	
					8			
			9	2	7			

sudoku 第77关

					6	4		
								3
5		1			9	6		
	4			2	1			
	5	9		6			2	
		3						
			6					
	9			3	5	8	4	2
		7		8				9

sudoku 第78关

			9		4	3		
	1			2				9
		3		5	8	4		6
6	9	7	3		5			
		1	2			7		
8			7	1		9		5
3	7	5	8		1			
2			5				1	
		8						

sudoku
第 79 关

1	7	6	9		4	3	2	8
	9			2				5
	3		7	8				
	2	9	1		8			
6		1						9
	1	8		4				7
			8	7		4	9	
7		2	3		9			

sudoku
第 80 关

	8	6	1				7	
1		5					9	
		9			6	1	5	
					7	6		
			3	8	4			
		4	6					
	7	1	5			2		
	5					8		3
	4				3	5	1	

sudoku 第81关

			2					
6	4				5			
				3		9		
5				7	4		2	
1					2			
	6						1	9
3						2		
9		1				3		8
2			4					

sudoku 第82关

5		8	4			9		
				1	2	3		
	9							
				3		6	1	4
	7	5					2	
	3			2				
2				9				
			1		5			8
		4						

sudoku
第 83 关

	9		5					
				1			3	
	3	5	2	7	6			
				4	2	6		9
	1				7			
			3					
	5				1	3		
		6	8	3			9	
		1	6				4	

sudoku
第 84 关

6			3			9		
	7			5				6
8			6	4				3
	3					8		9
	1					4		
9					2		6	
					8			
					4	2	5	
			9	1			3	

sudoku 第85关

9		8	5			1		
3				9		8		
	4						6	
8		7			2	3		
2								1
4		1						
			2		4	9		
				7				4
				8	6	2		

sudoku 第86关

6			5		7			
4	5							
	7	3		4			2	
		9	1			3	7	6
						2		
				8			5	9
	9		7				1	
		1		2	9			
					8	6		

sudoku
第 87 关

5		3		1			9	
			2					
	8					7	5	
	2							4
	9							
		1		4		3	6	
					6			9
	3				7		8	1
9		4			1			

	8		3			4		
2				8			6	
3				5	7			
						9		5
4			1		6			2
1		7						
			2	7				4
	3			6				7
		8			4		5	

sudoku 第 89 关

		2				8		
5			8		3			
		4			1		5	
	9					5		
		1	5				4	
		5	3			2		6
		9		4	7			
	8							1
						9		2

sudoku 第 90 关

		4	1	8	9	3		
		9						4
2							9	6
		8		5				
		3				9		5
7		5	2		4			8
		2			7	6		
	4	7	3		6			
3	9			4	8	2	7	

sudoku
第91关

				3	8	7		
4		8		2				
1								
5		1	2					4
		9	4			3		5
						6	7	
							3	9
						5	8	
7				5				1

5			7	4	8			
8	4	7			1	5		
		2		5				
				3	4		5	
	3	6		8	2	7	9	
				6	7			8
							7	
	7		3	1	5			2
			8	7		4		9

sudoku
第93关

		8	2	9				
7							9	
				1				
		5						
	1				5		4	
	2		8	7	1	3		
	7				6	2		
	5					4	6	
	4	2		8				

sudoku
第94关

7			6			3		
	5		9					
9	8	6					4	
	2	5						
4					9	6		3
					1	8		7
		9			6	2		8
					5			
						7	1	

sudoku
第 95 关

					1	3		
6			8	7	3			
				2		6	9	
5				8		9		
					2	8	6	
	1						7	
				9		1	4	
		3						
	4		6	5	7			

sudoku
第 96 关

			2	7				3
				6		1		
		4	9			2		
	3		7	2	9			
2				5			8	
			4					6
	8							
	6			4	3	7		
1			8					

sudoku

第 97 关

	8	6			8			7
7						2	6	
5								
	3						4	
			5	6		3		
6					8	9		2
	7		8				5	9
				9	1			4
					4		3	

sudoku

第 98 关

7			6			3		
	5		9					
9	8	6					4	
	2	5			3			
4					9	6		3
					1	8		7
		9			6	2		8
					5			
						7	1	

sudoku
第 99 关

		3			1			
9		8	6				4	
		1			2			3
		4					8	1
	2		7	5				
			4	7	6			
		6						8
	3		9					4

sudoku
第 100 关

		4	9			1		
3					7		8	
	8				6			
					3		9	
				4	5		1	
	3		8					
		9		3	8		5	7
		7			9			2
	5							

sudoku

第 101 关

6				7	9	8		
					1			
		4	5		2			
			2	9		6		
7								
		1				5	3	
5	1						6	
	6	2						
	7		8	1			9	

sudoku

第 102 关

		3					5	
4							9	
			5	6				8
			1		3			4
		2						
	9						3	
6	7			4	8		2	
8				2	5		4	
				7			6	

sudoku
第 103 关

			9		8			
	2				1			
	7	5		3			8	
				5		2	1	
	1				6		4	
				2				
		4					3	
		8	7		2			
6							9	1

sudoku
第 104 关

4						5		1
			7					8
	6	1						
5			6		8			
		8	2				9	
		7					2	
				1				
	2				4		8	9
	9						7	3

sudoku

第 105 关

	7			9				5
	8							
1		3		7		9		
2								
					8	6	2	
	9	4		6	3			
9	1				4			
				3	9		5	
	6						1	

sudoku

第 106 关

		8				7		4
			3			5		
6			7	9		2		
	8							
3	2			6			7	
					1			
2	9							
				1		4		
			8	7	5			3

sudoku 第 107 关

			7	4				
	4	7					2	8
	6		2				3	
1		9					8	5
					5	2		
				9			6	
							1	3
		6				8		
5				1		4		

sudoku 第 108 关

						4	5	9
			3	9		2	8	
	2					3		7
						6	7	5
		7	8	1		9	2	
		2	9		5		1	3
		5	7			1		6
		1		6	9			
6				2		5		

sudoku 第109关

	4		7	1		2		8
	6			2	8			
						3		
				8	7		9	
				6		8		
7		1	2		9			
3			5		6			
			1			7		
				7			4	

sudoku 第110关

5			2					6
	7	4				8	9	
	3				7		2	
	4							
			1		3	9		
					6			
		7		6	5			
	9							5
		6		4				8

sudoku
第 111 关

		2	6			5		
9			5		4			
4				8			1	
			2			7		6
2		1		7	3		9	
3								
			7	3	6			4
		4			9			7
		5						

sudoku
第 112 关

			2			5		
		8			1	9		
		9					3	8
5	9	2		8				7
					2	8		
			3	6				
	6		9	7			5	
7		5						

sudoku
第 113 关

8		2		1			9	
	4						3	
	7				2		1	
				6				5
		3	1					
9					3		4	
		1	8	3		9		
		7					2	
					9	6		

sudoku
第 114 关

	1		9		4	7	2	
		9					5	
		2		1		8		
	2		5		3	4		
8	3							
		5						
9		4	6		2			
	7							
3					1			

sudoku
第 115 关

3			2	5			6	
		2	8		3		9	
		9			1		7	
		6						4
7			3				8	
2						3	5	
5		3				1	2	
								5
	8							

sudoku
第 116 关

3	1	9	2	4				
						8		
						3		
1				9				3
		7	8		6	9		4
2		8			3			
4					5		9	6
	8	6			7			

sudoku

第 117 关

			2			6	7	
4		1	7					9
			3					4
8								
7		9		1		8		
		3		7		2	6	
	1	2					9	
			8		5			

sudoku

第 118 关

	5		7				8	1
		9			3			
7	8		4					
	6		3				1	
			6	9				
5	1		2				4	
8		2						
6	9	7						8
							3	

sudoku 第 119 关

		8						2
					2			5
	3	9		1				
		6			3	5		
	7						6	
				7	9		3	8
8							2	7
1			4					
5			8			4		9

sudoku 第 120 关

	7	2			6		1	
	9					2		
8			1		2			
5	2			3		7		
		9				8	3	
				6			2	
	8							
				8	9	1	6	
		3	4		1			

sudoku 第 121 关

		9						
1				5	2			
	5		1	4				
8		4	3			6	5	
						3	4	
			9			8		
		6					1	8
							6	
	9			2				3

sudoku 第 122 关

2	5					8		9
		8					6	
					7			1
			3					5
3			4				7	
1	8				6			
	6				4	2		
					9	7		
9						3		

sudoku 第123关

				3				4
	2	3	1					
9			8	4				
6			7	2				
	8	7	3	5	1			
						5		7
			2		9		3	8
		1		7				9
			6					

sudoku 第124关

4					7	5		1
6		1		3			2	
7	5							
		6					3	
				4	5			
9					6			
			1	2				
	3				4	2		
5				9			1	

sudoku
第125关

	9		5					8
6				7				
			2					1
				9	3		8	4
7	8						1	6
2	4							
5	6						7	
		2	8					
	7			3				

sudoku
第126关

	1	2					8	9
	5	9					2	
7								
9		1		7			3	
2								
		8	3		6			
			7		8			5
				9		6		
		6						4

sudoku
第 127 关

		5				4		6
9		2		5		3		7
				6				2
	7		5	4				
4				2				3
5		6			9			
			4		8	7		
			1				8	
				9				

sudoku
第 128 关

5	6							
			5			9	1	
9		3						
	9		7		6	8		
	2			4	9			7
		8						5
						6		
				6			2	4
				3			5	

sudoku 第129关

6			3	7		5		
			2		1		7	4
	3		8					
	1						3	5
	5							8
	4	7				6		
	6				2			
3				9			1	
			7				4	

sudoku 第130关

					8		3	
8			4			7		
	2					6		5
		7						1
				2	5			
6	8		1	3			4	
				7		1		
5			3				6	
		3						4

sudoku
第 131 关

	7		2			9	3	
		9		8				1
5		4	3		1	2	7	
9			4		3		2	5
	4	3				7		9
2	6		9	7		1	4	
			6	3		5		
7	5					3		
1		2	8		5		9	7

sudoku
第 132 关

	9	2		7		1		
8		1	2		3	7	5	6
	7		4	1			2	3
	3		8		1		6	
1			7			2	3	
	5		3	6		4		1
				3			4	9
		7	9	2	6		1	
9		3					7	2

sudoku
第133关

8		2			9	3		6
		4	1	2			9	
6	7	9			8		2	
4		5	2		7		8	1
	3		8	9			5	2
		8				4		6
			4		2		1	
	9	6	7		1	5		4
1							6	8

sudoku
第134关

	7		6		4	1	5	
	6		9				7	3
3		2		5				9
1	5		7			2	8	
7		3	4	2			1	6
2	4			8	6			7
	9			6	1		2	
		5				7		1
6		1		7	8		9	

sudoku 第135关

		4		7		5	2	
	7						9	
	9	3		8	2		6	1
3	2							4
		1		9			3	7
	4	7		3	5	2		6
	1		9		7	3		5
7					8		4	2
2		5	3	4		6	7	9

sudoku 第136关

8	2			6			1	9
	5	6		4		7		8
		3	7	1	8	2		
			5	7		6		1
7		5		8			4	2
9		8			6	3		
2		4		5	1			3
5	8		2		4	1	7	
						5	2	

sudoku
第 137 关

	9			7		1		2
3				5		7		
		5		8	2		3	9
4	6			1	9		2	
		1			8		7	
	2	8	5					
2			8			5	1	4
	8	9		2	1		6	7
1	4	7	6	3		2		8

sudoku
第 138 关

1	2					8	3	6
	7			2		1		9
8	6		3	9		7	2	
		8					4	
		7		6	2		8	1
6		1	4					2
				8	5		6	3
3		6					1	7
5	1	2		7	3		9	8

sudoku
第 139 关

				9			6	
		1	6		8		3	
9	2		7	3	1		8	5
	9			2	5		4	
	8	3						
1			3	4		7	9	8
3	1			6		8	7	4
		5		8			1	9
8		4		7	9	5		3

sudoku
第 140 关

3	1	8		7				2
		5		8			9	
	4		5	3		8	1	
	6	4		2	5			8
	7		6		8		4	2
		3	7	9		6	5	
8		2		4	7	1		6
				5				
4	9		8			7	2	5

sudoku

第 141 关

	5	7	8					
4			1				5	
	9	8	2	5	7	4		
			4			6		
5				1				2
		9			3			4
					5	1	4	
	2		3					6
					1	3		

sudoku

第 142 关

3		5					9	
4		8			3			
		9			6			8
			1	7		9	2	
	5	1		3	4			
1			4			5		
			9			6		4
	7					8		9

sudoku
第 143 关

			2	8				9
3			9			2		
6		9				1	8	
				1		8		
		8	6		5	9		
		4		3				
	1	2				6		7
		5			4			1
7				9	2			

sudoku
第 144 关

		3		2				
	1		8				3	
5			3			4		1
		1	9					4
	2		4		8		9	
9					7	5		
2		4			3			5
	5				1		4	
				9		7		

sudoku 第 145 关

9							2	4
	3		9			5		
	1		7					
6	9				5	2	7	
5								1
	8	2	3				9	5
					9		3	
		6			4		1	
1	4							6

sudoku 第 146 关

					6		9	7
2			8		9	1		
						3	5	
6				8				9
	1	9				4	3	
4				3				1
	4	8						
		2	4		7			8
7	9		5					

sudoku
第 147 关

	2	1		5	8			
9					7	6		
		7		2	9			
	7	6					2	
	4						1	
	1					4	3	
			7	8		2		
		2	9					7
			5	6		1	9	

sudoku
第 148 关

3		6		4		7		
					3		1	
		7		2	1	8		
		5					4	8
	6						2	
4	9					1		
		9	8	3		4		
	7		1					
		4		5		9		6

sudoku
第 149 关

		5				9		2
			6		9		1	
9					1			
7	3	9				2	4	
				2				
	1	6				8	9	5
			8					4
	2		1		3			
4		8				6		

sudoku
第 150 关

			8					9
8		5			9	1		
	1			7			2	
6		1						7
	9		6		7		4	
2						9		5
	6			8			3	
		9	2			7		8
4					3			

sudoku
第 151 关

				8				
7		3				9		6
	1						7	
1	7		2		6		9	5
	6						1	
5	2		9		3		6	7
	5						8	
6		2				4		1
				2				

sudoku
第 152 关

		6						
				5	3	1	9	2
	3		4	8			5	
		5		4				3
			3		5			
1				7		6		
	4			3	6		7	
6	5	7	1	2				
						2		

sudoku

第153关

3			2					
9					3		1	
		5	1	4	7			
2		6		3				
	7	9				2	3	
				2		9		6
			9	6	4	8		
	5		3					4
					1			2

sudoku

第154关

			2	9				8
6			8			2		
3		8				1	9	
				1		9		
		9	3		5	8		
		4		6				
	1	2				3		7
		5			4			1
7				8	2			

sudoku
第155关

		4	9					
7					8		5	
	8	9	2					
			7			6		
5				1				2
		8			3			
					5	1	7	
	2		3					6
					1	3		

sudoku
第156关

3		1					8	
4		9			3			
		8			6			9
			5	7		8	2	
	1	5		3	4			
5			4			1		
			8			6		4
	7					9		8

sudoku

第 157 关

		3		1				
	2		9				3	
5			3			4		2
		2	8					4
	1		4		9		8	
8					7	5		
1		4			3			5
	5				2		4	
				8		7		

sudoku

第 158 关

5	2		6			1		
		6	9				3	
					5			4
9						5	1	6
	5						2	
6	7	4						3
3			2					
	4				3	8		
		9			8		4	1

sudoku
第 159 关

	6	7	9				2	
9	8						6	7
	1				6	8	9	
	3		4					
		8	6					1
4			8				3	
	5				3			2
8					4	3		
					9		5	

sudoku
第 160 关

9							3	7
	5		3			1		
	6		1					
6	3				2	4	1	
4								3
	7	8	4				2	9
					3		7	
		6			1		4	
3	8							1

sudoku 第 161 关

	9	6		4	2			
8					7	9		
		7		9	3			
	8	3					5	
	4						3	
	1					8	9	
			1	6		4		
		4	2					5
			9	7		6	8	

sudoku 第 162 关

5								
			6		1			4
		7	4				9	3
					6	4	7	
6		4		1		5		2
	5	2	8					
8	3				4	1		
4			5		9			
								8

sudoku
第 163 关

					6		8	7
3			9		8	1		
						2	5	
6				9				8
	1	8				4	2	
4				2				1
	4	9						
		3	4		7			9
7	8		5					

sudoku
第 164 关

3		7		4		6		
					3		1	
		6		2	1	9		
		5					4	9
	7						2	
4	8					1		
		8	9	3		4		
	6		1					
		4		5		8		7

第四章
数独答案

第1关

3	8	5	7	6	4	2	1	9
7	9	4	5	1	2	6	8	3
2	1	6	3	9	8	7	5	4
5	7	3	4	8	9	1	2	6
9	4	1	2	7	6	5	3	8
8	6	2	1	5	3	9	4	7
6	3	8	9	2	5	4	7	1
1	5	9	8	4	7	3	6	2
4	2	7	6	3	1	8	9	5

第2关

7	6	1	9	3	4	8	2	5
3	5	4	6	2	8	1	9	7
9	2	8	1	5	7	6	3	4
2	1	9	5	4	6	3	7	8
4	8	3	2	7	9	5	1	6
5	7	6	3	8	1	9	4	2
1	9	5	7	6	2	4	8	3
8	3	2	4	9	5	7	6	1
6	4	7	8	1	3	2	5	9

第3关

1	4	9	8	3	6	7	5	2
5	7	6	2	4	1	9	3	8
2	3	8	5	7	9	1	6	4
7	2	4	3	6	8	5	9	1
6	8	3	9	1	5	4	2	7
9	5	1	4	2	7	3	8	6
3	6	2	7	9	4	8	1	5
4	1	5	6	8	3	2	7	9
8	9	7	1	5	2	6	4	3

第4关

8	3	9	6	5	7	2	1	4
6	7	2	9	4	1	5	8	3
1	5	4	8	3	2	9	6	7
5	4	1	2	8	3	7	9	6
2	8	7	4	9	6	3	5	1
9	6	3	7	1	5	4	2	8
7	1	8	3	2	9	6	4	5
3	2	5	1	6	4	8	7	9
4	9	6	5	7	8	1	3	2

第5关

4	8	3	2	7	1	6	9	5
9	7	6	4	8	5	3	2	1
5	2	1	3	9	6	4	7	8
2	9	4	6	5	8	1	3	7
1	3	8	9	2	7	5	6	4
6	5	7	1	3	4	9	8	2
8	4	2	5	6	3	7	1	9
3	1	9	7	4	2	8	5	6
7	6	5	8	1	9	2	4	3

第6关

7	1	2	6	8	3	4	9	5
6	9	3	5	7	4	2	1	8
8	4	5	2	9	1	3	7	6
4	6	9	8	1	7	5	2	3
5	2	7	4	3	6	1	8	9
3	8	1	9	2	5	6	4	7
9	5	4	7	6	2	8	3	1
1	7	6	3	4	8	9	5	2
2	3	8	1	5	9	7	6	4

第7关

3	4	7	2	5	1	6	9	8
6	8	5	4	3	9	2	7	1
1	2	9	7	8	6	4	3	5
8	3	6	9	7	5	1	2	4
9	7	1	8	2	4	3	5	6
4	5	2	6	1	3	9	8	7
7	1	3	5	6	2	8	4	9
2	9	8	1	4	7	5	6	3
5	6	4	3	9	8	7	1	2

第8关

4	8	9	3	5	1	6	2	7
5	7	6	4	2	8	1	3	9
3	1	2	7	6	9	5	8	4
8	9	3	2	7	6	4	5	1
7	6	4	5	1	3	8	9	2
2	5	1	8	9	4	3	7	6
6	3	5	9	4	7	2	1	8
9	4	8	1	3	2	7	6	5
1	2	7	6	8	5	9	4	3

第9关

1	4	9	8	3	6	7	5	2
5	7	6	2	4	1	9	3	8
2	3	8	5	7	9	1	6	4
7	2	4	3	6	8	5	9	1
6	8	3	9	1	5	4	2	7
9	5	1	4	2	7	3	8	6
3	6	2	7	9	4	8	1	5
4	1	5	6	8	3	2	7	9
8	9	7	1	5	2	6	4	3

第10关

9	2	7	5	8	6	1	3	4
8	6	3	1	4	9	5	2	7
1	5	4	7	3	2	6	9	8
7	8	6	3	9	5	2	4	1
5	4	2	6	7	1	3	8	9
3	1	9	4	2	8	7	6	5
2	7	5	8	6	4	9	1	3
4	9	1	2	5	3	8	7	6
6	3	8	9	1	7	4	5	2

第11关

8	9	4	1	5	7	3	6	2
5	2	1	3	6	8	9	7	4
3	6	7	2	4	9	1	8	5
9	8	3	5	7	6	4	2	1
4	7	2	8	1	3	5	9	6
6	1	5	9	2	4	7	3	8
7	5	9	4	8	2	6	1	3
1	3	8	6	9	5	2	4	7
2	4	6	7	3	1	8	5	9

第12关

6	9	1	3	7	5	2	8	4
8	2	7	6	1	4	5	9	3
5	3	4	8	9	2	6	7	1
9	5	6	1	8	3	4	2	7
7	1	3	4	2	9	8	6	5
2	4	8	7	5	6	3	1	9
3	7	2	9	4	8	1	5	6
1	6	5	2	3	7	9	4	8
4	8	9	5	6	1	7	3	2

第 13 关

3	1	9	4	2	7	5	6	8
2	4	7	8	6	5	9	3	1
5	8	6	9	3	1	7	2	4
1	2	8	5	9	3	6	4	7
9	3	4	6	7	8	1	5	2
7	6	5	2	1	4	8	9	3
8	9	3	1	4	6	2	7	5
4	5	2	7	8	9	3	1	6
6	7	1	3	5	2	4	8	9

第 14 关

7	2	6	3	1	8	4	5	9
3	5	9	2	7	4	8	1	6
1	8	4	5	6	9	7	3	2
4	3	7	9	5	2	1	6	8
9	1	8	4	3	6	5	2	7
5	6	2	1	8	7	3	9	4
8	4	3	6	2	1	9	7	5
2	9	1	7	4	5	6	8	3
6	7	5	8	9	3	2	4	1

第 15 关

4	9	3	7	6	1	5	2	8
5	8	2	9	4	3	1	6	7
7	1	6	5	2	8	3	4	9
1	3	9	6	7	4	8	5	2
6	5	8	2	1	9	7	3	4
2	4	7	8	3	5	6	9	1
9	7	5	3	8	2	4	1	6
8	2	1	4	5	6	9	7	3
3	6	4	1	9	7	2	8	5

第 16 关

5	3	6	1	4	7	2	8	9
9	1	2	8	5	3	4	7	6
7	8	4	6	9	2	1	3	5
4	2	5	7	8	9	3	6	1
6	7	1	3	2	5	9	4	8
3	9	8	4	6	1	5	2	7
1	5	7	2	3	8	6	9	4
2	6	9	5	7	4	8	1	3
8	4	3	9	1	6	7	5	2

第 17 关

2	9	5	1	6	8	4	7	3
4	3	7	9	2	5	6	8	1
6	1	8	3	7	4	2	9	5
8	4	3	2	5	1	7	6	9
5	6	9	8	4	7	1	3	2
1	7	2	6	9	3	5	4	8
9	8	4	5	1	6	3	2	7
7	2	1	4	3	9	8	5	6
3	5	6	7	8	2	9	1	4

第 18 关

9	4	1	7	3	6	5	8	2
3	7	6	2	5	8	9	1	4
8	2	5	9	4	1	3	7	6
7	9	8	1	2	4	6	5	3
1	6	4	3	7	5	8	2	9
5	3	2	6	8	9	1	4	7
4	1	3	5	6	7	2	9	8
2	8	9	4	1	3	7	6	5
6	5	7	8	9	2	4	3	1

第19关

5	7	8	1	2	6	4	3	9
9	3	2	5	4	8	6	1	7
1	4	6	7	9	3	2	8	5
3	5	4	2	6	9	8	7	1
8	2	9	4	7	1	3	5	6
6	1	7	3	8	5	9	4	2
7	8	5	6	3	2	1	9	4
4	6	3	9	1	7	5	2	8
2	9	1	8	5	4	7	6	3

第20关

9	1	4	6	2	8	5	3	7
2	5	7	3	4	9	1	8	6
8	6	3	1	5	7	2	9	4
6	3	5	7	9	2	4	1	8
4	2	9	8	1	6	7	5	3
1	7	8	4	3	5	6	2	9
5	4	1	9	6	3	8	7	2
7	9	6	2	8	1	3	4	5
3	8	2	5	7	4	9	6	1

第21关

4	5	6	3	9	1	7	8	2
9	7	3	2	8	5	6	4	1
8	1	2	6	4	7	9	3	5
6	4	8	7	5	2	1	9	3
1	2	7	9	3	4	5	6	8
3	9	5	8	1	6	2	7	4
5	6	1	4	7	8	3	2	9
2	8	9	1	6	3	4	5	7
7	3	4	5	2	9	8	1	6

第22关

9	3	4	6	5	7	1	2	8
7	2	5	3	8	1	6	4	9
1	6	8	9	4	2	3	7	5
8	5	9	4	6	3	2	1	7
4	1	2	7	9	8	5	6	3
3	7	6	1	2	5	8	9	4
5	8	1	2	7	4	9	3	6
2	9	7	8	3	6	4	5	1
6	4	3	5	1	9	7	8	2

第23关

7	6	1	8	2	9	4	3	5
3	8	2	5	4	6	7	1	9
5	4	9	1	3	7	2	6	8
4	2	7	3	6	8	5	9	1
9	3	5	4	7	1	6	8	2
8	1	6	2	9	5	3	4	7
2	5	8	6	1	4	9	7	3
6	7	3	9	8	2	1	5	4
1	9	4	7	5	3	8	2	6

第24关

5	3	7	4	8	2	6	1	9
2	8	4	6	9	1	3	5	7
6	1	9	3	5	7	8	4	2
7	9	1	5	6	3	4	2	8
3	5	8	1	2	4	7	9	6
4	6	2	9	7	8	5	3	1
9	2	5	8	3	6	1	7	4
1	7	6	2	4	5	9	8	3
8	4	3	7	1	9	2	6	5

第 25 关

4	5	6	3	9	1	7	8	2
9	7	3	2	8	5	6	4	1
8	1	2	6	4	7	9	3	5
6	4	8	7	5	2	1	9	3
1	2	7	9	3	4	5	6	8
3	9	5	8	1	6	2	7	4
5	6	1	4	7	8	3	2	9
2	8	9	1	6	3	4	5	7
7	3	4	5	2	9	8	1	6

第 26 关

3	8	2	7	5	9	4	6	1
9	5	6	1	2	4	7	3	8
1	4	7	8	6	3	5	9	2
2	1	5	4	8	6	3	7	9
8	6	4	3	9	7	2	1	5
7	9	3	2	1	5	8	4	6
5	7	1	9	4	8	6	2	3
4	2	8	6	3	1	9	5	7
6	3	9	5	7	2	1	8	4

第 27 关

4	7	5	8	9	1	6	3	2
2	9	8	5	6	3	4	1	7
3	1	6	4	2	7	5	8	9
1	8	4	9	7	6	2	5	3
6	5	3	2	4	8	9	7	1
9	2	7	3	1	5	8	6	4
8	6	2	1	3	4	7	9	5
7	3	9	6	5	2	1	4	8
5	4	1	7	8	9	3	2	6

第 28 关

1	5	2	6	3	4	7	8	9
4	9	8	5	2	7	3	1	6
6	7	3	8	9	1	4	5	2
2	6	4	9	8	5	1	7	3
9	8	1	7	6	3	2	4	5
7	3	5	1	4	2	9	6	8
5	2	9	4	7	6	8	3	1
3	4	6	2	1	8	5	9	7
8	1	7	3	5	9	6	2	4

第 29 关

2	5	6	9	7	4	3	1	8
4	8	1	5	6	3	9	7	2
7	9	3	1	8	2	6	5	4
6	7	4	3	1	8	2	9	5
1	3	5	2	9	7	4	8	6
8	2	9	4	5	6	1	3	7
5	4	7	6	3	1	8	2	9
9	1	2	8	4	5	7	6	3
3	6	8	7	2	9	5	4	1

第 30 关

7	8	4	5	1	2	3	6	9
3	2	6	9	7	4	1	5	8
1	9	5	6	8	3	7	2	4
4	5	1	3	6	8	2	9	7
2	7	9	4	5	1	6	8	3
6	3	8	2	9	7	4	1	5
9	1	7	8	4	6	5	3	2
5	6	3	7	2	9	8	4	1
8	4	2	1	3	5	9	7	6

第31关

5	6	9	2	1	7	8	4	3
2	4	7	3	8	6	1	5	9
8	1	3	9	5	4	6	2	7
7	2	1	6	3	9	4	8	5
3	8	5	1	4	2	7	9	6
4	9	6	8	7	5	3	1	2
9	5	4	7	6	8	2	3	1
1	7	8	5	2	3	9	6	4
6	3	2	4	9	1	5	7	8

第32关

8	5	2	9	4	7	1	3	6
4	9	1	8	6	3	7	2	5
6	3	7	2	5	1	4	8	9
1	6	4	3	2	5	9	7	8
5	7	9	6	1	8	2	4	3
2	8	3	7	9	4	6	5	1
3	1	8	4	7	9	5	6	2
7	2	5	1	8	6	3	9	4
9	4	6	5	3	2	8	1	7

第33关

7	8	6	5	1	4	3	9	2
1	9	2	7	3	8	4	5	6
4	5	3	9	2	6	7	1	8
2	1	5	4	8	7	6	3	9
8	3	9	1	6	5	2	4	7
6	7	4	3	9	2	1	8	5
9	4	8	6	7	3	5	2	1
5	2	7	8	4	1	9	6	3
3	6	1	2	5	9	8	7	4

第34关

3	1	4	7	5	2	9	6	8
8	7	5	9	3	6	1	2	4
9	6	2	1	4	8	3	7	5
2	3	1	8	6	7	5	4	9
7	9	6	5	1	4	8	3	2
4	5	8	3	2	9	7	1	6
1	4	3	6	8	5	2	9	7
5	2	9	4	7	1	6	8	3
6	8	7	2	9	3	4	5	1

第35关

8	5	2	9	4	7	1	3	6
4	9	1	8	6	3	7	2	5
6	3	7	2	5	1	4	8	9
1	6	4	3	2	5	9	7	8
5	7	9	6	1	8	2	4	3
2	8	3	7	9	4	6	5	1
3	1	8	4	7	9	5	6	2
7	2	5	1	8	6	3	9	4
9	4	6	5	3	2	8	1	7

第36关

4	9	7	6	8	2	1	5	3
6	3	8	7	1	5	4	9	2
2	5	1	3	4	9	7	8	6
3	4	6	2	7	8	5	1	9
1	7	2	9	5	4	6	3	8
9	8	5	1	3	6	2	4	7
8	2	9	4	6	1	3	7	5
7	6	4	5	9	3	8	2	1
5	1	3	8	2	7	9	6	4

第 37 关

3	4	6	5	7	9	8	1	2
8	9	7	1	2	6	3	5	4
1	2	5	3	4	8	6	7	9
9	8	1	2	3	7	4	6	5
6	5	2	8	9	4	7	3	1
4	7	3	6	1	5	9	2	8
7	1	9	4	6	2	5	8	3
5	3	4	7	8	1	2	9	6
2	6	8	9	5	3	1	4	7

第 38 关

1	6	8	5	4	2	7	9	3
5	3	9	6	7	1	8	2	4
7	2	4	3	9	8	6	5	1
9	8	6	2	3	7	4	1	5
2	4	1	9	6	5	3	8	7
3	7	5	1	8	4	2	6	9
8	1	3	4	2	9	5	7	6
4	9	7	8	5	6	1	3	2
6	5	2	7	1	3	9	4	8

第 39 关

2	7	5	4	8	3	6	1	9
3	1	9	5	6	2	8	7	4
8	6	4	1	7	9	5	2	3
6	9	7	8	2	5	3	4	1
4	8	3	9	1	7	2	5	6
1	5	2	3	4	6	7	9	8
7	4	1	6	5	8	9	3	2
5	3	8	2	9	4	1	6	7
9	2	6	7	3	1	4	8	5

第 40 关

7	8	4	9	1	6	5	3	2
9	5	2	3	7	8	6	4	1
1	6	3	2	5	4	9	8	7
3	1	7	6	9	5	8	2	4
5	2	9	4	8	1	7	6	3
8	4	6	7	2	3	1	9	5
6	3	8	5	4	7	2	1	9
2	7	1	8	3	9	4	5	6
4	9	5	1	6	2	3	7	8

第 41 关

8	2	6	4	3	9	1	7	5
9	3	1	6	7	5	8	2	4
4	7	5	8	2	1	3	6	9
7	9	3	5	6	4	2	8	1
1	5	2	7	9	8	4	3	6
6	8	4	2	1	3	9	5	7
3	6	8	1	4	7	5	9	2
5	4	7	9	8	2	6	1	3
2	1	9	3	5	6	7	4	8

第 42 关

1	9	2	8	4	7	3	5	6
5	4	8	3	6	2	9	1	7
3	6	7	9	5	1	4	8	2
9	8	5	6	1	3	7	2	4
7	3	4	2	8	9	5	6	1
2	1	6	4	7	5	8	3	9
4	5	1	7	2	8	6	9	3
6	2	3	5	9	4	1	7	8
8	7	9	1	3	6	2	4	5

第43关

2	6	8	7	9	1	3	4	5
5	7	9	3	8	4	2	6	1
3	4	1	6	2	5	7	8	9
9	2	3	5	4	6	1	7	8
8	1	4	9	7	2	6	5	3
6	5	7	1	3	8	9	2	4
4	8	6	2	1	9	5	3	7
1	3	5	4	6	7	8	9	2
7	9	2	8	5	3	4	1	6

第44关

8	9	2	7	3	1	4	5	6
3	5	7	9	6	4	2	1	8
6	4	1	5	8	2	7	9	3
4	7	8	2	5	3	1	6	9
5	1	6	8	9	7	3	4	2
2	3	9	1	4	6	5	8	7
1	6	4	3	7	8	9	2	5
9	2	3	6	1	5	8	7	4
7	8	5	4	2	9	6	3	1

第45关

2	7	5	9	6	8	4	1	3
6	8	3	7	4	1	5	2	9
1	4	9	3	2	5	7	6	8
5	1	8	2	9	7	6	3	4
3	2	4	5	8	6	9	7	1
9	6	7	4	1	3	8	5	2
7	5	1	8	3	4	2	9	6
8	9	6	1	5	2	3	4	7
4	3	2	6	7	9	1	8	5

第46关

7	9	4	8	5	3	6	1	2
1	3	8	6	7	2	5	9	4
6	2	5	4	1	9	7	8	3
8	7	6	1	2	4	3	5	9
5	1	3	9	8	6	4	2	7
2	4	9	5	3	7	8	6	1
9	8	2	7	4	5	1	3	6
4	6	1	3	9	8	2	7	5
3	5	7	2	6	1	9	4	8

第47关

9	8	5	2	6	1	7	4	3
7	2	4	9	3	5	1	8	6
1	3	6	7	4	8	9	5	2
5	4	7	6	1	2	8	3	9
6	9	2	3	8	4	5	7	1
8	1	3	5	9	7	2	6	4
4	7	1	8	2	3	6	9	5
2	6	8	4	5	9	3	1	7
3	5	9	1	7	6	4	2	8

第48关

9	3	5	6	4	8	7	2	1
6	1	8	2	5	7	9	3	4
7	2	4	9	1	3	6	8	5
1	6	2	8	9	4	5	7	3
3	8	7	1	6	5	4	9	2
5	4	9	7	3	2	1	6	8
4	9	3	5	2	6	8	1	7
2	7	6	4	8	1	3	5	9
8	5	1	3	7	9	2	4	6

第 49 关

6	5	8	7	3	4	1	9	2
7	4	1	9	6	2	3	8	5
2	3	9	5	1	8	7	4	6
9	8	6	2	4	3	5	7	1
3	7	2	1	8	5	9	6	4
4	1	5	6	7	9	2	3	8
8	9	4	3	5	1	6	2	7
1	2	7	4	9	6	8	5	3
5	6	3	8	2	7	4	1	9

第 50 关

1	2	7	8	4	6	5	9	3
9	5	6	3	2	7	8	1	4
3	4	8	9	5	1	6	7	2
6	3	9	5	7	2	1	4	8
8	1	5	4	6	9	2	3	7
4	7	2	1	8	3	9	6	5
5	8	3	6	1	4	7	2	9
7	9	1	2	3	8	4	5	6
2	6	4	7	9	5	3	8	1

第 51 关

5	6	7	2	9	1	4	8	3
9	1	3	8	4	7	5	2	6
2	4	8	5	6	3	9	1	7
4	2	1	9	8	6	7	3	5
3	8	5	4	7	2	6	9	1
7	9	6	3	1	5	8	4	2
1	5	9	7	2	4	3	6	8
6	3	4	1	5	8	2	7	9
8	7	2	6	3	9	1	5	4

第 52 关

8	4	9	1	7	3	5	2	6
7	5	2	6	9	8	4	3	1
1	6	3	5	2	4	8	7	9
2	9	5	4	1	6	7	8	3
6	1	8	3	5	7	2	9	4
4	3	7	9	8	2	1	6	5
5	7	1	8	3	9	6	4	2
9	8	6	2	4	5	3	1	7
3	2	4	7	6	1	9	5	8

第 53 关

7	4	8	6	9	1	3	2	5
9	3	5	8	2	7	6	4	1
2	1	6	4	5	3	9	8	7
8	5	2	3	1	9	4	7	6
4	6	9	7	8	5	2	1	3
1	7	3	2	6	4	8	5	9
3	2	1	9	7	8	5	6	4
5	8	4	1	3	6	7	9	2
6	9	7	5	4	2	1	3	8

第 54 关

2	3	6	8	9	7	5	1	4
1	4	7	6	3	5	2	9	8
5	8	9	4	2	1	3	6	7
4	6	3	7	1	9	8	2	5
9	5	1	2	4	8	6	7	3
7	2	8	5	6	3	9	4	1
3	1	2	9	5	4	7	8	6
8	9	4	3	7	6	1	5	2
6	7	5	1	8	2	4	3	9

第 55 关

2	8	5	3	4	1	6	7	9
7	3	9	6	5	8	1	4	2
4	1	6	9	2	7	3	8	5
3	2	8	7	1	6	9	5	4
6	5	1	2	9	4	8	3	7
9	4	7	8	3	5	2	1	6
5	9	3	4	8	2	7	6	1
8	6	4	1	7	9	5	2	3
1	7	2	5	6	3	4	9	8

第 56 关

4	6	1	9	5	2	3	7	8
3	8	2	6	7	4	5	1	9
7	9	5	3	1	8	6	2	4
1	2	8	5	6	7	4	9	3
6	4	9	8	3	1	2	5	7
5	7	3	2	4	9	8	6	1
2	5	7	4	9	3	1	8	6
9	3	6	1	8	5	7	4	2
8	1	4	7	2	6	9	3	5

第 57 关

9	7	6	8	2	5	3	4	1
2	3	8	1	7	4	6	9	5
4	1	5	6	3	9	7	2	8
6	2	9	4	1	7	5	8	3
7	5	4	3	8	2	1	6	9
3	8	1	9	5	6	2	7	4
5	6	3	2	4	8	9	1	7
8	9	7	5	6	1	4	3	2
1	4	2	7	9	3	8	5	6

第 58 关

2	6	8	7	9	1	3	4	5
5	7	9	3	8	4	2	6	1
3	4	1	6	2	5	7	8	9
9	2	3	5	4	6	1	7	8
8	1	4	9	7	2	6	5	3
6	5	7	1	3	8	9	2	4
4	8	6	2	1	9	5	3	7
1	3	5	4	6	7	8	9	2
7	9	2	8	5	3	4	1	6

第 59 关

4	8	3	6	2	1	7	9	5
5	2	1	9	7	4	8	3	6
6	9	7	5	3	8	2	1	4
9	6	8	4	5	3	1	7	2
1	4	2	8	9	7	5	6	3
3	7	5	1	6	2	9	4	8
8	5	4	3	1	9	6	2	7
2	3	9	7	8	6	4	5	1
7	1	6	2	4	5	3	8	9

第 60 关

3	5	6	2	8	7	1	9	4
7	1	4	9	6	5	8	2	3
2	9	8	3	1	4	7	5	6
1	2	5	4	7	9	3	6	8
8	4	7	6	3	2	5	1	9
9	6	3	8	5	1	2	4	7
5	8	1	7	4	6	9	3	2
4	7	2	1	9	3	6	8	5
6	3	9	5	2	8	4	7	1

第 61 关

1	9	5	6	2	3	8	7	4
7	2	6	8	4	9	1	3	5
8	3	4	7	5	1	9	6	2
5	8	7	2	1	6	3	4	9
3	6	1	4	9	8	2	5	7
9	4	2	3	7	5	6	1	8
4	7	9	1	6	2	5	8	3
6	5	8	9	3	7	4	2	1
2	1	3	5	8	4	7	9	6

第 62 关

6	9	1	2	3	5	4	7	8
3	8	2	4	7	1	9	6	5
5	4	7	6	9	8	1	2	3
9	7	6	8	1	4	5	3	2
8	2	5	9	6	3	7	1	4
4	1	3	7	5	2	6	8	9
1	3	4	5	2	7	8	9	6
7	5	9	3	8	6	2	4	1
2	6	8	1	4	9	3	5	7

第 63 关

1	9	2	8	4	7	3	5	6
5	4	8	3	6	2	9	1	7
3	6	7	9	5	1	4	8	2
9	8	5	6	1	3	7	2	4
7	3	4	2	8	9	5	6	1
2	1	6	4	7	5	8	3	9
4	5	1	7	2	8	6	9	3
6	2	3	5	9	4	1	7	8
8	7	9	1	3	6	2	4	5

第 64 关

1	5	9	2	8	3	4	6	7
7	3	6	5	4	1	9	2	8
2	8	4	6	9	7	1	3	5
5	1	3	8	7	9	2	4	6
9	7	2	4	1	6	8	5	3
4	6	8	3	2	5	7	1	9
3	9	1	7	5	2	6	8	4
8	2	5	9	6	4	3	7	1
6	4	7	1	3	8	5	9	2

第 65 关

7	1	9	8	4	2	6	3	5
8	2	5	6	1	3	9	4	7
3	4	6	7	9	5	1	2	8
4	7	1	9	8	6	3	5	2
9	3	2	5	7	4	8	1	6
5	6	8	2	3	1	4	7	9
6	5	3	4	2	8	7	9	1
1	8	7	3	5	9	2	6	4
2	9	4	1	6	7	5	8	3

第 66 关

5	3	4	1	7	2	9	8	6
7	6	1	9	5	8	2	4	3
2	8	9	3	6	4	1	5	7
6	1	5	2	4	9	3	7	8
9	7	2	8	3	5	6	1	4
3	4	8	6	1	7	5	2	9
4	9	3	5	8	1	7	6	2
1	2	7	4	9	6	8	3	5
8	5	6	7	2	3	4	9	1

第 67 关

8	9	4	2	3	6	7	1	5
3	5	6	7	1	4	9	8	2
2	7	1	8	9	5	3	4	6
6	1	8	3	7	2	4	5	9
5	3	9	4	6	1	2	7	8
4	2	7	5	8	9	1	6	3
9	8	2	6	4	7	5	3	1
1	4	3	9	5	8	6	2	7
7	6	5	1	2	3	8	9	4

第 68 关

7	4	5	9	2	6	8	1	3
9	1	6	3	4	8	7	2	5
8	2	3	1	7	5	4	6	9
2	8	9	4	1	7	3	5	6
3	7	4	6	5	9	2	8	1
5	6	1	2	8	3	9	4	7
6	3	8	5	9	2	1	7	4
4	5	2	7	3	1	6	9	8
1	9	7	8	6	4	5	3	2

第 69 关

8	5	2	1	7	3	4	6	9
7	9	6	5	4	2	8	1	3
4	1	3	9	6	8	7	2	5
1	7	9	2	3	4	6	5	8
5	3	8	6	9	1	2	7	4
6	2	4	8	5	7	3	9	1
2	8	7	4	1	5	9	3	6
9	4	5	3	2	6	1	8	7
3	6	1	7	8	9	5	4	2

第 70 关

4	8	5	2	1	6	9	3	7
7	1	9	5	3	4	8	6	2
6	2	3	7	9	8	4	1	5
9	3	1	6	8	5	2	7	4
8	5	4	1	7	2	3	9	6
2	6	7	3	4	9	5	8	1
3	9	6	4	2	7	1	5	8
1	7	2	8	5	3	6	4	9
5	4	8	9	6	1	7	2	3

第 71 关

5	8	3	9	7	6	4	2	1
9	2	4	5	8	1	3	7	6
7	1	6	3	4	2	5	8	9
1	7	5	8	2	9	6	4	3
2	3	8	6	5	4	9	1	7
6	4	9	7	1	3	2	5	8
4	9	7	2	3	8	1	6	5
3	5	1	4	6	7	8	9	2
8	6	2	1	9	5	7	3	4

第 72 关

8	7	6	2	3	4	5	9	1
3	5	9	7	8	1	6	4	2
1	4	2	9	6	5	7	8	3
2	8	7	4	1	9	3	5	6
6	1	5	8	7	3	9	2	4
4	9	3	6	5	2	8	1	7
9	6	4	3	2	8	1	7	5
5	3	8	1	4	7	2	6	9
7	2	1	5	9	6	4	3	8

第 73 关

4	6	8	7	2	5	1	3	9
1	9	2	6	3	4	7	8	5
3	5	7	8	9	1	2	6	4
5	3	1	2	6	8	4	9	7
7	4	9	1	5	3	6	2	8
8	2	6	9	4	7	3	5	1
2	8	4	3	1	9	5	7	6
6	7	5	4	8	2	9	1	3
9	1	3	5	7	6	8	4	2

第 74 关

5	2	6	1	3	7	8	4	9
4	8	7	9	2	6	3	1	5
9	1	3	5	8	4	6	7	2
2	3	9	8	4	1	5	6	7
1	6	4	7	5	9	2	3	8
7	5	8	3	6	2	4	9	1
3	9	2	6	7	5	1	8	4
8	4	1	2	9	3	7	5	6
6	7	5	4	1	8	9	2	3

第 75 关

3	9	7	6	2	5	8	4	1
2	6	4	3	8	1	9	5	7
5	8	1	7	9	4	6	2	3
7	5	8	4	1	2	3	6	9
9	4	3	5	7	6	1	8	2
1	2	6	9	3	8	5	7	4
8	3	9	2	6	7	4	1	5
4	1	2	8	5	9	7	3	6
6	7	5	1	4	3	2	9	8

第 76 关

9	6	8	2	4	3	1	5	7
1	4	2	6	7	5	8	3	9
7	3	5	1	8	9	4	2	6
2	5	4	8	9	6	3	7	1
8	1	3	7	5	2	6	9	4
6	7	9	4	3	1	2	8	5
3	2	7	5	1	4	9	6	8
5	9	1	3	6	8	7	4	2
4	8	6	9	2	7	5	1	3

第 77 关

8	7	2	3	1	6	4	9	5
9	6	4	5	7	8	2	1	3
5	3	1	2	4	9	6	7	8
6	4	8	9	2	1	3	5	7
7	5	9	8	6	3	1	2	4
2	1	3	4	5	7	9	8	6
4	8	5	6	9	2	7	3	1
1	9	6	7	3	5	8	4	2
3	2	7	1	8	4	5	6	9

第 78 关

5	8	6	9	7	4	3	2	1
7	1	4	6	2	3	8	5	9
9	2	3	1	5	8	4	7	6
6	9	7	3	4	5	1	8	2
4	5	1	2	8	9	7	6	3
8	3	2	7	1	6	9	4	5
3	7	5	8	6	1	2	9	4
2	4	9	5	3	7	6	1	8
1	6	8	4	9	2	5	3	7

第 79 关

1	7	6	9	5	4	3	2	8
8	9	4	6	2	3	1	7	5
2	3	5	7	8	1	9	6	4
3	8	7	4	9	5	6	1	2
4	2	9	1	6	8	7	5	3
6	5	1	2	3	7	8	4	9
9	1	8	5	4	6	2	3	7
5	6	3	8	7	2	4	9	1
7	4	2	3	1	9	5	8	6

第 80 关

4	8	6	1	9	5	3	7	2
1	3	5	8	7	2	4	9	6
7	2	9	4	3	6	1	5	8
2	1	3	9	5	7	6	8	4
5	6	7	3	8	4	9	2	1
8	9	4	6	2	1	7	3	5
3	7	1	5	4	8	2	6	9
6	5	2	7	1	9	8	4	3
9	4	8	2	6	3	5	1	7

第 81 关

7	1	3	2	4	9	8	5	6
6	4	9	7	8	5	1	3	2
8	2	5	6	3	1	9	7	4
5	9	8	1	7	4	6	2	3
1	3	7	9	6	2	4	8	5
4	6	2	3	5	8	7	1	9
3	5	4	8	9	7	2	6	1
9	7	1	5	2	6	3	4	8
2	8	6	4	1	3	5	9	7

第 82 关

5	1	8	4	6	3	9	7	2
6	4	7	9	1	2	3	8	5
3	9	2	7	5	8	4	6	1
8	2	9	5	3	7	6	1	4
1	7	5	6	4	9	8	2	3
4	3	6	8	2	1	5	9	7
2	8	1	3	9	4	7	5	6
9	6	3	1	7	5	2	4	8
7	5	4	2	8	6	1	3	9

第 83 关

1	9	4	5	8	3	2	7	6
2	6	7	4	1	9	8	3	5
8	3	5	2	7	6	9	1	4
5	7	3	1	4	2	6	8	9
6	1	8	9	5	7	4	2	3
9	4	2	3	6	8	1	5	7
4	5	9	7	2	1	3	6	8
7	2	6	8	3	4	5	9	1
3	8	1	6	9	5	7	4	2

第 84 关

6	2	5	3	8	1	9	4	7
4	7	3	2	5	9	1	8	6
8	9	1	6	4	7	5	2	3
7	3	2	4	6	5	8	1	9
5	1	6	8	9	3	4	7	2
9	8	4	1	7	2	3	6	5
3	4	7	5	2	8	6	9	1
1	6	9	7	3	4	2	5	8
2	5	8	9	1	6	7	3	4

第 85 关

9	6	8	5	4	7	1	3	2
3	7	2	6	9	1	8	4	5
1	4	5	3	2	8	7	6	9
8	5	7	4	1	2	3	9	6
2	9	6	8	3	5	4	7	1
4	3	1	7	6	9	5	2	8
6	8	3	2	5	4	9	1	7
5	2	9	1	7	3	6	8	4
7	1	4	9	8	6	2	5	3

第 86 关

6	1	2	5	3	7	9	4	8
4	5	8	2	9	1	7	6	3
9	7	3	8	4	6	1	2	5
2	8	9	1	5	4	3	7	6
5	4	6	9	7	3	2	8	1
1	3	7	6	8	2	4	5	9
3	9	4	7	6	5	8	1	2
8	6	1	4	2	9	5	3	7
7	2	5	3	1	8	6	9	4

第 87 关

5	4	3	7	1	8	2	9	6
6	7	9	2	5	3	1	4	8
1	8	2	9	6	4	7	5	3
3	2	8	6	7	5	9	1	4
4	9	6	1	3	2	8	7	5
7	5	1	8	4	9	3	6	2
8	1	7	5	2	6	4	3	9
2	3	5	4	9	7	6	8	1
9	6	4	3	8	1	5	2	7

第 88 关

6	8	5	3	1	2	4	7	9
2	7	1	4	8	9	5	6	3
3	4	9	6	5	7	1	2	8
8	6	2	7	4	3	9	1	5
4	5	3	1	9	6	7	8	2
1	9	7	5	2	8	3	4	6
9	1	6	2	7	5	8	3	4
5	3	4	8	6	1	2	9	7
7	2	8	9	3	4	6	5	1

第 89 关

9	1	2	6	5	4	8	3	7
5	7	6	8	9	3	1	2	4
8	3	4	7	2	1	6	5	9
6	9	8	4	7	2	5	1	3
3	2	1	5	6	9	7	4	8
7	4	5	3	1	8	2	9	6
1	6	9	2	4	7	3	8	5
2	8	7	9	3	5	4	6	1
4	5	3	1	8	6	9	7	2

第 90 关

6	7	4	1	8	9	3	5	2
5	3	9	7	6	2	8	1	4
2	8	1	4	3	5	7	9	6
9	1	8	6	5	3	4	2	7
4	2	3	8	7	1	9	6	5
7	6	5	2	9	4	1	3	8
8	5	2	9	1	7	6	4	3
1	4	7	3	2	6	5	8	9
3	9	6	5	4	8	2	7	1

第 91 关

9	5	2	1	3	8	7	4	6
4	6	8	7	2	9	1	5	3
1	3	7	5	4	6	9	2	8
5	7	1	2	6	3	8	9	4
6	2	9	4	8	7	3	1	5
3	8	4	9	1	5	6	7	2
8	1	5	6	7	2	4	3	9
2	4	6	3	9	1	5	8	7
7	9	3	8	5	4	2	6	1

第 92 关

5	6	3	7	4	8	9	2	1
8	4	7	2	9	1	5	6	3
9	1	2	6	5	3	8	4	7
7	9	8	1	3	4	2	5	6
1	3	6	5	8	2	7	9	4
2	5	4	9	6	7	1	3	8
6	8	1	4	2	9	3	7	5
4	7	9	3	1	5	6	8	2
3	2	5	8	7	6	4	1	9

第 93 关

5	6	8	2	9	3	1	7	4
7	3	1	6	5	4	8	9	2
2	9	4	7	1	8	5	3	6
3	8	5	4	6	9	7	2	1
9	1	7	3	2	5	6	4	8
4	2	6	8	7	1	3	5	9
1	7	3	9	4	6	2	8	5
8	5	9	1	3	2	4	6	7
6	4	2	5	8	7	9	1	3

第 94 关

7	4	1	6	5	2	3	8	9
3	5	2	9	8	4	1	7	6
9	8	6	1	3	7	5	4	2
8	2	5	7	6	3	4	9	1
4	1	7	8	2	9	6	5	3
6	9	3	5	4	1	8	2	7
5	7	9	4	1	6	2	3	8
1	3	8	2	7	5	9	6	4
2	6	4	3	9	8	7	1	5

第 95 关

4	5	2	9	6	1	3	8	7
6	9	1	8	7	3	5	2	4
3	8	7	4	2	5	6	9	1
5	2	4	7	8	6	9	1	3
7	3	9	1	4	2	8	6	5
8	1	6	5	3	9	4	7	2
2	7	5	3	9	8	1	4	6
9	6	3	2	1	4	7	5	8
1	4	8	6	5	7	2	3	9

第 96 关

6	9	1	2	7	5	8	4	3
5	2	8	3	6	4	1	7	9
3	7	4	9	8	1	2	6	5
8	3	6	7	2	9	4	5	1
2	4	9	1	5	6	3	8	7
7	1	5	4	3	8	9	2	6
4	8	3	6	1	7	5	9	2
9	6	2	5	4	3	7	1	8
1	5	7	8	9	2	6	3	4

第 97 关

3	8	6	2	4	9	5	1	7
7	9	4	1	8	5	2	6	3
5	1	2	6	7	3	4	9	8
2	3	8	9	1	7	6	4	5
9	4	7	5	6	2	3	8	1
6	5	1	4	3	8	9	7	2
4	7	3	8	2	6	1	5	9
8	6	5	3	9	1	7	2	4
1	2	9	7	5	4	8	3	6

第 98 关

7	4	1	6	5	2	3	8	9
3	5	2	9	8	4	1	7	6
9	8	6	1	3	7	5	4	2
8	2	5	7	6	3	4	9	1
4	1	7	8	2	9	6	5	3
6	9	3	5	4	1	8	2	7
5	7	9	4	1	6	2	3	8
1	3	8	2	7	5	9	6	4
2	6	4	3	9	8	7	1	5

第 99 关

2	4	3	5	9	1	8	6	7
9	5	8	6	3	7	1	4	2
6	7	1	8	4	2	9	5	3
5	6	4	3	2	9	7	8	1
1	2	9	7	5	8	4	3	6
3	8	7	1	6	4	2	9	5
8	1	5	4	7	6	3	2	9
4	9	6	2	1	3	5	7	8
7	3	2	9	8	5	6	1	4

第 100 关

5	6	4	9	8	2	1	7	3
3	9	2	4	1	7	6	8	5
7	8	1	3	5	6	2	4	9
2	1	8	6	7	3	5	9	4
9	7	6	2	4	5	3	1	8
4	3	5	8	9	1	7	2	6
6	2	9	1	3	8	4	5	7
1	4	7	5	6	9	8	3	2
8	5	3	7	2	4	9	6	1

第 101 关

6	3	5	4	7	9	8	2	1
2	8	7	6	3	1	4	5	9
1	9	4	5	8	2	3	7	6
3	4	8	2	9	5	6	1	7
7	5	6	1	4	3	9	8	2
9	2	1	7	6	8	5	3	4
5	1	9	3	2	4	7	6	8
8	6	2	9	5	7	1	4	3
4	7	3	8	1	6	2	9	5

第 102 关

7	8	3	2	1	9	4	5	6
4	5	6	8	3	7	1	9	2
9	2	1	5	6	4	3	7	8
5	6	7	1	9	3	2	8	4
3	4	2	7	8	6	5	1	9
1	9	8	4	5	2	6	3	7
6	7	5	3	4	8	9	2	1
8	1	9	6	2	5	7	4	3
2	3	4	9	7	1	8	6	5

第 103 关

4	6	1	9	7	8	5	2	3
8	2	3	5	6	1	4	7	9
9	7	5	2	3	4	1	8	6
3	8	6	4	5	9	2	1	7
2	1	7	3	8	6	9	4	5
5	4	9	1	2	7	3	6	8
7	9	4	6	1	5	8	3	2
1	3	8	7	9	2	6	5	4
6	5	2	8	4	3	7	9	1

第 104 关

4	7	9	3	8	2	5	6	1
2	5	3	7	6	1	9	4	8
8	6	1	4	5	9	2	3	7
5	3	2	6	9	8	7	1	4
6	1	8	2	4	7	3	9	5
9	4	7	1	3	5	8	2	6
7	8	4	9	1	3	6	5	2
3	2	6	5	7	4	1	8	9
1	9	5	8	2	6	4	7	3

第 105 关

6	7	2	4	9	1	3	8	5
5	8	9	3	2	6	1	4	7
1	4	3	8	7	5	9	6	2
2	3	6	5	1	7	8	9	4
7	5	1	9	4	8	6	2	3
8	9	4	2	6	3	5	7	1
9	1	7	6	5	4	2	3	8
4	2	8	1	3	9	7	5	6
3	6	5	7	8	2	4	1	9

第 106 关

9	3	8	1	5	2	7	6	4
7	4	2	3	8	6	5	9	1
6	5	1	7	9	4	2	3	8
1	8	9	5	3	7	6	4	2
3	2	4	9	6	8	1	7	5
5	6	7	4	2	1	3	8	9
2	9	5	6	4	3	8	1	7
8	7	3	2	1	9	4	5	6
4	1	6	8	7	5	9	2	3

第 107 关

2	3	5	7	4	8	6	9	1
9	4	7	6	3	1	5	2	8
8	6	1	2	5	9	7	3	4
1	2	9	4	6	7	3	8	5
6	7	3	1	8	5	2	4	9
4	5	8	3	9	2	1	6	7
7	8	4	5	2	6	9	1	3
3	1	6	9	7	4	8	5	2
5	9	2	8	1	3	4	7	6

第 108 关

7	1	3	6	8	2	4	5	9
5	4	6	3	9	7	2	8	1
9	2	8	4	5	1	3	6	7
1	8	9	2	3	4	6	7	5
3	5	7	8	1	6	9	2	4
4	6	2	9	7	5	8	1	3
2	9	5	7	4	8	1	3	6
8	3	1	5	6	9	7	4	2
6	7	4	1	2	3	5	9	8

第 109 关

9	4	5	7	1	3	2	6	8
1	6	3	9	2	8	4	7	5
8	2	7	6	4	5	3	1	9
6	3	2	4	8	7	5	9	1
4	5	9	3	6	1	8	2	7
7	8	1	2	5	9	6	3	4
3	7	4	5	9	6	1	8	2
2	9	8	1	3	4	7	5	6
5	1	6	8	7	2	9	4	3

第 110 关

5	8	9	2	3	4	1	7	6
2	7	4	6	5	1	8	9	3
6	3	1	8	9	7	5	2	4
3	4	2	5	7	9	6	8	1
7	6	5	1	8	3	9	4	2
9	1	8	4	2	6	3	5	7
8	2	7	3	6	5	4	1	9
4	9	3	7	1	8	2	6	5
1	5	6	9	4	2	7	3	8

第 111 关

8	7	2	6	9	1	5	4	3
9	1	3	5	2	4	6	7	8
4	5	6	3	8	7	9	1	2
5	4	9	2	1	8	7	3	6
2	6	1	4	7	3	8	9	5
3	8	7	9	6	5	4	2	1
1	9	8	7	3	6	2	5	4
6	2	4	1	5	9	3	8	7
7	3	5	8	4	2	1	6	9

第 112 关

3	7	6	2	9	8	5	4	1
4	5	8	6	3	1	9	7	2
2	1	9	5	4	7	6	3	8
5	9	2	1	8	4	3	6	7
6	3	4	7	5	2	8	1	9
1	8	7	3	6	9	4	2	5
8	6	1	9	7	3	2	5	4
9	2	3	4	1	5	7	8	6
7	4	5	8	2	6	1	9	3

第 113 关

8	5	2	3	1	4	7	9	6
1	4	9	6	7	8	5	3	2
3	7	6	5	9	2	4	1	8
2	1	4	9	6	7	3	8	5
7	8	3	1	4	5	2	6	9
9	6	5	2	8	3	1	4	7
5	2	1	8	3	6	9	7	4
6	9	7	4	5	1	8	2	3
4	3	8	7	2	9	6	5	1

第 114 关

5	1	3	9	8	4	7	2	6
7	8	9	3	2	6	1	5	4
6	4	2	7	1	5	8	3	9
1	2	7	5	9	3	4	8	6
8	3	6	2	4	7	5	9	1
4	9	5	1	6	8	2	7	3
9	5	4	6	7	2	3	1	8
2	7	1	8	3	9	6	4	5
3	6	8	4	5	1	9	2	7

第 115 关

3	7	1	2	5	9	4	6	8
4	6	2	8	7	3	5	9	1
8	5	9	4	6	1	2	7	3
9	3	6	5	8	2	7	1	4
7	1	5	3	9	4	6	8	2
2	4	8	6	1	7	3	5	9
5	9	3	7	4	8	1	2	6
1	2	7	9	3	6	8	4	5
6	8	4	1	2	5	9	3	7

第 116 关

3	1	9	2	4	8	6	7	5
6	7	2	5	3	1	8	4	9
8	4	5	6	7	9	3	1	2
1	6	4	7	9	2	5	8	3
5	3	7	8	1	6	9	2	4
2	9	8	4	5	3	1	6	7
4	2	3	1	8	5	7	9	6
7	5	1	9	6	4	2	3	8
9	8	6	3	2	7	4	5	1

第 117 关

9	3	8	2	5	4	6	7	1
4	5	1	7	8	6	3	2	9
2	7	6	3	9	1	5	8	4
8	2	5	4	6	3	9	1	7
7	6	9	5	1	2	8	4	3
1	4	3	9	7	8	2	6	5
5	1	2	6	3	7	4	9	8
3	8	4	1	2	9	7	5	6
6	9	7	8	4	5	1	3	2

第 118 关

3	5	6	7	2	9	4	8	1
4	2	9	1	8	3	6	7	5
7	8	1	4	5	6	3	9	2
9	6	8	3	4	5	2	1	7
2	7	4	6	9	1	8	5	3
5	1	3	2	7	8	9	4	6
8	3	2	9	1	7	5	6	4
6	9	7	5	3	4	1	2	8
1	4	5	8	6	2	7	3	9

第 119 关

6	5	8	7	3	4	1	9	2
7	4	1	9	6	2	3	8	5
2	3	9	5	1	8	7	4	6
9	8	6	2	4	3	5	7	1
3	7	2	1	8	5	9	6	4
4	1	5	6	7	9	2	3	8
8	9	4	3	5	1	6	2	7
1	2	7	4	9	6	8	5	3
5	6	3	8	2	7	4	1	9

第 120 关

4	7	2	5	9	6	3	1	8
6	9	1	3	7	8	2	5	4
8	3	5	1	4	2	6	7	9
5	2	6	8	3	4	7	9	1
7	4	9	2	1	5	8	3	6
3	1	8	9	6	7	4	2	5
1	8	7	6	5	3	9	4	2
2	5	4	7	8	9	1	6	3
9	6	3	4	2	1	5	8	7

第 121 关

2	4	9	7	3	6	1	8	5
1	7	3	8	5	2	4	9	6
6	5	8	1	4	9	7	3	2
8	2	4	3	7	1	6	5	9
9	6	7	2	8	5	3	4	1
3	1	5	9	6	4	8	2	7
5	3	6	4	9	7	2	1	8
7	8	2	5	1	3	9	6	4
4	9	1	6	2	8	5	7	3

第 122 关

2	5	7	6	4	1	8	3	9
4	1	8	9	2	3	5	6	7
6	3	9	8	5	7	4	2	1
7	4	6	3	9	2	1	8	5
3	9	5	4	1	8	6	7	2
1	8	2	5	7	6	9	4	3
5	6	1	7	3	4	2	9	8
8	2	3	1	6	9	7	5	4
9	7	4	2	8	5	3	1	6

第 123 关

1	7	8	5	3	2	6	9	4
4	2	3	1	9	6	8	7	5
9	6	5	8	4	7	3	1	2
6	5	9	7	2	4	1	8	3
2	8	7	3	5	1	9	4	6
3	1	4	9	6	8	5	2	7
5	4	6	2	1	9	7	3	8
8	3	1	4	7	5	2	6	9
7	9	2	6	8	3	4	5	1

第 124 关

4	2	3	8	6	7	5	9	1
6	8	1	5	3	9	7	2	4
7	5	9	4	1	2	3	6	8
2	4	6	9	7	1	8	3	5
3	1	8	2	4	5	9	7	6
9	7	5	3	8	6	1	4	2
8	9	4	1	2	3	6	5	7
1	3	7	6	5	4	2	8	9
5	6	2	7	9	8	4	1	3

第 125 关

4	9	7	5	6	1	3	2	8
6	2	1	3	7	8	4	9	5
8	3	5	2	4	9	7	6	1
1	5	6	7	9	3	2	8	4
7	8	3	4	2	5	9	1	6
2	4	9	1	8	6	5	3	7
5	6	4	9	1	2	8	7	3
3	1	2	8	5	7	6	4	9
9	7	8	6	3	4	1	5	2

第 126 关

3	1	2	6	4	7	5	8	9
6	5	9	8	3	1	4	2	7
7	8	4	9	5	2	1	6	3
9	6	1	5	7	4	8	3	2
2	3	5	1	8	9	7	4	6
4	7	8	3	2	6	9	5	1
1	4	3	7	6	8	2	9	5
5	2	7	4	9	3	6	1	8
8	9	6	2	1	5	3	7	4

第 127 关

7	8	5	3	1	2	4	9	6
9	6	2	8	5	4	3	1	7
1	4	3	9	6	7	8	5	2
2	7	1	5	4	3	9	6	8
4	9	8	6	2	1	5	7	3
5	3	6	7	8	9	2	4	1
6	1	9	4	3	8	7	2	5
3	2	4	1	7	5	6	8	9
8	5	7	2	9	6	1	3	4

第 128 关

5	6	7	9	8	1	2	4	3
2	8	4	5	7	3	9	1	6
9	1	3	6	2	4	5	7	8
4	9	1	7	5	6	8	3	2
3	2	5	8	4	9	1	6	7
6	7	8	3	1	2	4	9	5
7	3	2	4	9	5	6	8	1
8	5	9	1	6	7	3	2	4
1	4	6	2	3	8	7	5	9

第 129 关

6	2	1	3	7	4	5	8	9
5	8	9	2	6	1	3	7	4
7	3	4	8	5	9	1	6	2
2	1	6	9	4	8	7	3	5
9	5	3	6	1	7	4	2	8
8	4	7	5	2	3	6	9	1
4	6	8	1	3	2	9	5	7
3	7	2	4	9	5	8	1	6
1	9	5	7	8	6	2	4	3

第 130 关

7	1	6	2	5	8	4	3	9
8	5	9	4	6	3	7	1	2
3	2	4	9	1	7	6	8	5
2	9	7	6	8	4	3	5	1
4	3	1	7	2	5	8	9	6
6	8	5	1	3	9	2	4	7
9	4	8	5	7	6	1	2	3
5	7	2	3	4	1	9	6	8
1	6	3	8	9	2	5	7	4

第 131 关

6	7	1	2	5	4	9	3	8
3	2	9	7	8	6	4	5	1
5	8	4	3	9	1	2	7	6
9	1	7	4	6	3	8	2	5
8	4	3	5	1	2	7	6	9
2	6	5	9	7	8	1	4	3
4	9	8	6	3	7	5	1	2
7	5	6	1	2	9	3	8	4
1	3	2	8	4	5	6	9	7

第 132 关

3	9	2	6	7	5	1	8	4
8	4	1	2	9	3	7	5	6
6	7	5	4	1	8	9	2	3
2	3	9	8	4	1	5	6	7
1	6	4	7	5	9	2	3	8
7	5	8	3	6	2	4	9	1
5	2	6	1	3	7	8	4	9
4	8	7	9	2	6	3	1	5
9	1	3	5	8	4	6	7	2

第 133 关

8	1	2	5	7	9	3	4	6
3	5	4	1	2	6	8	9	7
6	7	9	3	4	8	1	2	5
4	6	5	2	3	7	9	8	1
7	3	1	8	9	4	6	5	2
9	2	8	6	1	5	4	7	3
5	8	3	4	6	2	7	1	9
2	9	6	7	8	1	5	3	4
1	4	7	9	5	3	2	6	8

第 134 关

9	7	8	6	3	4	1	5	2
5	6	4	9	1	2	8	7	3
3	1	2	8	5	7	6	4	9
1	5	6	7	9	3	2	8	4
7	8	3	4	2	5	9	1	6
2	4	9	1	8	6	5	3	7
4	9	7	5	6	1	3	2	8
8	3	5	2	4	9	7	6	1
6	2	1	3	7	8	4	9	5

第 135 关

8	6	4	1	7	9	5	2	3
1	7	2	5	6	3	4	9	8
5	9	3	4	8	2	7	6	1
3	2	8	7	1	6	9	5	4
6	5	1	2	9	4	8	3	7
9	4	7	8	3	5	2	1	6
4	1	6	9	2	7	3	8	5
7	3	9	6	5	8	1	4	2
2	8	5	3	4	1	6	7	9

第 136 关

8	2	7	3	6	5	4	1	9
1	5	6	9	4	2	7	3	8
4	9	3	7	1	8	2	6	5
3	4	2	5	7	9	6	8	1
7	6	5	1	8	3	9	4	2
9	1	8	4	2	6	3	5	7
2	7	4	6	5	1	8	9	3
5	8	9	2	3	4	1	7	6
6	3	1	8	9	7	5	2	4

第 137 关

8	9	4	3	7	6	1	5	2
3	1	2	9	5	4	7	8	6
6	7	5	1	8	2	4	3	9
4	6	3	7	1	9	8	2	5
9	5	1	2	4	8	6	7	3
7	2	8	5	6	3	9	4	1
2	3	6	8	9	7	5	1	4
5	8	9	4	2	1	3	6	7
1	4	7	6	3	5	2	9	8

第 138 关

1	2	9	7	5	4	8	3	6
4	7	3	8	2	6	1	5	9
8	6	5	3	9	1	7	2	4
2	3	8	9	1	7	6	4	5
9	4	7	5	6	2	3	8	1
6	5	1	4	3	8	9	7	2
7	9	4	1	8	5	2	6	3
3	8	6	2	4	9	5	1	7
5	1	2	6	7	3	4	9	8

第 139 关

5	3	8	2	9	4	1	6	7
7	4	1	6	5	8	9	3	2
9	2	6	7	3	1	4	8	5
6	9	7	8	2	5	3	4	1
4	8	3	9	1	7	2	5	6
1	5	2	3	4	6	7	9	8
3	1	9	5	6	2	8	7	4
2	7	5	4	8	3	6	1	9
8	6	4	1	7	9	5	2	3

第 140 关

3	1	8	4	7	9	5	6	2
7	2	5	1	8	6	3	9	4
9	4	6	5	3	2	8	1	7
1	6	4	3	2	5	9	7	8
5	7	9	6	1	8	2	4	3
2	8	3	7	9	4	6	5	1
8	5	2	9	4	7	1	3	6
6	3	7	2	5	1	4	8	9
4	9	1	8	6	3	7	2	5

第 141 关

6	5	7	8	3	4	2	1	9
4	3	2	1	6	9	8	5	7
1	9	8	2	5	7	4	6	3
7	1	3	4	9	2	6	8	5
5	8	4	7	1	6	9	3	2
2	6	9	5	8	3	7	1	4
3	7	6	9	2	5	1	4	8
9	2	1	3	4	8	5	7	6
8	4	5	6	7	1	3	2	9

第 142 关

3	6	5	8	4	1	2	9	7
4	2	8	7	9	3	1	6	5
7	1	9	5	2	6	3	4	8
8	4	6	1	7	5	9	2	3
2	3	7	6	8	9	4	5	1
9	5	1	2	3	4	7	8	6
1	9	3	4	6	8	5	7	2
5	8	2	9	1	7	6	3	4
6	7	4	3	5	2	8	1	9

第 143 关

5	4	1	2	8	6	7	3	9
3	8	7	9	4	1	2	6	5
6	2	9	5	7	3	1	8	4
2	5	3	4	1	9	8	7	6
1	7	8	6	2	5	9	4	3
9	6	4	8	3	7	5	1	2
4	1	2	3	5	8	6	9	7
8	9	5	7	6	4	3	2	1
7	3	6	1	9	2	4	5	8

第 144 关

4	7	3	1	2	6	9	5	8
6	1	9	8	4	5	2	3	7
5	8	2	3	7	9	4	6	1
3	6	1	9	5	2	8	7	4
7	2	5	4	3	8	1	9	6
9	4	8	6	1	7	5	2	3
2	9	4	7	8	3	6	1	5
8	5	7	2	6	1	3	4	9
1	3	6	5	9	4	7	8	2

第 145 关

9	6	7	8	5	3	1	2	4
8	3	4	9	2	1	5	6	7
2	1	5	7	4	6	3	8	9
6	9	1	4	8	5	2	7	3
5	7	3	6	9	2	8	4	1
4	8	2	3	1	7	6	9	5
7	5	8	1	6	9	4	3	2
3	2	6	5	7	4	9	1	8
1	4	9	2	3	8	7	5	6

第 146 关

1	5	4	3	2	6	8	9	7
2	7	3	8	5	9	1	6	4
9	8	6	7	4	1	3	5	2
6	3	5	1	8	4	7	2	9
8	1	9	6	7	2	4	3	5
4	2	7	9	3	5	6	8	1
5	4	8	2	1	3	9	7	6
3	6	2	4	9	7	5	1	8
7	9	1	5	6	8	2	4	3

第 147 关

4	2	1	6	5	8	3	7	9
9	5	4	4	1	7	6	8	2
8	6	7	3	2	9	5	4	1
5	7	6	1	3	4	9	2	8
3	4	8	2	9	6	7	1	5
2	1	9	8	7	5	4	3	6
1	9	5	7	8	3	2	6	4
6	3	2	9	4	1	8	5	7
7	8	4	5	6	2	1	9	3

第 148 关

3	1	6	5	4	8	7	9	2
9	8	2	7	6	3	5	1	4
5	4	7	9	2	1	8	6	3
7	2	5	3	1	9	6	4	8
8	6	1	4	7	5	3	2	9
4	9	3	6	8	2	1	5	7
2	5	9	8	3	6	4	7	1
6	7	8	1	9	4	2	3	5
1	3	4	2	5	7	9	8	6

第 149 关

1	7	5	3	8	4	9	6	2
8	4	2	6	5	9	3	1	7
9	6	3	2	7	1	4	5	8
7	3	9	5	1	8	2	4	6
5	8	4	9	2	6	1	7	3
2	1	6	4	3	7	8	9	5
3	9	1	8	6	5	7	2	4
6	2	7	1	4	3	5	8	9
4	5	8	7	9	2	6	3	1

第 150 关

7	4	3	8	2	1	6	5	9
8	2	5	3	6	9	1	7	4
9	1	6	5	7	4	8	2	3
6	5	1	4	9	2	3	8	7
3	9	8	6	5	7	2	4	1
2	7	4	1	3	8	9	6	5
1	6	7	9	8	5	4	3	2
5	3	9	2	4	6	7	1	8
4	8	2	7	1	3	5	9	6

第 151 关

4	9	5	6	8	7	1	2	3
7	8	3	1	5	2	9	4	6
2	1	6	4	3	9	5	7	8
1	7	8	2	4	6	3	9	5
3	6	9	8	7	5	2	1	4
5	2	4	9	1	3	8	6	7
9	5	1	3	6	4	7	8	2
6	3	2	7	9	8	4	5	1
8	4	7	5	2	1	6	3	9

第 152 关

5	2	6	7	1	9	4	3	8
8	7	4	6	5	3	1	9	2
9	3	1	4	8	2	7	5	6
7	6	5	9	4	1	8	2	3
4	8	2	3	6	5	9	1	7
1	9	3	2	7	8	6	4	5
2	4	9	8	3	6	5	7	1
6	5	7	1	2	4	3	8	9
3	1	8	5	9	7	2	6	4

第 153 关

3	4	1	2	9	5	6	8	7
9	2	7	6	8	3	4	1	5
8	6	5	1	4	7	3	2	9
2	8	6	7	3	9	5	4	1
5	7	9	4	1	6	2	3	8
1	3	4	5	2	8	9	7	6
7	1	2	9	6	4	8	5	3
6	5	8	3	7	2	1	9	4
4	9	3	8	5	1	7	6	2

第 154 关

5	4	1	2	9	3	7	6	8
6	9	7	8	4	1	2	3	5
3	2	8	5	7	6	1	9	4
2	5	6	4	1	8	9	7	3
1	7	9	3	2	5	8	4	6
8	3	4	9	6	7	5	1	2
4	1	2	6	5	9	3	8	7
9	8	5	7	3	4	6	2	1
7	6	3	1	8	2	4	5	9

第 155 关

6	5	4	9	3	7	2	8	1
7	3	2	1	6	8	9	5	4
1	8	9	2	5	4	7	6	3
4	1	3	7	8	2	6	9	5
5	9	7	4	1	6	8	3	2
2	6	8	5	9	3	4	1	7
3	4	6	8	2	5	1	7	9
8	2	1	3	7	9	5	4	6
9	7	5	6	4	1	3	2	8

第 156 关

3	6	1	9	4	5	2	8	7
4	2	9	7	8	3	5	6	1
7	5	8	1	2	6	3	4	9
9	4	6	5	7	1	8	2	3
2	3	7	6	9	8	4	1	5
8	1	5	2	3	4	7	9	6
5	8	3	4	6	9	1	7	2
1	9	2	8	5	7	6	3	4
6	7	4	3	1	2	9	5	8

第157关

4	7	3	2	1	6	8	5	9
6	2	8	9	4	5	1	3	7
5	9	1	3	7	8	4	6	2
3	6	2	8	5	1	9	7	4
7	1	5	4	3	9	2	8	6
8	4	9	6	2	7	5	1	3
1	8	4	7	9	3	6	2	5
9	5	7	1	6	2	3	4	8
2	3	6	5	8	4	7	9	1

第158关

5	2	7	6	3	4	1	9	8
4	8	6	9	7	1	2	3	5
1	9	3	8	2	5	6	7	4
9	3	2	4	8	7	5	1	6
8	5	1	3	6	9	4	2	7
6	7	4	5	1	2	9	8	3
3	1	8	2	4	6	7	5	9
7	4	5	1	9	3	8	6	2
2	6	9	7	5	8	3	4	1

第159关

3	6	7	9	5	8	1	2	4
9	8	4	3	2	1	5	6	7
2	1	5	7	4	6	8	9	3
6	3	1	4	9	5	2	7	8
5	7	8	6	3	2	9	4	1
4	9	2	8	1	7	6	3	5
7	5	9	1	6	3	4	8	2
8	2	6	5	7	4	3	1	9
1	4	3	2	8	9	7	5	6

第160关

9	1	4	6	2	8	5	3	7
2	5	7	3	4	9	1	8	6
8	6	3	1	5	7	2	9	4
6	3	5	7	9	2	4	1	8
4	2	9	8	1	6	7	5	3
1	7	8	4	3	5	6	2	9
5	4	1	9	6	3	8	7	2
7	9	6	2	8	1	3	4	5
3	8	2	5	7	4	9	6	1

第161关

1	9	6	5	4	2	3	7	8
8	3	5	6	1	7	9	4	2
4	2	7	8	9	3	5	6	1
6	8	3	4	2	9	1	5	7
5	4	9	7	8	1	2	3	6
7	1	2	3	5	6	8	9	4
3	7	8	1	6	5	4	2	9
9	6	4	2	3	8	7	1	5
2	5	1	9	7	4	6	8	3

第162关

5	4	6	3	9	8	2	1	7
2	9	3	6	7	1	8	5	4
1	8	7	4	2	5	6	9	3
3	1	8	2	5	6	4	7	9
6	7	4	9	1	3	5	8	2
9	5	2	8	4	7	3	6	1
8	3	9	7	6	4	1	2	5
4	2	1	5	8	9	7	3	6
7	6	5	1	3	2	9	4	8

第163关

1	5	4	2	3	6	9	8	7
3	7	2	9	5	8	1	6	4
8	9	6	7	4	1	2	5	3
6	2	5	1	9	4	7	3	8
9	1	8	6	7	3	4	2	5
4	3	7	8	2	5	6	9	1
5	4	9	3	1	2	8	7	6
2	6	3	4	8	7	5	1	9
7	8	1	5	6	9	3	4	2

第164关

3	1	7	5	4	9	6	8	2
8	9	2	6	7	3	5	1	4
5	4	6	8	2	1	9	7	3
6	2	5	3	1	8	7	4	9
9	7	1	4	6	5	3	2	8
4	8	3	7	9	2	1	5	6
2	5	8	9	3	7	4	6	1
7	6	9	1	8	4	2	3	5
1	3	4	2	5	6	8	9	7

越玩越聪明

右脑的图像思维能力是惊人的，调动右脑思维的积极性是科学思维的关键所在。

——[英国]哈莫尔

越玩越聪明

多用右脑、多训练右脑，可以事半功倍，不是事倍功半，甚至可以提高几百倍。

——[中国]李岚清

越玩越聪明

我思考问题时，不是用语言进行思考，而是用活动的跳跃的形象进行思考，这就使右脑的功能得到了发挥。

——[美国]爱因斯坦

美丽书签DIY

可以将本页用剪刀剪下来，做一个美丽的小书签。在答题累了需要休息的时候，将书签夹在书中，方便下次继续阅读。

越玩越聪明

人大脑的结构是很奇妙的，而且潜力无穷。科学证明，像爱因斯坦这样伟大的科学家的大脑仅仅开发了13%，而大部分人的大脑利用不足10%。大脑的其他部分可都在沉睡呢！

人的大脑是一个球体，分为左脑和右脑。左脑和右脑以完全不同的方式进行思考：左脑主要负责语言、数学、推理等逻辑思维；右脑主管美术、音乐、幻想等形象思维，做白日梦的时候，用的就是右脑思维。

越玩越聪明

人的两个半脑并不是独立思考的，而是互相支持、协调的。左脑通过语言收集信息，把看到、听到、摸到、闻到的信息转换成语言，再传给右脑加以印象化，接着再传回左脑进行逻辑处理，然后右脑显现创意或灵感，最后交给左脑进行语言处理。

刚出生的婴儿的脑细胞约为140亿个，每个人的智能潜能都一样，可为什么有的人聪明，学东西很快？那是因为更聪明的人是后天的大脑开发程度更高而已。

越玩越聪明

你也应该懂得了，没有愚蠢的大脑，只有不正确的用脑方法。要想充分开发大脑，就要寻找一种让大脑平衡发展、均衡受刺激的方法，开发左右大脑，增长智慧。

本套图书从左、右脑各自的主管潜能的训练出发，以此来唤醒你的沉睡部分的大脑，让你更聪明，学东西更快、更好。

来吧！未来的天才们，发挥你的潜力，来闯关吧！

唤醒你沉睡的大脑

人的大脑有很强的可塑性，人们可以利用这一特点使大脑向着有利的方向发展。科学用脑，挖掘大脑潜能，这是让大脑变聪明的行之有效的方法。

右脑开发可以提高以下能力

图形认知能力	能够根据特征准确辨认圆形、三角形、正方形等不同的图形。
组合能力	能够将两种或者两种以上的物体组织起来，组成新的整体。
形状认知能力	能认识物体的外形轮廓及特征。
分析能力	能够在头脑中把事物的整体分解成各个部分和各种属性。
对称认知能力	能够判断事物形状是否为中心对称关系的能力。
推理能力	从具体事物中归纳出一般规律，或根据原理推导出正确结论。
思维转换能力	能够用象征性的符号或图形表征事物。
创造力	能够产生新思想，创造新产品的能力。
换位思考能力	能够站在他人角度去考虑、分析、解决问题的能力。
协调能力	控制肢体协调运动，灵巧地进行手工和绘画练习。
空间知觉能力	对物体空间关系的把握能力，能够认清物体的大小、距离、方位等空间特性。
想象力	能够对思维中已有实物形象进行加工改造，形成新的形象。
观察能力	仔细观察事物或现象，发现其特点。
记忆力	准确记住事物形象或事情经过的能力。

目录

第一章 挑战你的数学思维

第二章 挑战你的观察思维

第三章 挑战你的图形思维

第四章 挑战你的想象思维

第五章 挑战你的创新思维

第一章

挑战你的数学思维

数学思维是以数与形及其结构关系为对象，以数学语言与符号为载体，并以认识发现数学规律为目的的一种思维。

第1关 滑雪场到住地有多远

难度：★★★★☆

有一个欧洲作家，他乘坐五只狗拉的雪橇从滑雪场到自己的住处。在途中第一个昼夜，雪橇以作家规定的速度全速行驶。一昼夜后，有两只狗扯断了缰绳和狼群一起逃走了。于是剩下的路程只好用三只狗拖雪橇了，前进的速度是原来速度的五分之三。因为这个缘故，作家到达目的地的时间比预定的时间迟了两昼夜。

关于这件事，作家后来写道："逃跑的两只狗如果能再拖雪橇走 50 公里，那我就能比预定的时间迟一天到。"这样就产生了一个问题：从滑雪场到住地有多远的路？

第2关 改等式

难度：★★★★☆

在"○"内填上"+、-、×、÷"使得下式等于 2008

(34○5○6○8○9○1)×2=2008

第3关

125 × 4 × 3 = 5375

难度：★★☆☆☆

这个式子显然不成立，可是，如果在算式中巧妙地插入两个数字“1”，这个等式便可以成立，你知道这两个1应该插在哪儿吗？

第4关 温馨四季

难度：★★★★☆

春夏×秋冬＝春夏秋冬

春冬×秋夏＝春夏秋冬

这两个等式中春、夏、秋、冬各代表四个不同的数字，你能指出它们各代表什么数字吗？

数学知识

难度：★★★☆☆

打一斤酱油 2 角 4 分，火柴每盒 2 分。现在我给你一个能装一斤酱油的空瓶和 2 角 4 分钱，请你动动脑筋，如何运用已学过的数学知识帮我打来一斤酱油并买来 2 盒火柴。

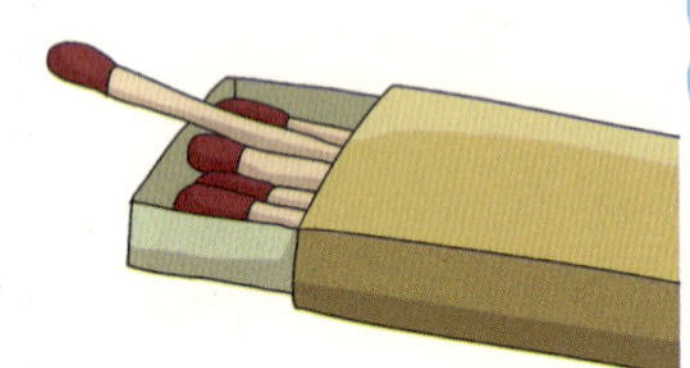

巧妙过桥

难度：★★★★☆

在漆黑的夜里，四位旅行者来到了一座狭窄而且没有护栏的桥边，如果不借助手电筒的话，大家是无论如何也不敢过桥去的。不幸的是，四个人一共只带了一只手电筒，而桥窄得只够让两个人同时过。如果各自单独过桥的话，四人所需要的时间分别是 1、2、5、10 分钟；而如果两人同时过桥，所需要的时间就是走得比较慢的那个人单独行动时所需的时间。问题是：如何设计一个方案，让这四人尽快过桥，且最快为几分钟呢？

纸牌游戏

难度：★★★★★

四位男士在玩一种纸牌游戏，其规则是：

(a)在每一圈中，某方首先出一张牌，其余各方就要按这张先手牌的花色出牌(如果手中没有这种花色，可以出任何其他花色的牌)；

(b)每一圈的获胜者即取得下一圈的首先出牌权。现在他们已经打了九圈，还要打十圈。

1.四人手中花色的分布如下；

①梅花、方块、黑桃、黑桃；　　②梅花、方块、红心、红心；

③梅花、红心、方块、方块；　　④梅花、红心、黑桃、黑桃。

2.小刚在某一圈中首先出了方块。

3.东东在某一圈中首先出了红心。

4.小明在某一圈中首先出了梅花。

5.红红在某一圈中首先出了黑桃。

6.每圈的获胜者凭的都是一张“王牌”。(王牌是某一种花色的任何一张牌：①在手中没有先手牌花色的情况下，可以出王牌。这样，一张王牌将击败其他两种花色中的任何牌；②与其他花色的牌一样，王牌可以作为先手牌打出。)

7.小刚和小明这对搭档胜了两圈，东东和红红这对搭档也胜了两圈。

这四人中谁胜了第十圈？

共卖出多少鸡蛋

难度：★★★☆☆

王老太到集市上去卖鸡蛋，第一个人买走篮子里鸡蛋的一半又一个，第二个人买走剩下鸡蛋的一半又一个，这时篮子里还剩一个鸡蛋，请问王老太共卖出多少个鸡蛋？

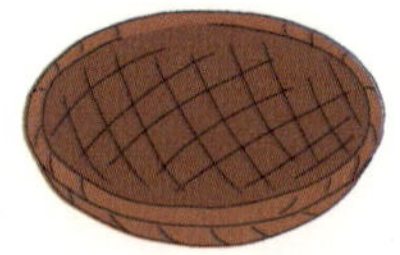

多少个

难度：★★★★☆

在 1、2、3……2000 这 2000 个数中选出一些数，使得这些数中的每两个数的和能被 26 整除，这样的数最多能选出多少个？

五十个数相乘

难度:★★★★☆

1×2×3×…×48×49×50=? 1 到 50 的五十个数相乘，乘积是一个非常大的数。用笔算很困难，用电子计算机算，很快就算出这是一个 65 位的数。这个 65 位的数，尾部有好多个零。现在请你巧算一下，到底有几个零？

寿命

有一个人，他生命的六分之一是童年；再过了一生的十二分之一后，他开始长胡须；又过了一生的七分之一后他结了婚；婚后五年他有了儿子，但可惜儿子的寿命只有父亲的一半；儿子死后，老人再活了四年就结束了余生。根据上述，请计算出这个人的寿命。

第12关 怎么种树

难度：★★☆☆☆

爸爸要小明在后院栽树，只有10棵树，要求栽5排，每排栽4棵，请问小明该怎么栽？

提示：树栽成后的图形刚好是一个常见的五边形哦！

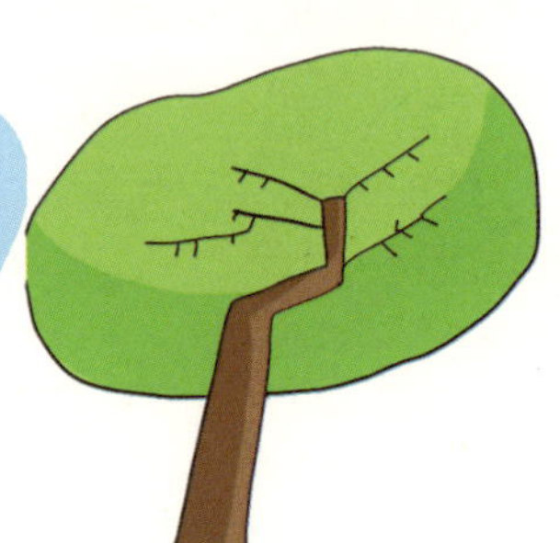

第13关 为什么不是犯罪案件

难度：★★★★☆

某城市发生了一起车祸，当警察赶到现场的时候，死者正躺在车下。根据调查，死者死亡前虽开过车子，但他不是车主。车子在案发当天上午被开过之后，一直没动过，但死者的死亡时间被确定为当天下午3点。后来确证案发当时，车主正在法国度假，除了这两个人外，没有其他人与案件有关联。最后警察宣布这根本不是一起犯罪案件，那么你知道警察的依据是什么吗？

第14关 排名次

难度:★★☆☆☆

甲、乙、丙、丁四人参加超级女声大赛,比赛后人们问她们的比赛名次,

甲说:丙第一,我第三。

乙说:我第一,丁第四。

丙说:丁第二,我第三。

她们每人说的话有一半是对的,一半是不对的。

那么,请问她们的名次究竟是怎么排列的?

第15关 不同国籍

难度:★★★☆☆

有六个不同国籍的人,他们的名字分别为 A、B、C、D、E 和 F;他们的国籍分别是美国、德国、英国、法国、俄罗斯和意大利。(名字顺序与国籍顺序不一定一致)

现已知:

1.A 和美国人是医生;

2.E 和俄罗斯人是教师;

3.C 和德国人是技师;

4.B 和 F 曾经当过兵,而德国人从没当过兵;

5.法国人比 A 年龄大,意大利人比 C 年龄大;

6.B 同美国人下周要到英国去旅行;

7.C 同法国人下周要到瑞士去度假。

请判断 A、B、C、D、E、F 分别是哪国人?

第16关 做游戏

难度：★☆☆☆☆

Q先生和S先生、P先生在一起做游戏。Q先生用两张小纸片，各写一个数。这两个数都是正整数，差数是1。他把一张纸片贴在S先生额头上，另一张贴在P先生额头上。于是，两个人只能看见对方额头上的数。

Q先生不断地问：你们谁能猜到自己头上的数吗？

S先生说："我猜不到。"

P先生说："我也猜不到。"

S先生又说："我还是猜不到。"

P先生又说："我也猜不到。"

S先生仍然猜不到；P先生也猜不到。

S先生和P先生都已经三次猜不到了。

可是，到了第四次——

S先生喊："我知道了。"

P先生也喊道："我也知道了。"

问：S先生和P先生头上各是什么数？

第17关 买一本书

难度：★★☆☆☆

兄弟俩去书店买同一本书，哥哥缺少5元，而弟弟只缺1分钱；但兄弟俩合起来的钱还是不够，请问，你知道这本书的定价是多少吗？

修好的凳子

难度：★☆☆☆☆

一天，老师发现教室里原有一张坏的凳子被修好了，老师找到四个住校的学生：A、B、C、D 向他们了解情况。

A：凳子不是我修的；

B：凳子是 D 修的；

C：凳子是 B 修的；

D：凳子不是我修的 。

假如他们四个中只有一个说了真话。问：凳子是谁修的？

好方法

难度：★★☆☆☆

两个年轻人想比比谁的马跑得慢，于是他们尽量不让马快跑。一个老者看见了，问明怎么回事后，和他们说了一句话，提了个建议。于是这两个年轻人便骑着马快跑起来。请问老者说了句什么话？

第 20 关　同道回家

难度：★★★☆☆

甲、乙两位数学老师同道回家，路上遇上甲老师的三位邻居，甲老师对乙老师说："这三位邻居年龄的乘积是 2450，他们的年龄之和是你的两倍，请你猜猜他们的年龄。"乙老师思考了一阵说："不对，还差一个条件。"甲老师也思考了一阵说："对，的确还差一个条件，这个条件就是他们的年龄都比我小。"

请问：这五个人的年龄是多少？

第 21 关　农妇卖鸡蛋

难度：★★☆☆☆

两个农妇带了 100 个鸡蛋去集市上出售。两人的鸡蛋数目不一样，赚得的钱却一样多。第一个农妇对第二个农妇说："如果我有你那么多的鸡蛋，我就能多赚 15 元钱。"第二个农妇回答说："如果我有你那么多的鸡蛋，我就只能赚 15 元钱。"问两个农妇各带了多少个鸡蛋？

第22关 象棋上的米粒

难度：★★★☆☆

国王答应了一位大臣：在国际象棋棋盘上第一个格放一粒米，第二个格放两粒，第三格放四粒，第四格放十六粒……一直到第64个格，然而国王没有这么多米，说话又不能不算数，国王又不好意思向别人借，怎么办？帮国王想一个办法解决问题。

第23关 她们在做什么

难度：★★☆☆☆

住在某个旅馆同一房间的四个人A、B、C、D正在听一组流行音乐，她们当中有一个人在修指甲，一个人在写信，一个人躺在床上，另一个人在看书。

1.A不在修指甲，也不在看书；

2.B不躺在床上，也不在修指甲；

3.如果A不躺在床上，那么D不在修指甲；

4.C既不在看书，也不在修指甲；

你知道他们各自在做什么吗？

第24关 火柴游戏

难度：★★★☆☆

一个最普通的火柴游戏就是两人一起玩，先置若干支火柴于桌上，两人轮流取，对每次所取的数目可先做一些限制，规定取走最后一根火柴者获胜。规则一：若限制每次所取的火柴数目最少一根，最多三根，则如何玩才可致胜？例如：桌面上有 n=15 根火柴，甲、乙两人轮流取，甲先取，则甲应如何取才能致胜？

规则二：限制每次所取的火柴数目为 1 至 4 根，则又如何致胜？

规则三：限制每次所取的火柴数目不是连续的数，而是一些不连续的数，则又该如何玩？

第25关 测验

难度：★★★☆☆

一个班里有 50 个学生。有一次做测验，5 道题目全班没有一个做全错的。

全对的有 4 个；

做错第一道题的有 44 人；

做错第二道题的有 38 人；

做错第三道题的有 21 人；

做错第四道题的有 19 人；

做错第五道题的有 12 人；

做对一道题的有 8 人；

做对二道题和做对三道题的人数一样多。（注意是几道题而不是第几题！）请问：做对二道题、三道题、四道题的各是多少人？

第26关 一项会议

难度：★★★☆☆

有人邀请A、B、C、D、E、F等6个人参加一项会议，这6个人有些奇怪，因为他们有很多要求，已知：

1.A、B两人至少有1人参加会议；

2.A、,E、F三人中有2人参加会议；

3.B和C两人一致决定，要么两人都去，要么两人都不去；

4.A、D两人中只1人参加会议；

5.C、D两人中也只要1人参加会议；

6.如果D不去，那么E也决定不去；

那么最后究竟有哪几个人参加了会议呢？

第27关 飞了多远

难度：★★★★☆

两个男孩各骑一辆自行车，从相距20英里(1英里=1.6093千米)的两个地方，开始沿直线相向骑行。在他们起步的那一瞬间，一辆自行车车把上的一只苍蝇，开始向另一辆自行车径直飞去。它一到达另一辆自行车的车把，就立即转向往回飞行。这只苍蝇如此往返，在两辆自行车的车把之间来回飞行，直到两辆自行车相遇为止。如果每辆自行车都以每小时10英里的等速前进，苍蝇以每小时15英里的等速飞行，那么，苍蝇总共飞行了多少英里？

第28关　殊死决斗

难度：★★★★★

有一次我目睹了两只山羊的一场殊死决斗，结果引出了一个有趣的数学问题。我的一位邻居有一只山羊，重54磅，它已有好几个季度在附近山区称王称霸了。后来某个好事之徒引进了一只新的山羊，比它还要重3磅。开始时，它们相安无事，彼此和谐相处。可是有一天，较轻的那只山羊站在陡峭的山路顶上，向它的竞争对手猛扑过去，那对手站在土丘上迎接挑战，而挑战者显然拥有居高临下的优势。不幸的是，由于猛烈碰撞，两只山羊都一命呜呼了。

现在要讲一讲本题的奇妙之处。对饲养山羊颇有研究，还写过书的乔治·阿伯克龙比说道："通过反复实验，我发现，动量相当于一个自20英尺高处坠落下来的30磅重物的一次撞击，正好可以打碎山羊的脑壳，致它死命。"如果他说得不错，那么这两只山羊至少要有多大的逼近速度，才能相互撞破脑壳？你能算出来吗？

第29关 假日市集

难度：★★★☆☆

阿拉丙回到阿拉伯，路上经过星期天的假日市集，见一处人潮聚集的地方，于是便停下来看看到底是什么好玩的事。原来是一位卖艺的姑娘和她父亲在表演，还不时地穿插一些猜扑克牌的游戏，第一个猜出来的人还可以得到神灯一个呢！这次，可爱的姑娘出了一题，要依据下列提示猜出三张扑克牌的正确顺序：

1.黑桃的左边有一张方块；

2.老 K 的右边有一张八；

3.红心的左边有一张十；

4.黑桃的左边有一张红心。

你能帮助阿拉丙获得他最需要的神灯吗？顺便告诉你，卖艺姑娘出的题目非常简单，可能你几秒钟就答出来也说不定！

第30关 13 张扑克牌

难度：★★★★☆

某人手上有 13 张扑克牌，这些牌的情况如下：

1.没有大王、小王，但是红桃、黑桃、方块、梅花四种花色都有；

2.各种花色的牌的张数不同；

3.红桃和方块合起来有 5 张；

4.红桃和黑桃合起来有 6 张；

5.有一种花色的牌只有两张。

请问梅花最多有多少张？

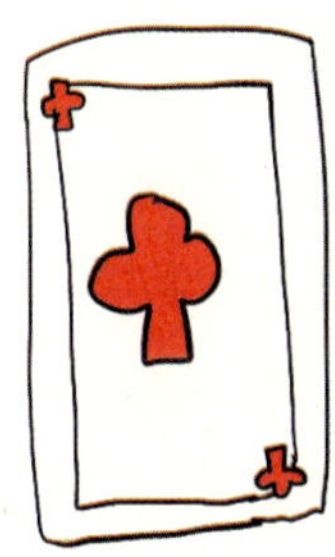

第31关 9枚铁钉

难度：★★☆☆☆

一块木板上有9枚铁钉，铁尖向上（如图），用橡皮筋套住其中4枚铁钉，构成一个平行四边形，共有（　　）种套法。

A.82　　B.40　　C.22　　D.21

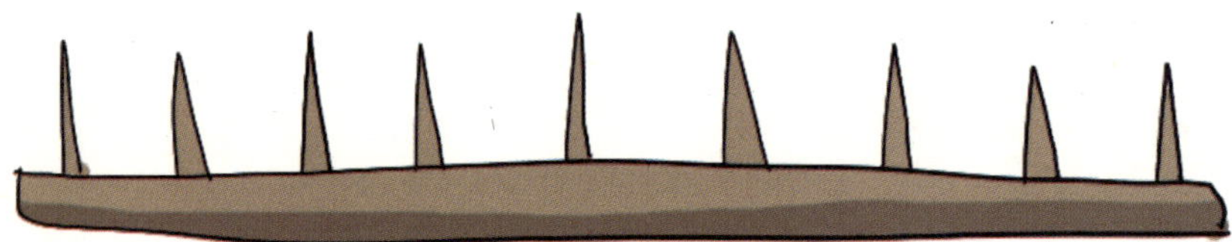

第32关 球标

难度：★★★☆☆

口袋中有9个球，每个球上标有一个数字，分别是1、2、3、4、5、6、7、8、9。A、B、C、D四个人每人从口袋中取出两个球，A取的两球数字和是10，B取的两球数字之差是2，C取的两球数字之积是24，D取的两球之商是3。

请问口袋中剩下的一个球标是什么数字？

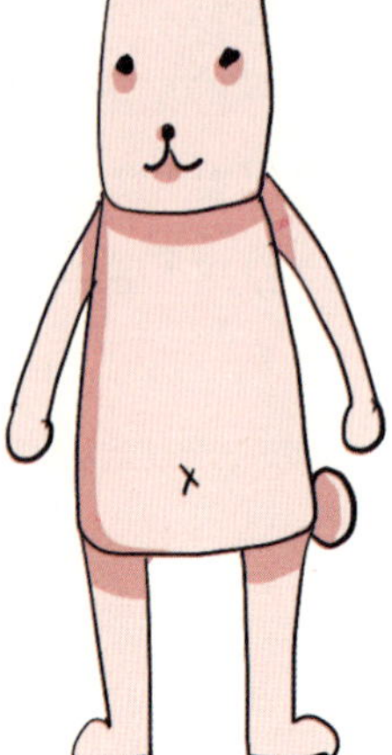

第33关 袋装米粉

难度：★★☆☆☆

某粮食加工厂送货员小李给商店送来10箱袋装米粉，每箱20袋，每袋重800克，他正要返回工厂时，厂部突然来电话说10箱中有一箱因灌装机器有故障，每袋米少了50克，要他立即把那缺量的一箱带回厂里更换，而商店一时无台秤可用，正在危难时，忽然发现旁边有一台自动体重计，只要把一角硬币投进去，就能自动显示出你的体重斤数，但小李只有一枚一角硬币，他想了一下，就用笔将10只箱子分别编上1、2、3……，然后从一号箱子里取15袋子，第2号箱子里取2个袋子……第10号取10个袋子，这样一共取了55个，一起放到称上称，称得重量为45800克，然后他找出是编号6那一箱缺量，你知道是为什么吗？

第34关 王小姐岁数

难度：★★★☆☆

王小姐的岁数有如下特点：

1.它的3次方是一个四位数，而四次方是一个六位数；

2.这四位数和六位数的每个数字正好是0~9这十个数字。

你知道赵小姐今年几岁吗？

称重量

难度：★★★☆☆

给出外观一样的5个硬币，只有一个硬币和其他的重量不一样，问题是：在不借助其他砝码的情况下，如何使用一个天平称出哪个硬币是不一样的硬币？

数字游戏

难度：★★★★☆

数学老师常和大家一块儿玩数字游戏。一次，他对大家说："把我的眼睛蒙上，然后你们随便写一个两个数字以上组成的数目，我叫加就加，叫减就减，最后得到的结果我一定猜得出来。"同学们蒙上他的眼睛写出8973这个数。

写完后，数学老师说："在数后添个2，然后把这个数横加起来。"于是为9+8+7+3+2=29。他又说："再横加一遍。"(2+9=11)，"再横加一遍"(1+1=2)，"然后乘以9，再横加一遍"(2×9=18)(1+8=9)。这时老师笑着说："用这个数乘以5除以3结果一定是15。"大家一见，果然不错。

你知道这其中的道理吗？

第37关 影子长短

难度：★★★★☆

一个人晚上沿马路散步，经过一盏灯，此时灯照射人的影子长短会相应发生变化，其变化情况应该是（　　）。

A.逐渐变长

B.逐渐变短

C.先长后短

D.先短后长

起跑线上

难度：★★☆☆☆

在跑马的跑道上有A、B、C三匹马，A在一分钟内能跑两圈，B能跑三圈，C能跑四圈。现在将三匹马并排在起跑线上，让它们向同一个方向起跑。你知道经过几分钟这三匹马又能并排地跑在起跑线上吗？

破车下山

难度：★★★★☆

一辆破车要跑两英里的路，上山及下山各一英里，上山时平均速度为每小时15英里，问：当它下山走第二个一英里的路时要多快才能达到平均速度为每小时30英里？是45英里吗？你可要考虑清楚了哟！

红、黄、紫、蓝

难度：★★★☆☆

在 120 米的直道上，从距离起点 3 米处开始，依次重复地轮换插上红、黄、紫、蓝四种彩旗。相邻的两面彩旗间均隔 3 米，问距离起点 87 米的地方插不插旗？如果插，插的是何种颜色的旗？

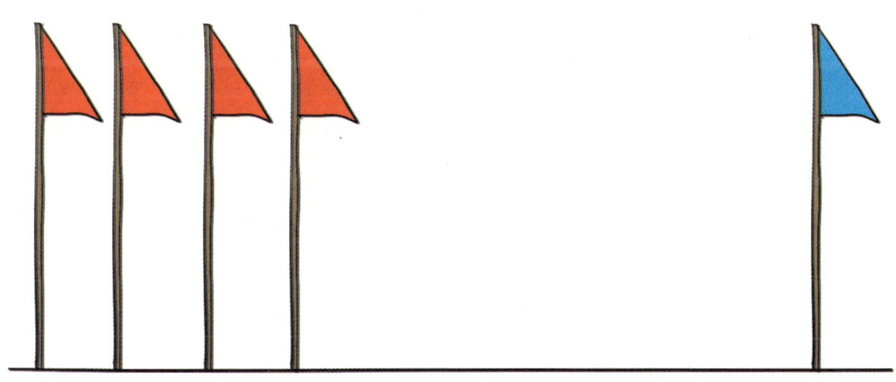

正确的话

难度：★★★☆☆

国王想处死一个囚犯，他决定让囚犯自选砍头还是绞刑。选择的方法是：囚犯可任意说一句话，如果是真话，就处绞刑，如果是假话，就砍头。

一个聪明的囚犯来到国王面前问："如果我说出了一句话，你们既不能绞死我，也不能砍我的头，怎么办？"国王说："那就放了你！"

那个囚犯说了一句话，果然十分巧妙。国王听了左右为难，又不能言而无信，唯有真的释放那位囚犯。

你知道那位囚犯究竟说了什么话吗？

第42关 狐狸开菜店

难度:★★★★☆

一天,小白兔去买菜,途中碰上了山羊大叔。只见山羊大叔愁眉苦脸,唉声叹气的,小白兔很纳闷,问:"山羊大叔,你怎么不高兴啊?""唉!别提了。我去狐狸开的菜店买了2千克芹菜,每千克8角,我给他2元钱,他只找回4分,你看,这是账单。我越想越不对,可又找不出毛病,你赶快帮大叔算算!"小白兔看完账单,可气坏了。"你这个狡猾的狐狸!我非治治你不可。山羊大叔,你在这儿等着,我去找他算账。"

小白兔来到狐狸开的菜店,说:"老板,芹菜多少钱1千克?给我来2千克!"狐狸边称菜边皮笑肉不笑地说:"芹菜每千克8角钱。"称完后,小白兔递过2元钱,狐狸拿出纸和笔,准备算账。小白兔说:"我来算!"一把夺过狐狸的纸和笔,边说边列竖式,"每千克8角钱,就是0.8元,我给2元,用0.8元除2元,列成竖式子:"应找回4元钱。"狐狸听后,尖叫一声:"你是怎么算的?!你只给我2元钱,却要找回4元钱,还要了我2千克芹菜!"小白兔一把掏出山羊大叔的账单,猛地摔在狐狸面前:"你又是怎样给山羊大叔算的!"狐狸一看无奈地低下了头。

小白兔为山羊大叔要回了狐狸多收的钱,高高兴兴地跟山羊大叔一起回家了。小朋友,你能说一说,上面的两笔账错在哪里吗?

第43关 揭穿扑克牌的秘密

难度:★★★☆☆

在公园或路旁,经常看到这样的游戏:摊贩前画有一个圆圈,周围摆满了奖品,有钟表、玩具、小梳子……然后,摊贩拿出一副扑克让游客随意摸出两张,并说好向哪个方向转,将两张扑克的数字相加(J、Q、K 分别为 11、12、13,A 为 1),得到几就从几开始按照预先说好的方向转几步,转到数字几,数字几前的奖品就归游客,唯有转到一个位置(如右图),必须交 2 元钱,其余的位置都不需要交钱。

真是太划算了,不用花钱就可以玩游戏,而且得奖品的可能性"非常大",交 2 元钱的可能性"非常小"。然而,事实并非如此,通过观察可以看到,凡参与游戏的游客不是转到 2 元钱就是转到微不足道的一些小物品旁,而钟表、玩具等贵重物品就没有一个游客转到过。这是怎么回事呢?是不是其中有"诈"?

第44关 水果糖

难度:★★★★☆

老李问小李:"这里有 127 颗水果糖,你能把它们分别包在 7 个纸包里,在纸包上标明包内糖的颗数,让我在 127 颗糖之内,无论任意要几块,你都不用打开纸包,如数给我吗?若是包对了,这些糖就是你的了。"小李想了很久,也不知道该怎么办。但小李很想得到这 127 颗糖。怎么办呢?你能帮帮他吗?

幸存者

难度：★★★★☆

1984 年的夏季，从撒哈拉大沙漠刮来的热风经过地中海，吹到意大利西西里的首府巴勒莫市，使当地的气候变得又闷又热又潮湿，大多数居民都躲在家里，足不出户。

这天中午，炎热的太阳正照射在巴勒莫市的中心大街上，七名黑手党徒大模大样地从威士忌酒店里出来，每个人都自以为在即将开始的枪战中占据了有利的位置。阿里、法亚、皮得、巴比、汤妮、胡安和奥费都在准备射击，下图表示他们各自的位置。可以看出，从任何一个人的位置上都可以向两个人瞄准。七个人谁也没有移动过位置，便用完了所有的子弹。巴比第一个倒下，他是被阿里射中的，阿里是那场枪战中唯一的幸存者。

请你仔细观察这幅图，然后判断：谁开枪打死了谁？他们是按怎样的顺序倒下的？

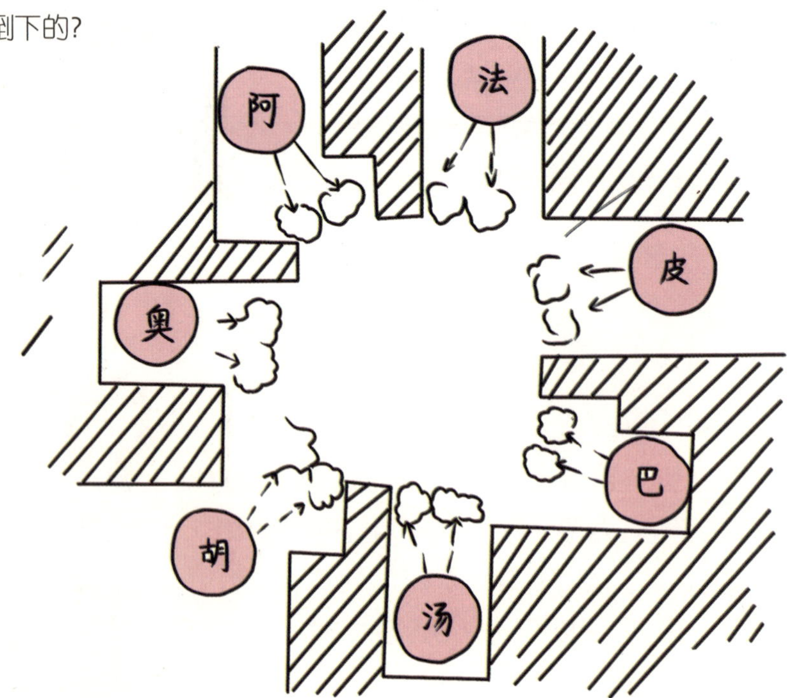

丢番图的墓碑

难度：★★★☆☆

丢番图是古希腊杰出的数学家，在他的墓碑上刻着一首谜语式的短诗，内容是一道有趣的数学问题。

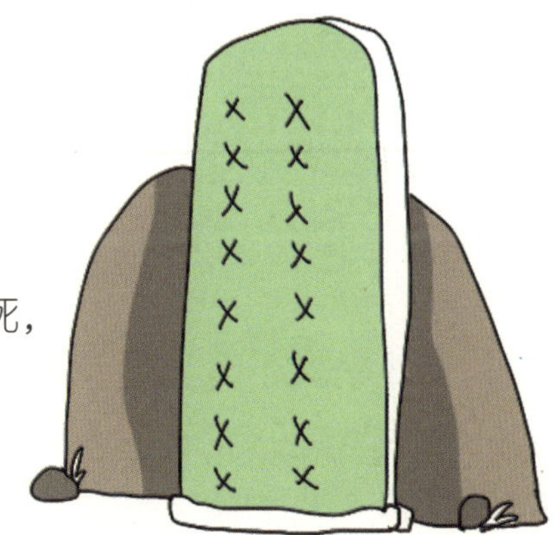

丢番图的一生幼年占 1/6，
青年占去 1/12，
又过了 1/7 才结婚。
5 年之后生子，子先其父 4 年而死，
寿命是他父亲的一半。
问丢番图活了多少岁？

看图答问题

难度：★☆☆☆☆

下面有 A、B、C 三个图。问

1.图 A 中的四边形，是长方形，还是梯形？

2.图 B 中间的两条线段是否相等？

3.图 C 中的两根竖线，哪根长，哪根短？

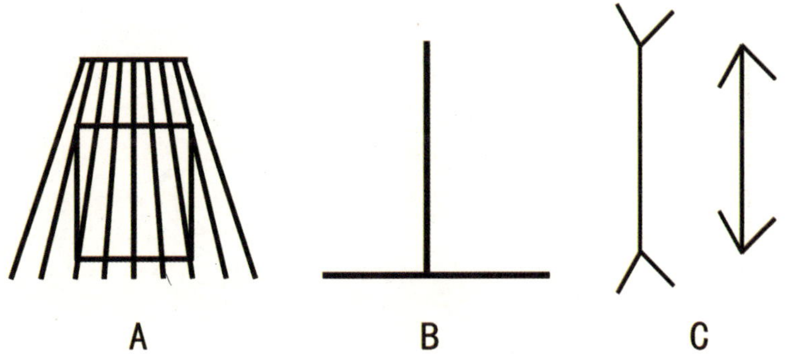

第48关 看看谁是福尔摩斯

难度：★★★★☆

医生赶到的时候，发现尔贝尔先生已经死了。经过检查，确认尔贝尔先生死于颅底骨折。

请仔细观察卫生间的现场示意图，然后，回答下面的问题，看你是否能发现疑点，推断出那里所发生的真实情况。如果你认为尔贝尔先生死于他杀，那么谁是凶手？

1.在生活习惯上，尔贝尔先生和他的太太是否相配？

2.尔贝尔先生有没有刷过牙？

3.是否有人使用过淋浴？是尔贝尔先生使用的吗？

4.米尼·尔贝尔是否进过淋浴间？

5.尔贝尔先生是踩上肥皂而滑倒的吗？

6.肥皂是从肥皂盒里掉出来的吗？

7.肥皂周围的水是从淋浴间还是从盥洗盆里出来的？

8.玻璃瓶是在尔贝尔先生摔倒的时候打破的吗？

9.在卫生间里，是否有可以当作凶器用的东西？

第二章

挑战你的观察思维

观察思维即观察力，通过观察发现新奇的事物。观察思维的主要作用是可以提高观察的理解性。理解可以使我们及时地把握观察到客体的意义，从而提高我们对客体观察的迅速性、完整性、真实性和深刻性。

第1关 寻找失散的同伴

难度：★★☆☆☆

一个阿拉伯人在沙漠里与骑骆驼的同伴失散了，他找了整整一天也没有找到。傍晚，他遇到了一个贝都印人。阿拉伯人询问贝都印人是否见到失踪的同伴和他的骆驼。

“你的同伴不仅是胖子，而且是跛子，对吗？”贝都印人问，“他手里是不是拿一根棍子？他的骆驼只有一只眼，驮着枣子，是吗？”

阿拉伯人高兴地回答说：“对！对！这就是我的同伴和他的骆驼。你是什么时候看见的？他往哪个方向走了？”

贝都印人回答说：“我没有看见他。”

阿拉伯人生气地说：“你刚才详细地说出了我的同伴和骆驼的样子，现在怎么又说没有见到过呢？”

“我没有骗你，我确实没有见过他。”贝都印人平静地说，“不过，我还知道，他在这棵棕榈树下休息了很长时间，然后向叙利亚方向走去了。这一切发生在三个小时前。”

“你既然没有看见过他，那么，这一切又是怎么知道的呢？”

“我确实没有看见过他。我是从他的脚印里看出来的。你看这个人的脚印：左脚印要比右脚印大且深，这不是说明，走过这里的人是个跛子吗？现在再比一比他和我的脚印，你会发现，他的脚印比我的深，这不是表明他比我胖？你看，骆驼只吃它身体右边的草，这就说明，骆驼只有一只眼，它只看到路的一边。你看，这些蚂蚁都聚在一起，难道你没有看清它们都在吸吮枣汁吗？”

“你怎么确定他是在三个小时前离开这里的呢？”

贝都印人给出了令阿拉伯人满意的答案。那么，你知道答案是什么吗？

数数看

难度：★★★☆☆

有一群鸟，还有一堆木柱，如果一只鸟落在一个柱上的话，剩下一只鸟没地方落，如果一个木柱上落两只鸟的话，那就多了一个木柱，问有多少只鸟，多少个木柱？

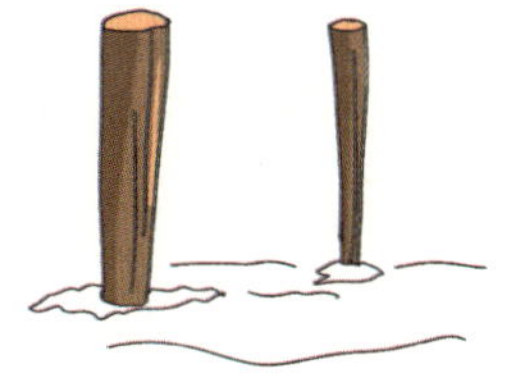

接下来那个是什么

难度：★★☆☆☆

根据图中的排列，你知道问号应该是什么样的图案吗？A、B、C、D哪一个是呢？

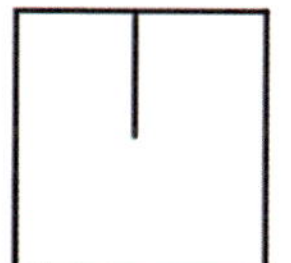 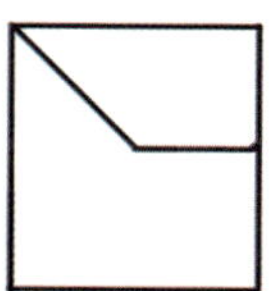 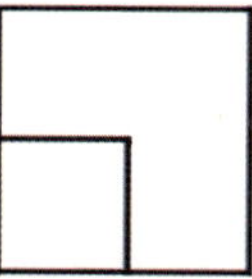 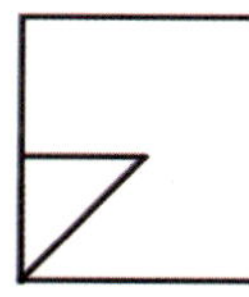 

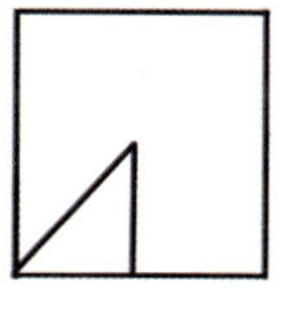
A

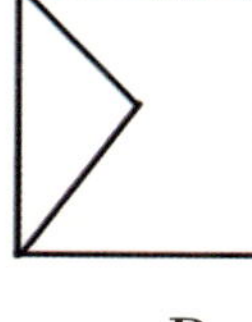
B

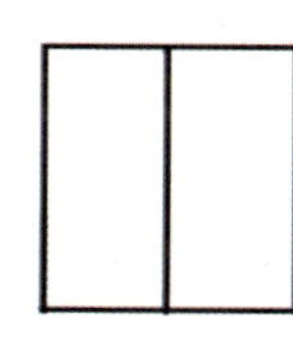
C

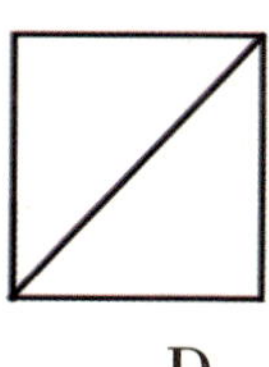
D

第4关 摆上花坛

难度：★★★☆☆

学校门口修了一个正方形花坛，花坛竣工时，大队部在花坛旁挂出一块小黑板，上面写着：

各中队少先队员：

花坛修好了，同学们都希望管理这个花坛。哪个中队的少先队员能做出下面两道题，就请那个中队的少先队员负责管理这个花坛。

1. 要在这个花坛的四周摆上16盆麦冬，要求每边都是7盆，应该怎样摆？

2. 还要在这个花坛四周摆上24盆串红，要求每边也是7盆，应该怎样摆？

同学们，你会摆吗？请你试试看。

第5关 谁是骗子

难度：★★☆☆☆

PP俱乐部的成员，不是说真话的老实人，就是说假话的骗子。

这天，全体俱乐部成员围坐成一圈，每个老实人两旁都是骗子，每个骗子两旁都是老实人。

记者问成员张博：“PP俱乐部共有多少人？”张博答：“45人。”

记者问成员李伟：“张博说得对吗？”李伟答：“张博说得对呀。”

请判断张博、李伟是老实人还是骗子。

第6关 砍掉了多少木材

难度：★★☆☆☆

木匠拿来一根雕刻着花纹的小木柱说："有一次，一位住在伦敦的学者，拿给我一根3英尺长、宽和厚均为1英尺的木料，希望我将它砍削、雕刻成带花纹的小木柱。学者答应补偿我在做活儿时砍去的木材。我先将这块方木称一称，它恰好重30磅，而要做成的这根柱子只重20磅。因此，我从方木上砍掉了1立方英尺的木材，即原来的三分之一。但学者拒不承认，他说，不能按重量来计算砍去的体积，因为据说方木的中间部分要重些，也可能相反。

请问，我在这种情况下怎样向好挑剔的学者证明究竟砍掉了多少木材？

第7关 新春游艺会

难度：★☆☆☆☆

新春游艺会上，主持人请大家用封住口的一封信猜哑谜，并要求猜谜的人不准说话，做两个动作，猜一个成语和中国的一个地名。大家思考了一会儿，站在后排的小宋分开人群，走到桌子前面，拿起信并撕开封口，主持人看了说："小宋猜对了。"于是给小宋发了奖品。

他为什么得了奖？成语和地名是什么？

农夫做了什么动作

难度：★☆☆☆☆

从前，有一对勤劳的夫妻在山坡上开垦了几块田地，种了小麦，可贪财的地主看见了，总想把地占为己有，便生出一条诡计，每天把家里的鸡全赶到农夫的地里。农夫看到自己的庄稼被糟踏，非常心痛。他惹不起财主，只能忍气去赶鸡，可是这边赶跑，那边又来，弄得他毫无办法。他愁眉不展地回到家中与妻子商量。妻子听完农夫的讲述，说："明天，你只要到地里做个动作，要让地主看见，又不要让他看清，他就不会再放鸡了。"第二天，农夫一试，果然有效。请你猜猜，农夫做了个什么动作？

为国王画像

难度：★★★☆☆

从前，有个国王，瘸了一条腿，瞎了一只眼睛。他想得到一张称心如意的画像，便召来三位著名的画家为他作画。一位画家把国王画得仪表堂堂，气概非凡，特别是把两只眼睛画得炯炯有神，把两条腿画得健壮有力。国王一看，很不满意，气愤地说："睁着眼睛胡画，肯定是个溜须拍马的骗子。"

第二位画家把国王画得维妙维肖，简直像国王本人一样，瞎眼、瘸腿一目了然。国王看过大发雷霆，把画像踩在脚下吼叫起来。

第三位画家十分从容地画好了，发怒的国王一见到这张画像，顿时转怒为喜，连声称赞画得好。

第三位画家是怎样画的呢？

第10关 孙子算经

难度：★★★☆☆

《孙子算经》是唐初作为“算学”教科书的著名的《算经十书》之一，共三卷，上卷叙述筹算记数的制度和乘除法则，中卷举例说明筹算分数法和开平方法，都是了解中国古代筹算的重要资料。下卷收集了一些算术难题，“鸡兔同笼”问题是其中之一。

原题如下：今有雉（鸡）兔同笼，上有三十五头，下有九十四足。

问雉、兔各几何？

第11关 分割正方形

难度：★★★★☆

分割图形。我们先来看一个简单的分割图形的题目——分割正方形。在正方形内用4条线段做“井”字形分割，可以把正方形分成大小相等的9块，这种图形我们常称为九宫格。用4条线段还可以把一个正方形分成10块，只是和九宫格不同的是，每块的大小不一定都相等。那么，怎样才能用4条线段把正方形分成10块呢？应该怎样分？请你画一画。

画图形

难度：★★☆☆☆

你能笔尖不离纸，一笔画出下面的每个图形吗？试试看。（不走重复线路）

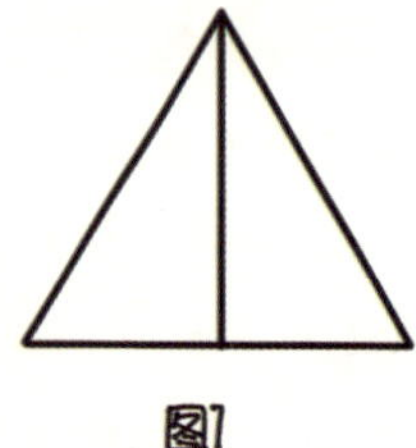

图1

图2

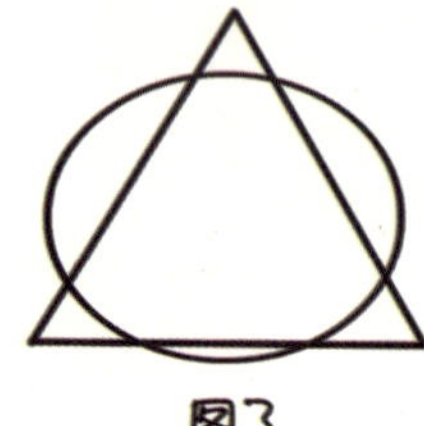

图3

第 13 关

十进制

难度：★★★★☆

通常我们用的数的进位制是十进制，即逢十进一。它有十个数字：0、1、2、……9。下面的算式用的不是十进制，而是四进制——即逢四进一。它有四个数字：0、1、2、3。在这个算式中，字母 A、B、C、D 分别代表 0、1、2、3 中的某一个数字。

请问按此算式，字母 A、B、C、D 各代表什么数字？

$$\begin{array}{r} A\ B\ C\ D \\ +\ C\ B\ A\ B \\ \hline B\ B\ C\ B\ B \end{array}$$

养貂专业户

难度：★★★★★

养貂专业户养殖场内安置了 9 个貂笼（如下图）。为了节省每次喂食的时间，他必须走一条最短的路，但又不能漏掉任何一个貂笼，喂完食后还要回到原出发点。你能替他设计一条最短的路线吗？并算出每喂食一次，至少要走多少米的路。

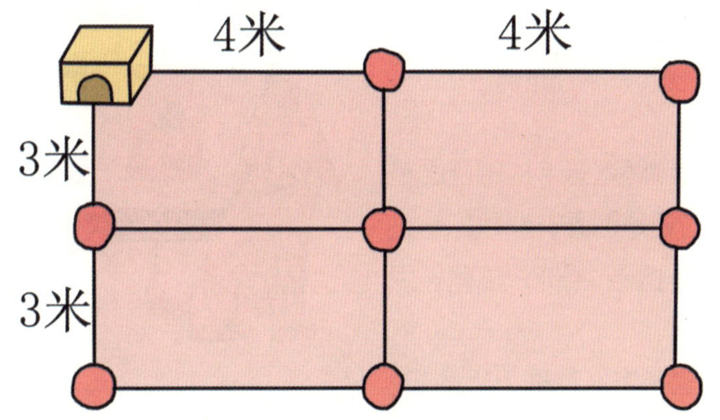

对数字

难度：★★★☆☆

一个正方体的 6 个面上分别标上 1、2、3、4、5、6 六个数字，从三个不同的角度上看正方体（如下图）。那么标有数字 6 的面的对面标的数字应是多少？

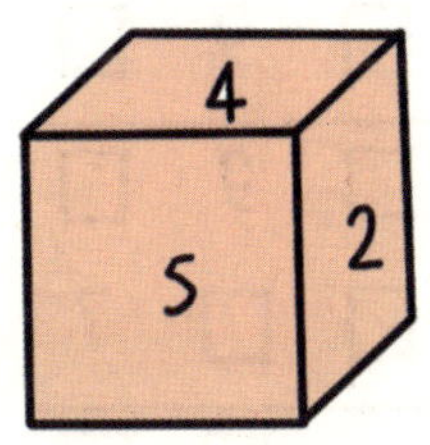

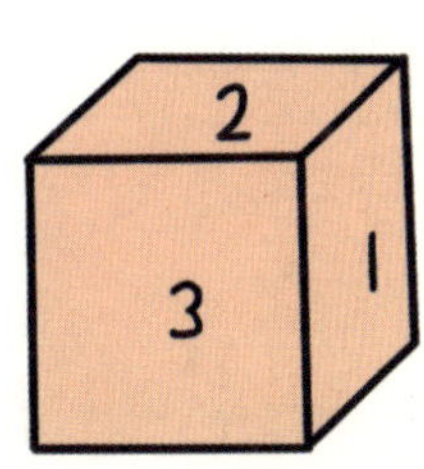

设赌局

难度：★★★☆☆

设赌局的庄家只要用三张卡片和一顶帽子就可以很轻松地骗人上钩了，他利用的就是人们对概率认识的错误直觉。

庄家手里的三张卡片是不同的：庄家把卡片放在帽子里摇晃一番，让你随意地抽出一张来，放在桌子上，这时候，卡片的一面就露了出来，是黑点或者是圆圈。让我们假定露出的是个圆圈。

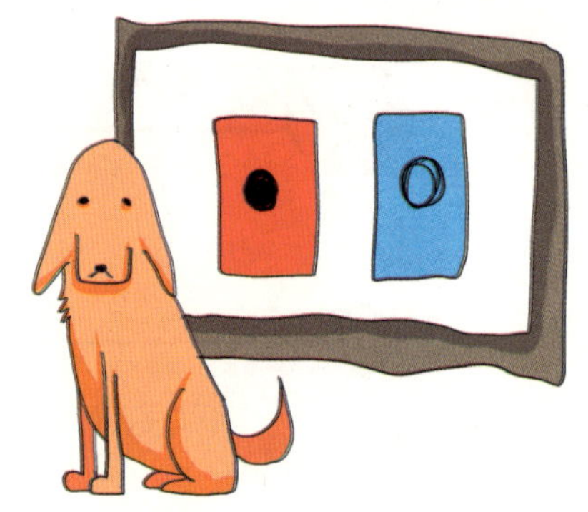

庄家要与你赌这张卡片的背面是什么，是黑点，还是圆圈？他赌的是正反面一样，都是圆圈，那你只能赌黑点了。

那么，庄家是怎么让你上当的呢？想通了吗？

混合运算

难度：★★★★☆

下图是一个加减混合运算的竖式，在空格内填入适当数字使等式成立，那么最后的结果是多少？

$$
\begin{array}{r}
\square\ 1 \\
+\ \square\ 9\ \square \\
\hline
\square\ \square\ 9\ \square \\
-\ \square\ \square\ 7 \\
\hline
\square\ \square
\end{array}
$$

第18关 地图

难度：★★☆☆☆

如图所示这是一个省的地图，共有7个区（县），现在给你红、黄、蓝、绿、紫这5种颜色去染这个地图，要求相邻的区（县）染的颜色不能相同，那么一共有多少种不同的染色方法？

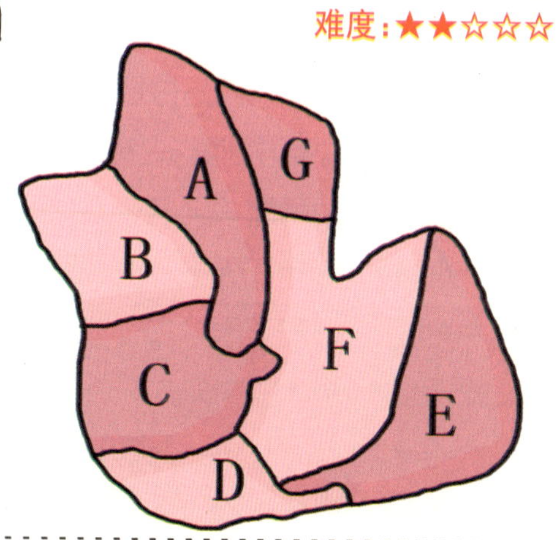

第19关 骆驼商队

难度：★★★☆☆

沙漠中的骆驼商队，通常把体弱的骆驼夹在中间，强壮的走在两头，驼队排成一行按顺序前进。而且商人为了区别它们，就在每一头骆驼身上盖上火印，在给骆驼打火印时，它们都要痛得叫喊5分钟。问：若某个商队共有10头骆驼，盖火印时骆驼的叫喊声最少要持续几分钟，假如叫声是不重叠在一起的话。

第20关 餐厅聚会

难度：★★☆☆☆

有7个年轻人，他们是好朋友，每周都要到同一个餐厅吃饭。但是他们去餐厅的次数不同。壮壮每天必去，丽丽隔一天去一次，妍妍每隔两天去一次，倩倩每隔三天去一次，依依每隔四天才去一次，东东每隔五天才去一次，次数最少的是波波，每隔六天才去一次。

昨天是2月29日，他们愉快地在餐厅碰面了，他们有说有笑，憧憬着下一次碰面时的情景。请问，他们下一次相聚餐厅会是在什么时候？

第21关 用“眼”估估看

难度：★★★☆☆

第二栏各个数中的数字与第一栏各个数中的数字是相同的，只是排列相反，为了看清起见，左行中没有写进0。哪一栏加起来的得数大？

先用眼观察这些数，比较一下两边是不是一样，然后再把数加起来进行核算。

1 2 3 4 5 6 7 8 9	1
1 2 3 4 5 6 7 8	2 1
1 2 3 4 5 6 7	3 2 1
1 2 3 4 5 6	4 3 2 1
1 2 3 4 5	5 4 3 2 1
1 2 3 4	6 5 4 3 2 1
1 2 3	7 6 5 4 3 2 1
1 2	8 7 6 5 4 3 2 1
1	9 8 7 6 5 4 3 2 1

第22关 七间房子

难度：★★☆☆☆

在七间房子里，每间都养着七只猫；在这七只猫中，不论哪只，都能捕到七只老鼠；而这七只老鼠，每只都要吃掉七个麦穗；如果每个麦穗都能剥下七颗麦粒，请问：房子、猫、老鼠、麦穗、麦粒，都加在一起总共该有多少？

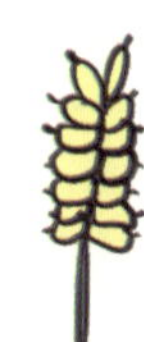

第23关 完全相同

难度：★★★★☆

图中有三对图形是完全相同的，请把它们找出来。

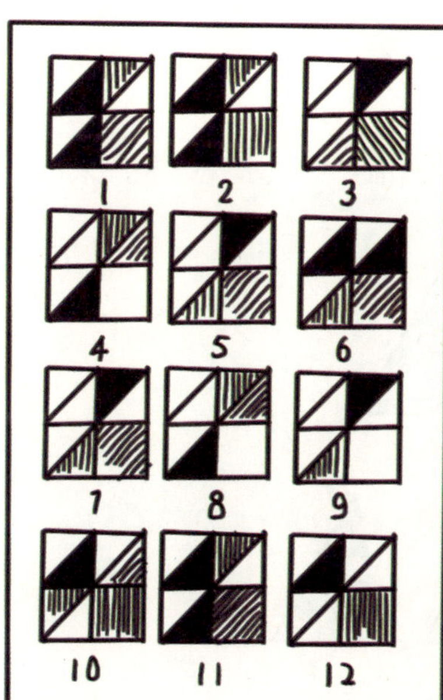

提示：
细心观察是找对答案的关键，不要错过每一个细节！

第 24 关　数之和

难度：★★★☆☆

请你把 1～8 这八个数分别填入下图所示正方体顶点的圆圈里，使每个面的 4 个角上的数之和都相等。

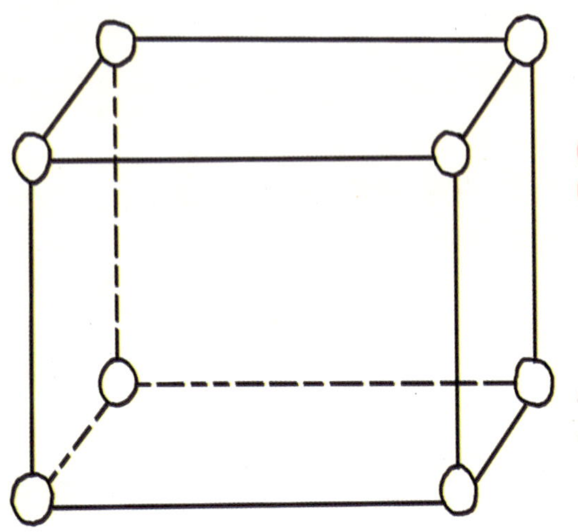

第 25 关　完整的三角形

难度：★★☆☆☆

右图 A、B、C、D、E 中，哪一幅可以和左图拼出一个完整的三角形来？

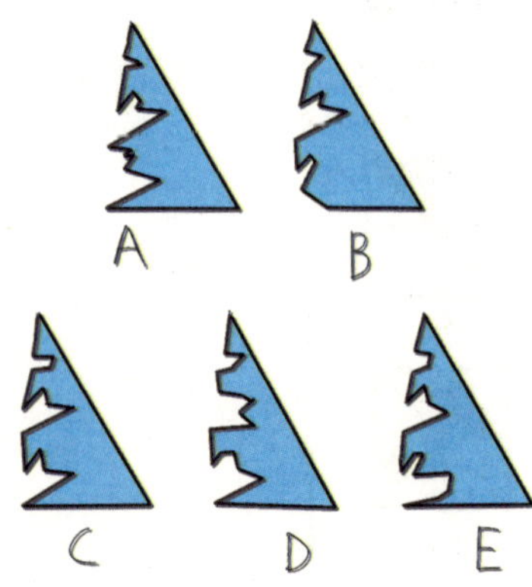

第26关 一棵秃树

难度：★★☆☆☆

冬日，树叶落尽，剩下的枯枝却给我们带来了新的东西，请仔细看看，你从图中除了看见树枝外，你还能看见了什么？再数一数你看到了多少个？

第27关 循环比赛

难度：★★☆☆☆

A、B、C、D 四个足球队进行循环比赛，（即任意两队之间都要进行比赛），比赛了若干场后，A、B、C、D 队的比赛情况如下表，请根据给的数据把空格里的内容填写完整。

	场数	胜	负	平均	平均	平均
A 队	2	0	2	0	3	6
B 队	2	1	0	1	4	3
C 队	3	2	0	1	2	0
D 队						

第28关 是否一样？

难度：★★☆☆☆

(a)和(b)里位于中心的圆是否一样大？

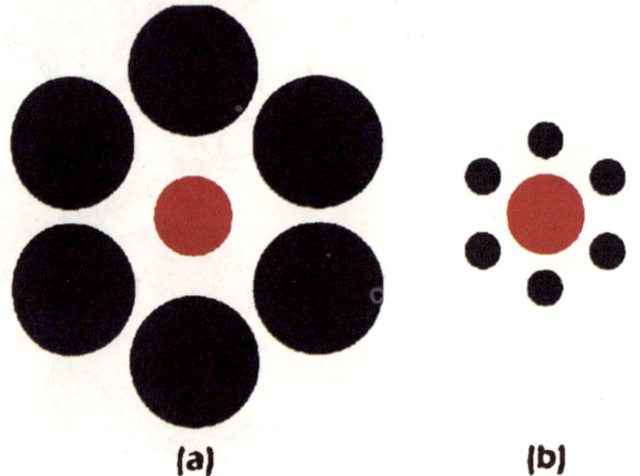

第29关 少女还是老妇

难度：★★☆☆☆

提示：有时远观比近看更有意想不到的效果。

第30关 脑力风暴

难度：★★★☆☆

一天，老师拿着5张钱币来上课。老师说：“我们现在来看一张钱币，看它的正面和背面，然后将你看到的内容记下来，时间是15秒。”全班20个学生依次看了钱币并做了记录。然后，在全班交流各自的记录，老师要求学生将不同伙伴的观察内容记录下来，并与自己的观察内容做比较，发现其中的问题。

老师提出问题：“为什么大家观察的内容不尽相同呢？”

同学们展开“脑力风暴”般的讨论，分析原因，提出对策。

老师归纳大家的意见，认为造成观察内容不尽相同的主要原因是什么？

第31关 36个陈列室

难度：★★★☆☆

一个展览馆有36个陈列室，每两个相邻陈列室之间有门可以通过，现有人希望每个陈列室都能参观，但只经过每个展室一次，这个人的想法能实现吗？

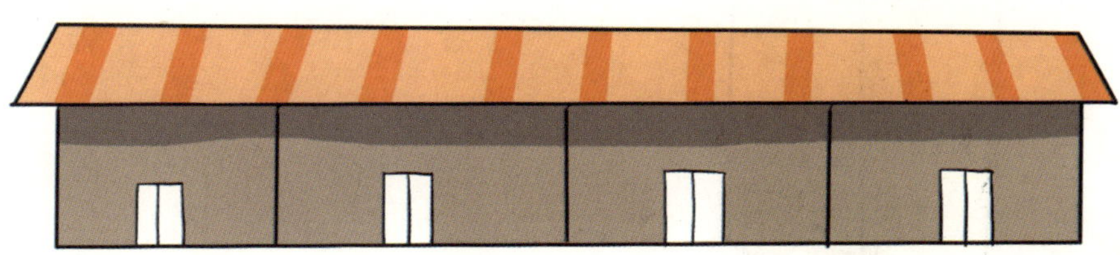

第32关 第2008次

难度：★★★☆☆

盒子中有3张纸，一学生从中取出一张，把它撕成7张纸条，将其再放入盒子中，他每次从盒中取出一张变成7张，如果一直这样进行下去，在第2008次停止时，盒子中会有纸条多少张呢？

第33关 加错的页码

难度：★★☆☆☆

一本书的页码从1记到n，把所有页码加起来，可是其中一页的数被加错了两次，结果得到了不正确的2002，那么这个被加错的页码是多少呢？

缺少的部分

难度：★★☆☆☆

说出下面各图中少了什么东西，并把缺少的部分画出来。

填表：在两分钟内，我画出了＿＿＿＿＿＿幅图中缺少的部分。其中画对了＿＿＿＿＿＿幅，画错了＿＿＿＿＿＿幅。

巧装牛奶

两只容量为1升的瓶子中盛满了牛奶，天天有两只量杯，容量分别为40毫升与70毫升，她想仅用这四个容器，在两只量杯中各装上30毫升的牛奶，而且一滴牛奶都不泼掉。天天用6步操作做到了这一点。她是怎样做到的呢？

处于什么状态

难度：★★☆☆☆

1.说出下面图画画的是什么？各处于什么状态？

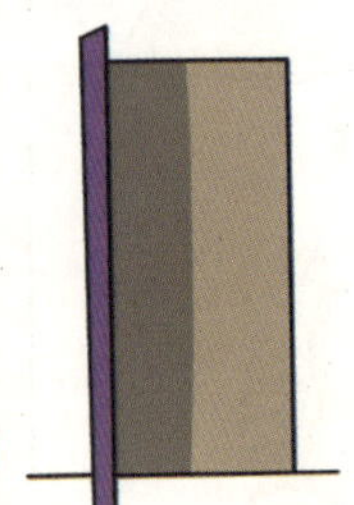

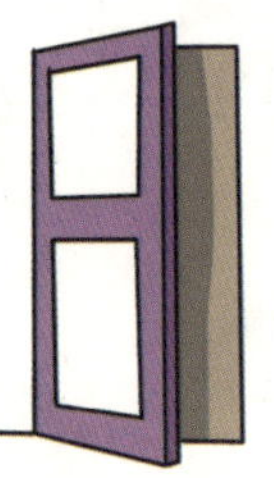

2.仔细看看有多少只小猴？

第37关 与谁都不相同

难度：★★☆☆☆

下面的面孔有一张很特别，与谁都不相同，你能指出来吗？看谁找得最快！

第38关 动物的卡片

难度：★★★☆☆

13张动物卡片重叠在一起，画着哪两种动物的卡片，其暴露部分的面积相等、形状相同。你能找出来吗？

第39关 成语表示

难度：★★☆☆☆

把下面两幅画的内容用一个成语写下来。

第40关 捞走金鱼

难度：★★★☆☆

小李十分喜欢金鱼，他挑中了22条金鱼，在没有重复一次的情况下，把金鱼捞到了右下方的大水盆中，根据图中所示，你知道小李究竟是怎样捞走金鱼的吗？

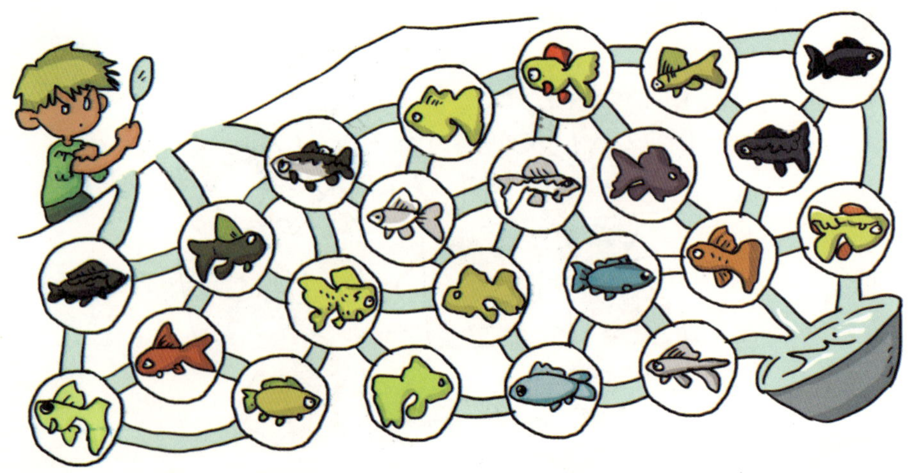

用成语说出来

难度：★★☆☆☆

把下面三幅画的内容用一个成语说出来。

新、春、快、乐

难度：★★☆☆☆

要使四只钟铃按“新、春、快、乐”顺序依次敲响，该如何拉绳头？

提示：有时，逆向思维或者反方向查找是解决问题的快速途径。

第 43 关　先后顺序

难度：★★☆☆☆

今天是慧慧的生日。慧慧可高兴了，她请了丽丽、妍妍、小荷和豆豆来她家吃生日蛋糕。丽丽、妍妍、小荷和豆豆，她们都来了，4 个人的脚印清清楚楚地印在地上。请你当一回侦探，通过观察地上的脚印，弄清 4 个人到达慧慧家的先后顺序。

先来到慧慧家的是__________，

接着__________，

然后是__________，

最后是__________。

你填对了吗？

豆豆

小荷

丽丽

妍妍

提示：后到的人的脚印会叠加在前面到的人的脚印之上……

重新排序

难度：★★☆☆☆

下面四幅画的顺序标号不对，请你仔细观察一下，重新排列它们的顺序。

正确的排序是____________、____________、____________、____________。

重排后，根据图中内容讲一个小故事。

如何分配

难度：★★★☆☆

有 12 张 1～12 的数字卡片，要分给小猪、小猫、小熊、小虎、小马，它们各得 2 张，而每人 2 张卡片上的数字之和都要相等。如何分呢？请你帮忙分一下。

房间号码

难度：★★☆☆☆

右边是一所房子的示意图，数字表示房间号码，每个房间的隔壁的房间有门相通，小胖要从一号房间开始不重复地走遍这九间房间，最后回到一号房间，他能做到吗？

1	2	3
4	5	6
7	8	9

十七个英文单词

难度：★★★☆☆

请你在字母表中找出十七个英文单词，纵横方向圈出来，倒读亦可。

第48关

构思图形

难度：★★☆☆☆

以给出的图形“○○△△=”（两个圆、两个三角形、两条平行线）为构件，设计一个构思独特、有意义的轴对称图形。例如，图框中有一个符合要求的图形，你能构思出其他的图形吗？

请在所给出的图形中画出，并写出一句贴切、诙谐的解说词。

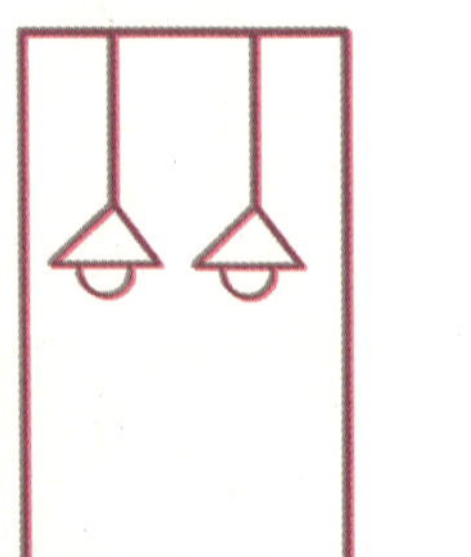

第49关 小刚的身高

难度：★★☆☆☆

小刚站在一棵4米高的杨树下，在齐自己头顶处的地方做了个记号，四年后，小刚的身高由原来的1米长到1.6米，树已长到20米，这时候是树上的记号高还是小明高？

第50关 时差

难度：★★☆☆☆

下图表格列出了国外几个城市与北京的时差(带负号的数代表同一时刻北京时间早的小时数)

城市	每小时时差
纽约	-13
巴黎	-7
东京	1
芝加哥	-14

1.如果现在北京时间是7：00，那么现在的纽约时间是多少？

2.小华现在想给巴黎的外公打电话，你认为合适吗？

第51关　形状不同

难度：★★☆☆☆

请你根据下面四个“形状不同”的文字，各猜一个数学名词。

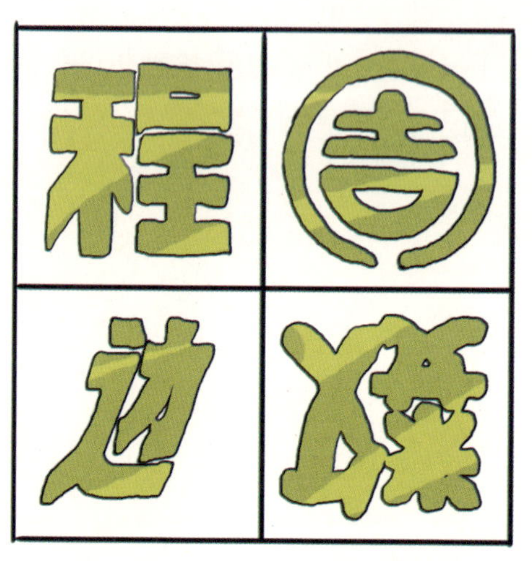

第52关　乐善好施

难度：★★★☆☆

国王为获得贫穷老百姓的支持，图一个“乐善好施”的好名声，决定施舍每个男人 1 美元，每个女人 40 美分(1 美元等于 100 美分)；为了不花费过多，这位国王算来算去，最后想出了一个妙法，决定将他的直升机于正午 12 时在一个贫困的山村着陆。因为他十分清楚，在那个时刻村庄有百分之六十的男人都外出打猎去了。该村庄共有成年人口 3085 人，儿童忽略不计。女性比男性多。请问：这位“精打细算”的国王要施舍多少钱?

第三章

挑战你的图形思维

图形思维是具有思维学基础理论、视觉心理学及工程图学中图示图解思维方法的综合性思维。通过训练，对用平面表达的立体的投影法、透视法、剖面法、展开法等“图形语言”有最基本的了解。

第1关　补图形

难度：★☆☆☆☆

如左图，一个长方形少了一块，你认为下面的哪个图形补上去，能使这个长方形完整？

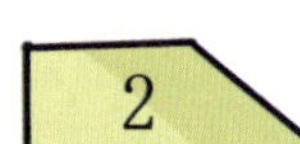

第2关　黑白围棋子

难度：★☆☆☆☆

摆放的黑白两色围棋子，要将之分成只有白棋子的行列和只有黑棋子的行列，而且每行棋子的颗数是相同的，至少要移动几颗棋子？

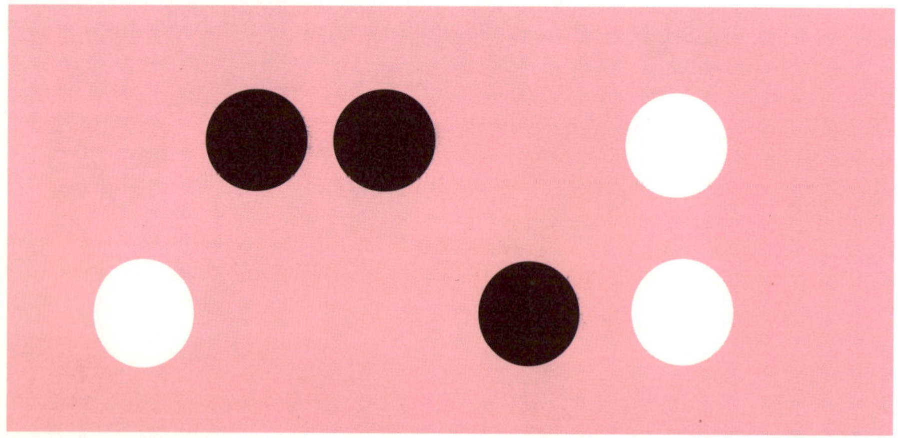

正确的选项

难度：★★☆☆☆

排放的黑白两色围棋，要将之分成只有白棋的行列，和只有黑棋的行列，而且每行棋的颗数是相同的，至少要移动几颗棋子？

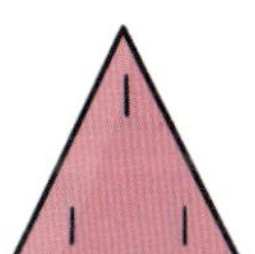

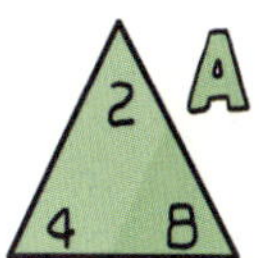

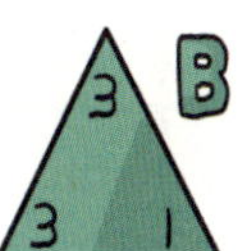

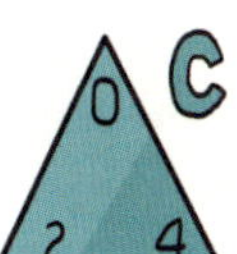

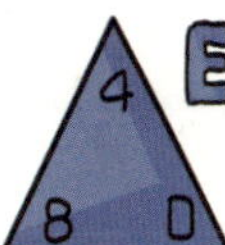

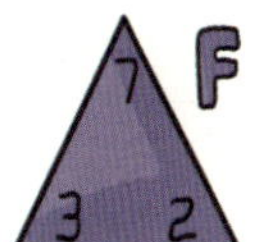

特别的保险箱

难度：★★★☆☆

这是一个特别的保险箱，打开它，需以一定顺序将每个按钮都按一次（只能一次），最后按的钮是 F。钮上已标出移动的步数和方向，即 1U 代表上移一步，1D 代表下移一步，1L 代表左移一步，1R 代表右移一步。参考给你的选项，最先必须按哪个钮？

3R	4D	2L	2L	2D
3R	3R	3D	2L	2D
1R	1D	F	3L	2L
2U	1L	3U	1U	2L
4R	1L	1R	1U	4U

代表一个数字

难度：★★★★☆

每一个字母代表一个数字，相同的字母代表相同的数字。

请问问号处是什么数字？

A	A	C	D	?
B	B	B	B	8
C	A	C	D	16
C	A	C	B	13
13	11	14	14	

最符合逻辑

难度：★★★☆☆

下列A、B、C、D、E、F六个选项，哪个模块放入图中最符合逻辑？

3	2	3	3	
2	2	3	2	
3	3	2	3	2
3	2	3	2	2
2	2	2	2	3

A	B	C	D	E	F
1	3	2	2	3	3
4	1	3	2	2	4

第7关 数字

难度：★★★☆☆

观察下图，计算出问号处应该填入的数字。

3	4	1	2
5	2	2	1
1	1	1	7
1	2	6	?

第8关 字母与数字

难度：★★★☆☆

根据给出的各组字母与数字间的联系，取代字母 W 旁的问号该是多少呢？

G	7
M	13
U	21
J	10
W	?

数字之和

难度：★★★☆☆

请选择适当的数字填入图中黑框内，使得从某个顶角出发，经过该黑框沿线串起的五个数字之和为 28。

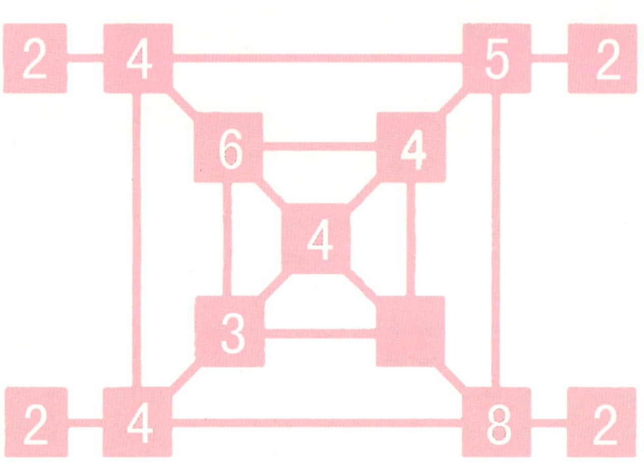

最大值

难度：★★☆☆☆

起点为左下角的球，终点为右上角的球。请选择互相连接的 9 个球，将球上的数字相加，能得到的最大值是多少？

组合

难度：★★☆☆☆

把图中的各部分组合起来，可以得到哪个数字？

细心观察是找对答案的关键，不要错过每一个细节！

拼火柴

难度：★★☆☆☆

1.用十二根火柴拼六个正方形；

2.用六根火柴拼出四个等边三角形；

用火柴在桌面上（即平面上）摆是很难摆出来的，把思维扩展到立体空间去，就容易找到答案了。

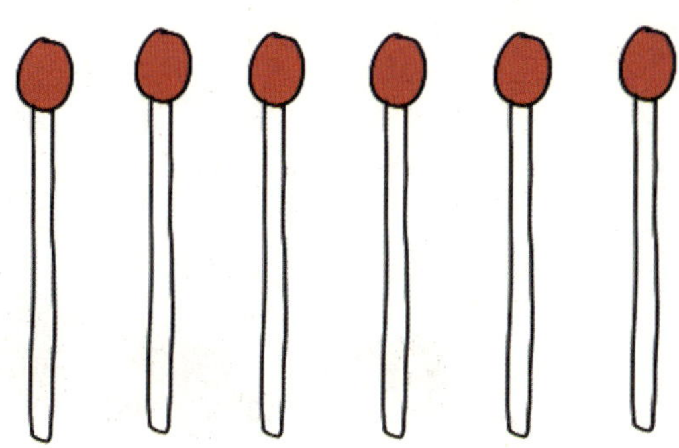

第 13 关 “春”字的成语

难度：★★★★☆

请在图中填上含有“春”字的成语。

成语是语言中经过长期使用、锤炼而形成的固定短语。

第 14 关 如何走出迷宫

难度：★★☆☆☆

从 A 点进，从 B 点出，快来试试吧！

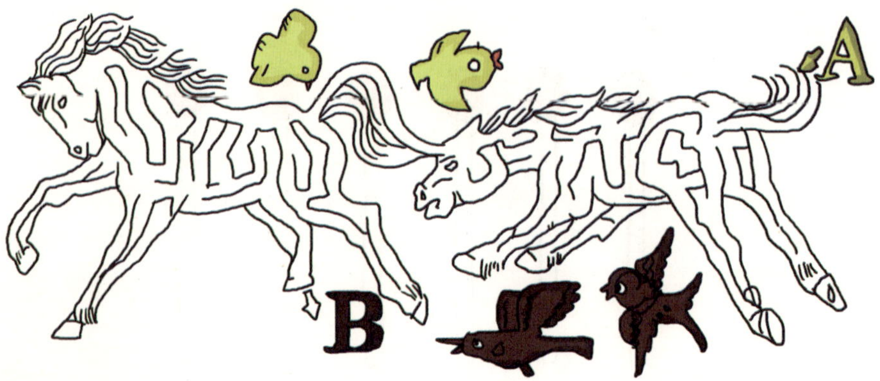

第15关 图形逻辑

难度：★★★☆☆

从左边的列中选择图形，以满足右边的图形，按照逻辑角度能正确排列下来。

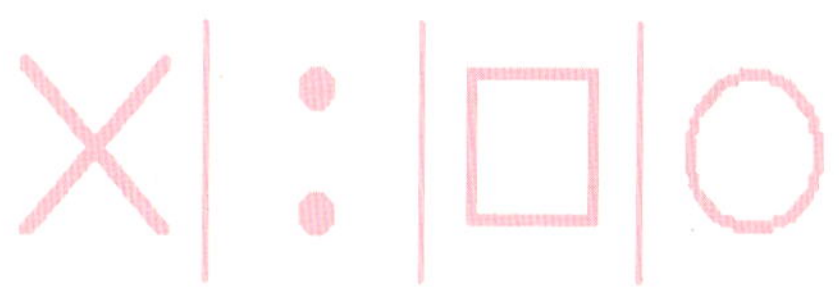

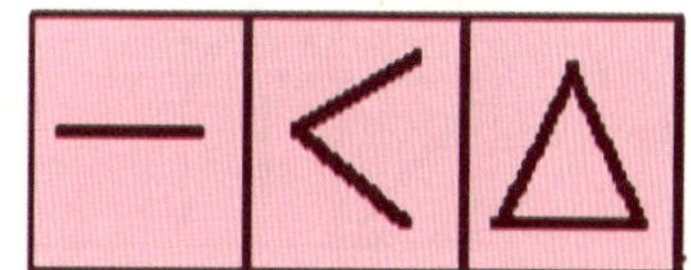

A B C D

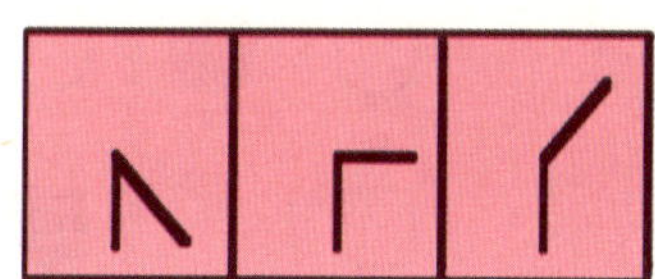

A B C D

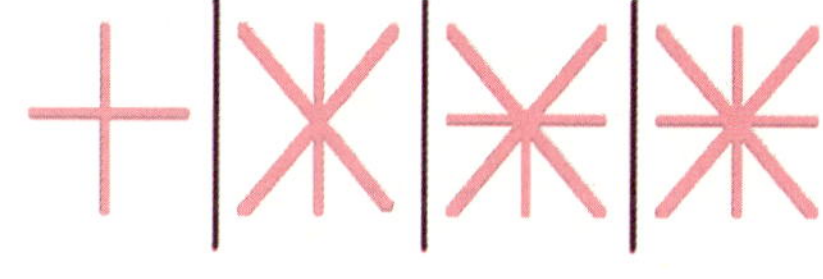

A B C D

你填对了吗

难度:★★★★★

从右边的图形中选择一个正确的填入左边的空白处。

a b

c d

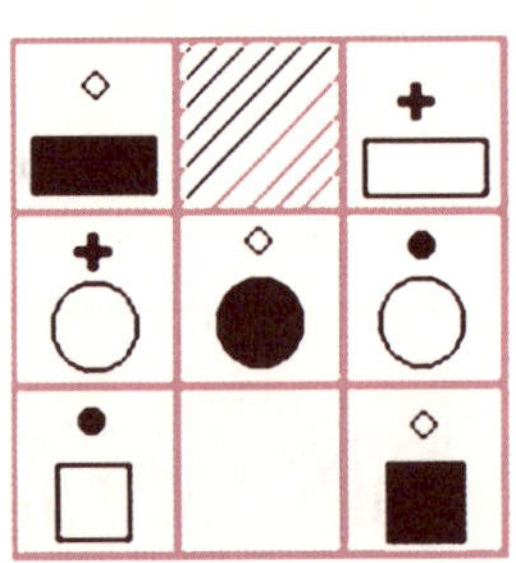

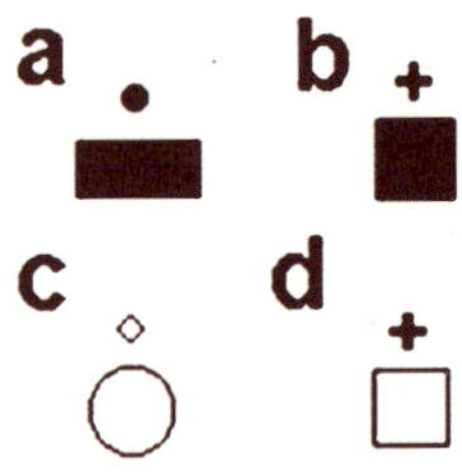

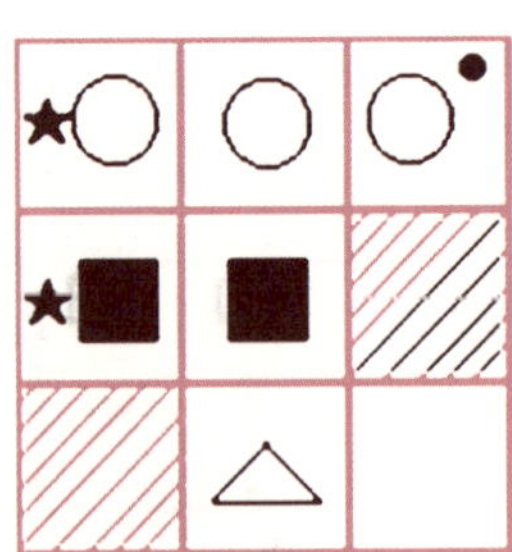

a b

c d

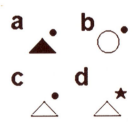

钟表的延续

难度：★★★☆☆

下列选项中，哪一个是图中系列钟表的延续？

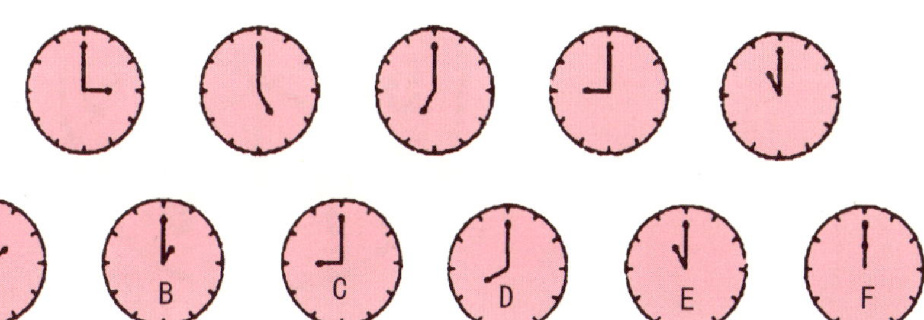

对应图形

难度：★★★☆☆

B是A的对应图形，D是C的对应图形。你看一看，D应是下面三个图形中的哪一个？

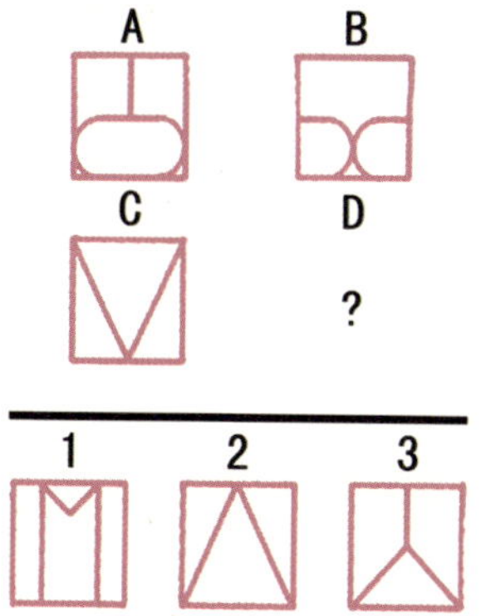

第 19 关　填填看

难度：★★★☆☆

右图中的数字是按照一定规律排列的，请你计算出“？”处应该填入的数字。

第 20 关　移动火柴

难度：★★★★☆

火柴可以摆成两个正方形(如右图)，请问如何操作可做到以下几点：

步骤一：移动其中 4 根后，使其变成 3 个正方形。

步骤二：在步骤一的基础上，再移动其中 8 根后，使其变成 9 个小正方形。

步骤三：在步骤二的基础上，再去掉其中 8 根后，使其变成 5 个正方形。

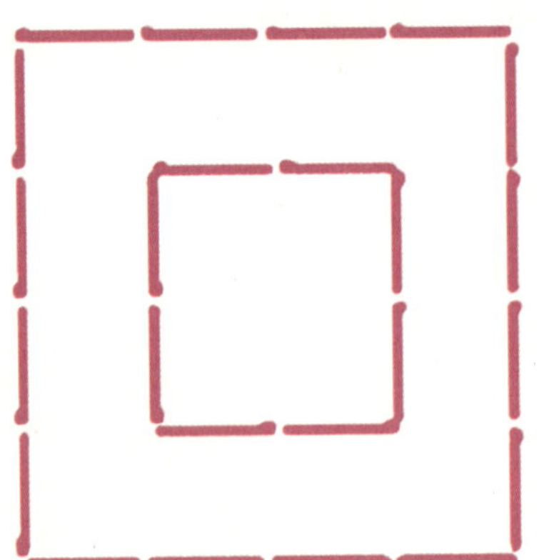

第21关 狐狸与鸭子

难度：★★★☆☆

一只狐狸追赶一只鸭子，鸭子逃到了一个正圆形池塘的圆心位置。狐狸不会游泳，鸭子也不能在水面上起飞(这是一只有残疾的鸭子)。狐狸的速度是鸭子的4倍。假设鸭子和狐狸分别遵循着最优的逃跑和追逐策略。

请问鸭子能不能安全地游到池塘边并起飞?如果能，怎么样才能做到?

第22关 填数字

难度：★★★☆☆

观察下图，这些数字是按照一定规律排列的，请你计算出“？”处的数字。

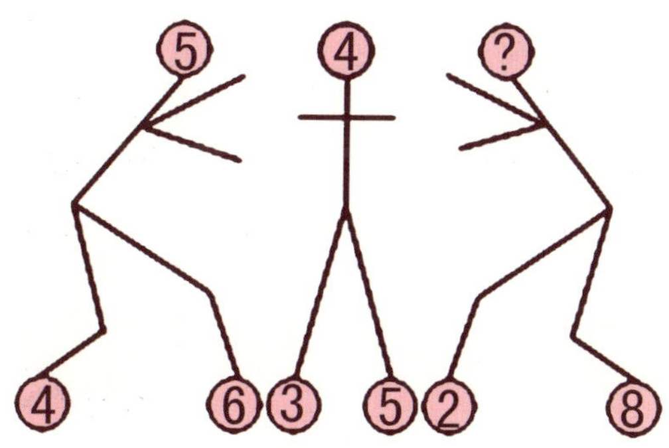

拼板

难度：★★☆☆☆

这五块拼板，其中有四块可拼成一个正方形，你能找出哪一块是多余的吗？

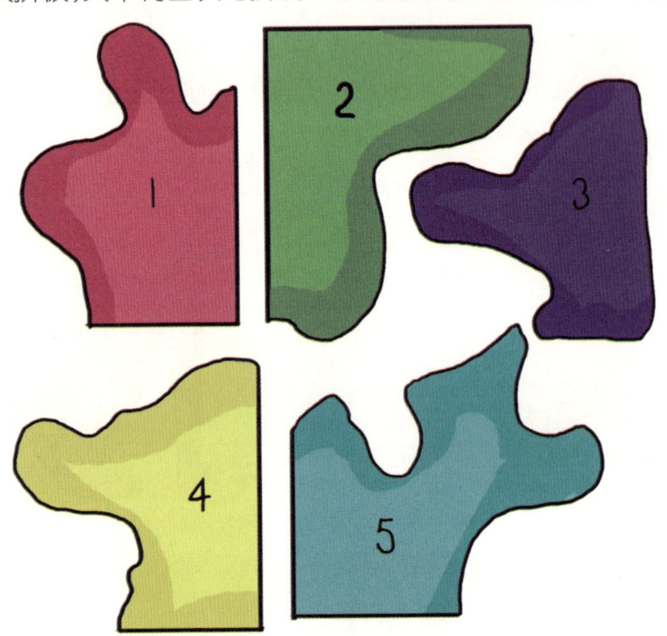

把小鸡的嘴巴补上

难度：★★★☆☆

请将图中1～4的四张小鸡的嘴放到缺嘴的小鸡头上，使小鸡分别朝前、朝后、朝下、，朝上看。

第25关 和不等

难度：★★★☆☆

两个加法算式，符号相同，但是它们的和不等。这种事情会发生吗？

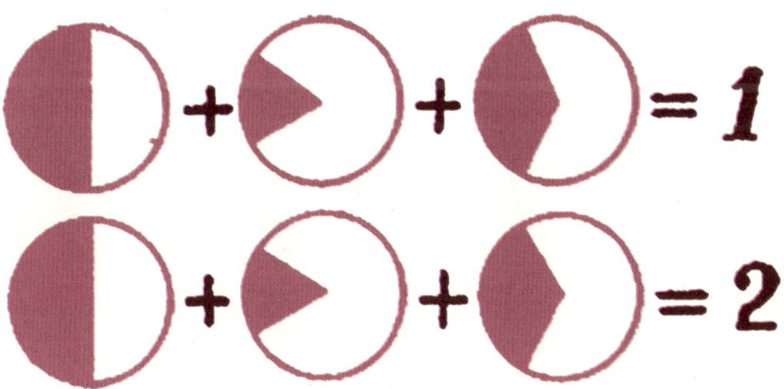

第26关 猜数字

难度：★★★☆☆

在问号内填上合适的数字。

数字相加

难度：★★★★☆

你能走一条路线到圆的中心拿奖杯吗？要求这条路线上的数字相加之和正好等于 100。

找合适的图

难度：★★★★★

从列出的六个图形中选出合适的填入问号处。

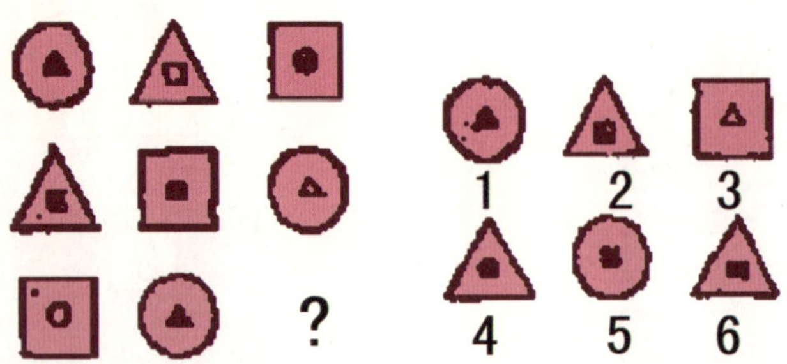

异形剪刀

难度：★★☆☆☆

这是两把异形剪刀，如果它们的剪柄按箭头方向运动，哪把剪刀能剪断剪口上的线头？

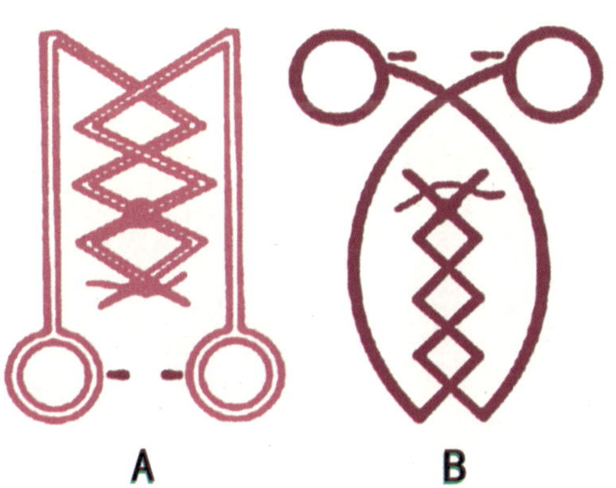

选正确的图形

难度：★★★★☆

从列出的六个图形中选出合适的填入问号处。

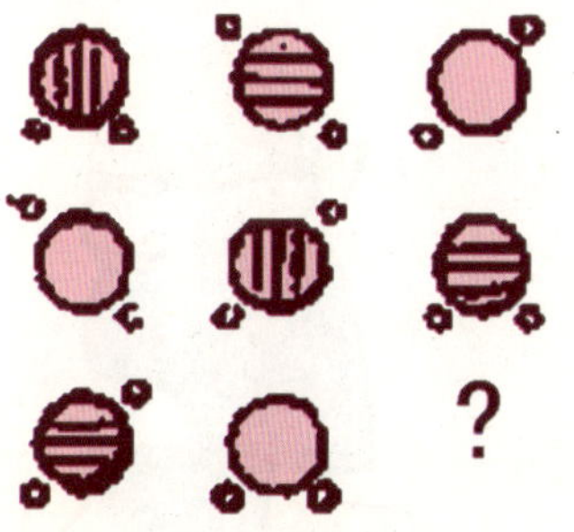

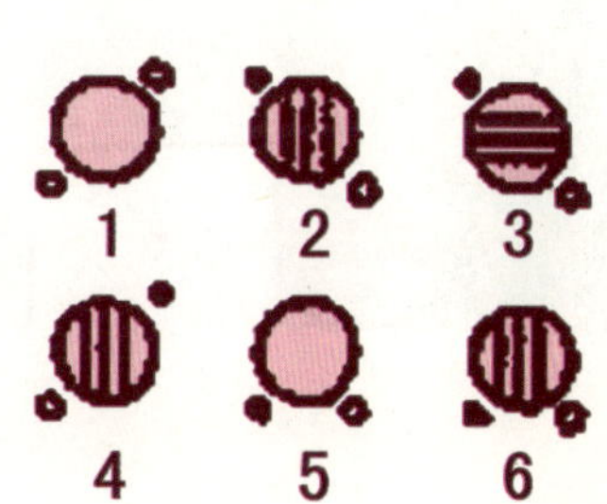

数字迷宫

难度：★★★★☆

东东和明明来到一块数字迷宫前，从标号为 1 的方格出发，通过所有方格最后到达标号为 56 的方格，走一格数一格，使数的数恰好和方格中的数字相连，每一格不能重复通过两次。小朋友，你觉得他们能行吗？快帮帮他们吧。

1		5	26				
				38			
	19			42			33
			22				56
13				47		53	

提示：细心观察是找对答案的关键，不要错过每一个细节！

"画蛇添足"

难度：★★★☆☆

请你在这个外形为英文"H"的图形上添一笔，使图形变成两个一样的汉字。

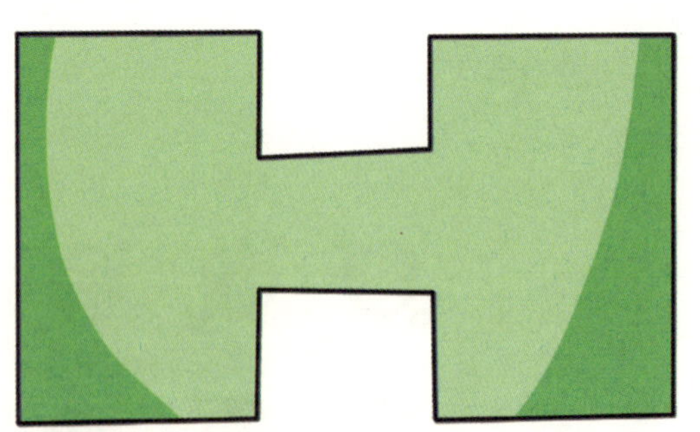

该选哪一个

难度：★★☆☆☆

从右边的图形中选择一个正确的填入左边的问号处。

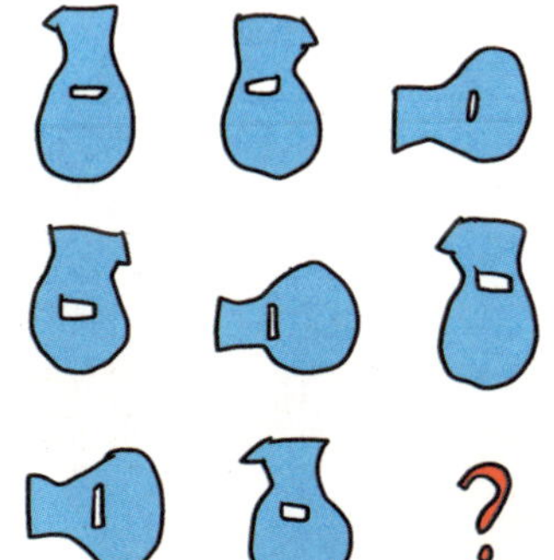

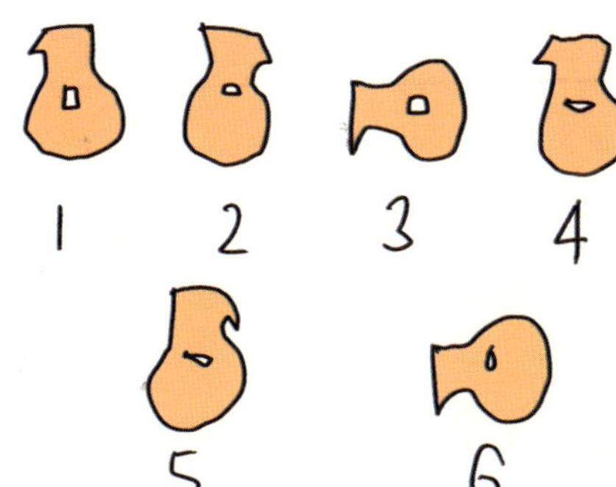

排列规律

难度：★★☆☆☆

请根据 A、B、C、D 四竖行数字的排列规律，推算出 E 竖行“？”处应是什么数？

A	B	C	D	E
1	2	3	4	5
2	7	4	9	4
3	3	11	11	?

第35关 两个圆环

难度：★★★☆☆

两个圆环，半径分别是 1 和 2，小圆在大圆内部绕大圆圆周一周，问小圆自身转了几周？如果在大圆的外部，小圆自身转几周呢？

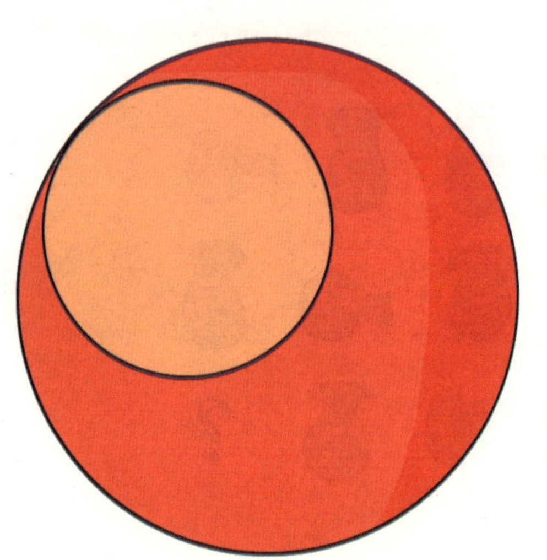

第36关 选合适的图形

难度：★★★★☆

从列出的六个图形中选出合适的填入问号处。

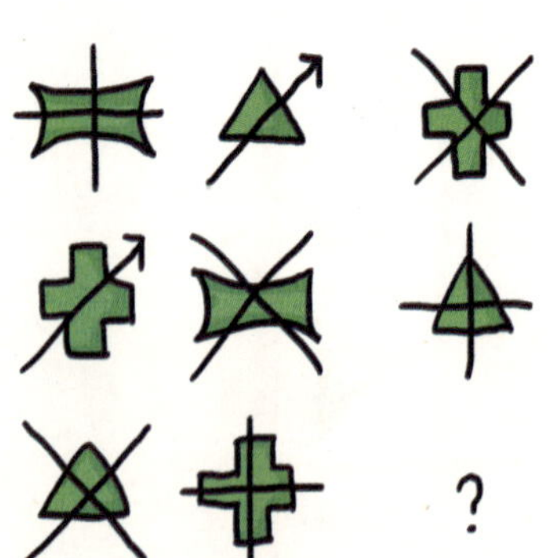

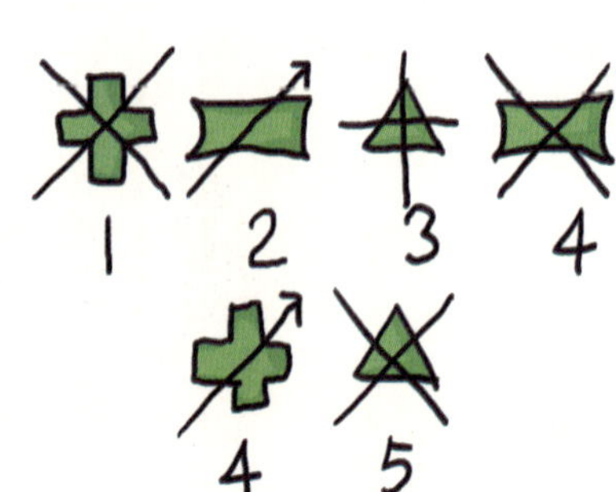

六个图形

难度：★★★☆☆

从列出的六个图形中选出合适的填入问号处。

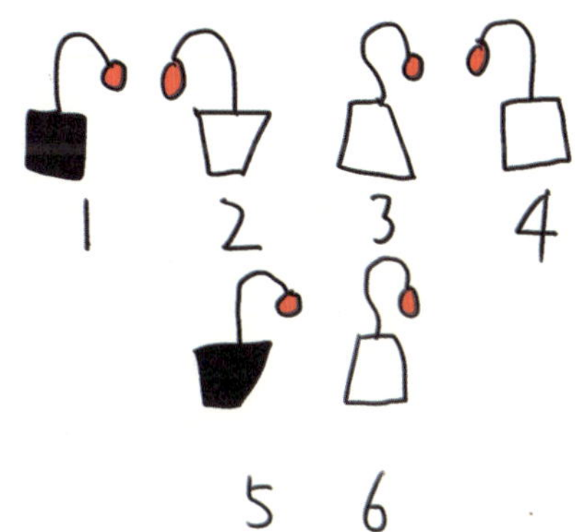

查图形

难度：★★★☆☆

图中的鱼是由若干块右边的图形组成的，你能指出各是几块吗？

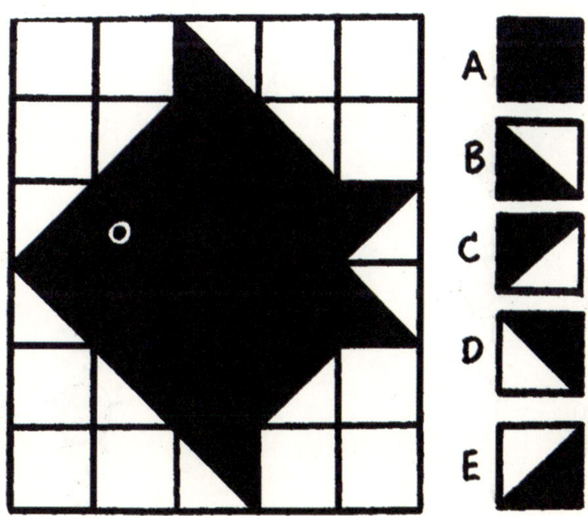

四堆珠子

难度：★★★★☆

在这四堆珠子中，只有一堆能顺着虚线连成像图A的一串。小朋友，你能找出是哪一堆吗？

选合适的图形

难度：★★★☆☆

从列出的六个图形中选出合适的填入问号处。

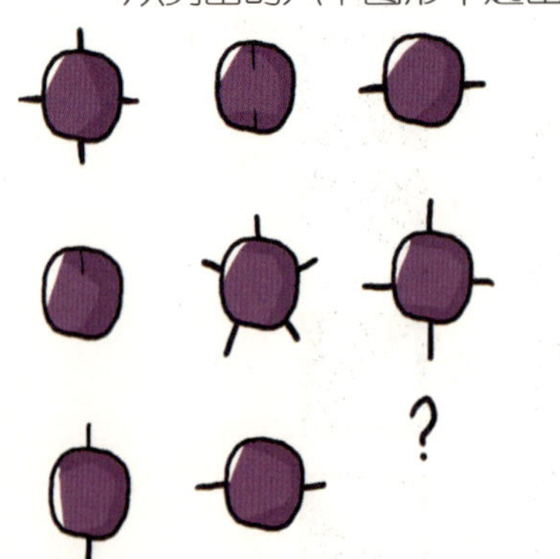

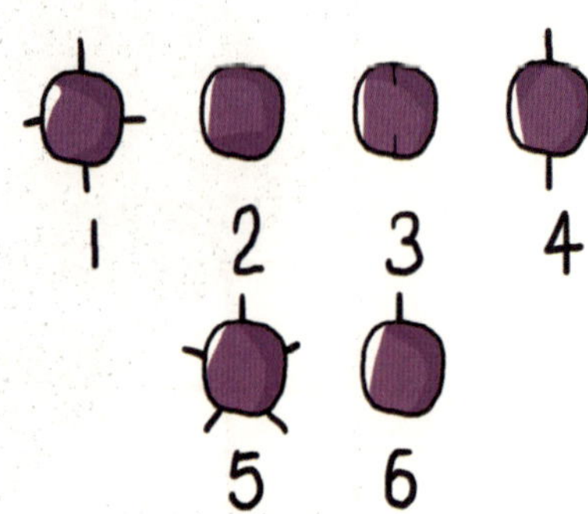

最适合的

难度：★★★★☆

从列出的六个图形中选出合适的填入问号处。

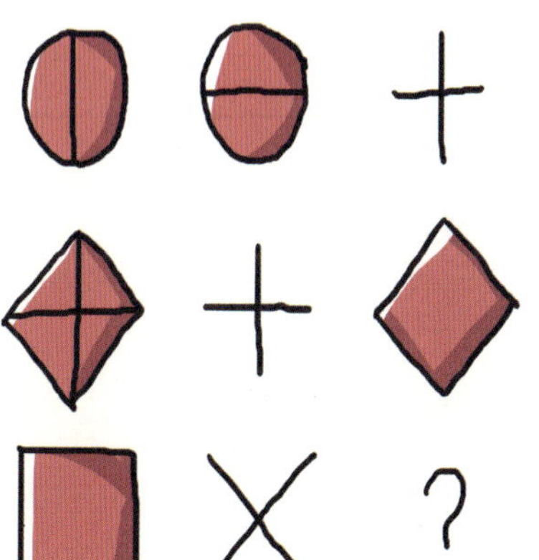

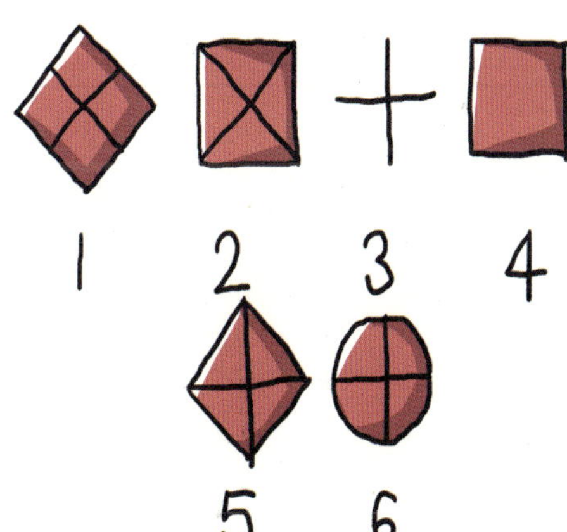

选合适的图形

难度：★★★☆☆

从列出的六个图形中选出合适的填入问号处。

下象棋

难度：★★★☆☆

慧慧和妍妍在学下象棋，按照中国象棋马走"日"字的方法，要使两只黑马分别跳到1和3的位置，两只红马分别跳到7和9的位置，要走几步才能完成？小朋友，一起来试试吧。

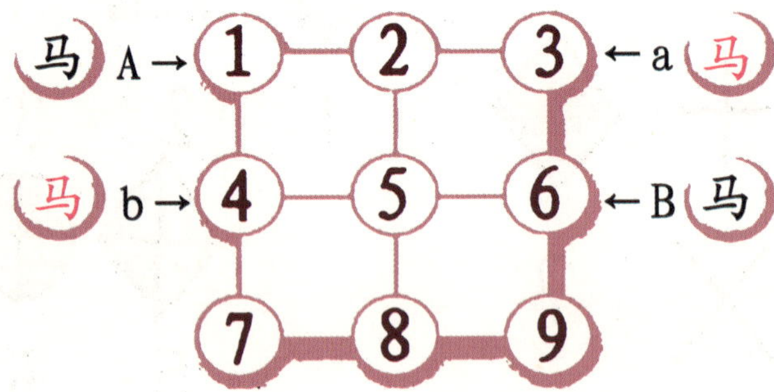

选合适的图形

难度：★★☆☆☆

从右边的图形中选择一个正确的填入左边的空白处。

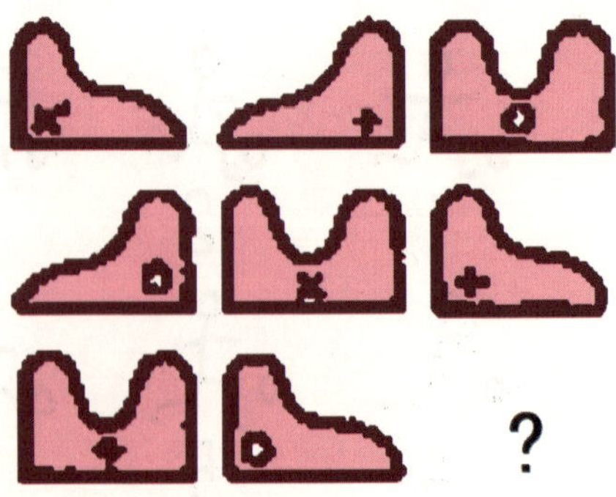

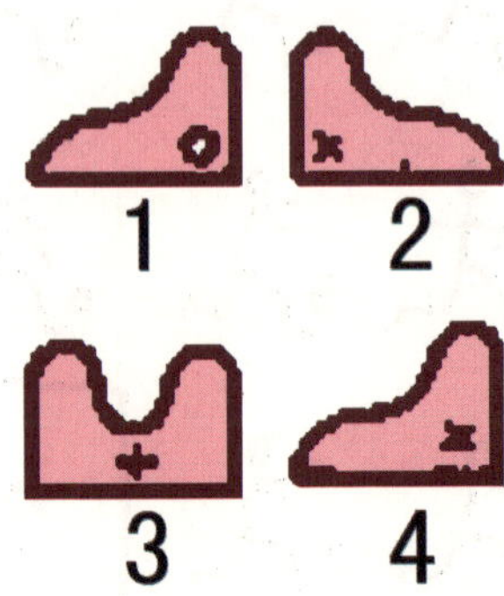

剧场看戏

难度：★★☆☆☆

A、B、C、D 四对夫妇在剧场看戏，他们的座位如下图所示。但只有满足如下的条件时，他们才就座：

1.各对夫妇必须挨着坐；

2.女的和女的、男的和男的不能挨着坐；

3.B 先生和 A 的夫人是兄妹关系，也要挨着坐。

所谓挨着坐指的是前后左右，不包括斜对角坐。对这些规定大家认可后，C 先生就在中间的位置就坐。C 先生既然已坐下，那就只好规定有一个人只能坐带“O”记号的位置，而不能坐带“ X ”记号的位置，这样才能满足前三个条件。那么这个人是谁?

第46关 有错的一幅画

难度：★★☆☆☆

寒假到了，下起了鹅毛大雪。小豆子和伙伴们一起堆雪人、打雪仗，玩得开心极了。晚上回家以后，就回想着白天的情景画了一幅画。可是他没有注意到这幅画犯了一些不合常规的错误。你能把这些错误全部找出来吗?

合力拉

难度：★★★☆☆

如果两人合力拉，可爱的小猫是否都会被绳子套住？

A

B

C

第四章

挑战你的想象思维

想象思维是人的大脑通过形象化的概括，对脑内已有的记忆表象进行加工、改造或重组的思维活动。想象思维是人脑借助表象进行加工操作的最主要形式，是人类进行创新及其活动的重要的思维形式。

第1关 同一句话

难度：★★☆☆☆

一个寺院里正在举行着吹牛皮比赛——比谁吃的东西最大。参加比赛的人一个个被招呼到和尚的厢房里，信口开河地吹了起来。比如有人说："我把地球当江米团子，撒上豆粉后一口吃掉了。"又有人说："我能把天上的星星都扫到一块儿，用平底锅炒着吃。"但是这些吹牛者在和尚面前，一个个都甘拜下风。

有一个人非要占上风不可，于是说："我吃的东西是最大的，也就是说，任何东西都没有它大。"他满以为这样一说准能获胜。可是上场不久，他也照样垂头丧气地败下阵来。

你知道和尚说的是什么吗？

第2关 划拳游戏

难度：★★★☆☆

印度尼西亚也有划拳游戏。不过他们是用大拇指、食指、小拇指来分别表示人、蚂蚁和大象(相当于石头、剪刀、布的关系)。当两人伸出相同的手指就算平局，因此经常决定不了胜负。

有一天A对B说："为了一次定局，让我们只伸出'人'和'蚂蚁'吧，如果咱俩同时伸出'人'，就算我胜；如果同时伸出的是'蚂蚁'，就算你胜。我看这样很公平，而且很痛快，一次就定局了。"

如果B同意这个赛法，那么，比赛五次的话，A能胜几次？

第3关 真实容貌

难度：★★☆☆☆

当你照镜子时，反射出的不见得都是你的真实容貌。一人站在两块相对排放着的立镜中间，就会照出一连串的影像。

假设有一间小屋，屋内上下、左右、前后都铺满了无缝隙的镜子，请问：当有个芭蕾舞演员走进这间小屋时，她能看到什么样的影像呢？

第4关 怎样带走20个鸡蛋

难度：★★★☆☆

一天一个篮球运动员只穿了一条内裤、戴了一块手表在球场上练习投篮。有个人给了他20个鸡蛋。这个人把鸡蛋放在球场边的地上就走了。这时，球场边没有任何可以用来装鸡蛋的东西，也找不到可以帮忙的人，实在让这位运动员感到为难。可是他想了一会儿，还是想出了办法，把鸡蛋带走了。

请问这个篮球运动员想出了什么办法？

第5关 小明说了啥

难度：★★☆☆☆

阅读下图，综合你的想象力把最后场景合理地编写出来。

第6关 占卦先生

难度：★★★☆☆

德黑兰城内有一位占卦先生。有个人想为自己的婚姻、工作、疾病三件事请教他。可是这位占卦者为了骗更多的钱，在门口挂了一块牌子，上写“两问要付 2000 里亚尔”。可他身上只带了 2500 里亚尔。于是他问占卦者：“很短的一两句话也算一问吗？”占卦者答：“当然。”于是他又问：“再长的话问一件事也算一问吗？”“是的。”于是他苦思冥想，想找到一种有效的提问方法。

他能找到怎样的方法？他原来准备的三个问题，到底问了几个？

第7关 不同的蔬菜图形

难度：★★★☆☆

有一个侦探逮捕了五个嫌疑犯。这五个人供出的作案地点有出入。进一步审讯了他们之后，他们分别提出了如下的申明：

A.五个人当中有一个人说谎；

B.五个人当中有两个人说谎；

C.五个人当中的三个人说谎；

D.五个人当中有四个人说谎；

E.五个人全说谎。

只能释放说真话的人，该释放谁呢？

第8关 庄园主

难度：★★★★☆

新德里郊区有个庄园主，雇了两个小工为他种小麦。其中A是一个耕地能手，但不擅长播种；;而B耕地很不熟练，但却是播种的能手。庄园主决定种10公亩地的小麦，让他俩各包一半，于是A从东头开始耕地，B从西头开始耕地。A耕地一亩用20分钟，B却用40分钟，可是B播种的速度却比A快3倍。耕播结束后，庄园主根据他们的工作量给了他俩100卢比工钱。

他俩怎样分才合理呢？

第9关　如何证明

一个人用手把装满水的杯子倒转过来，一直拿着，杯中的水也不会洒下来。当然，杯子上没有加盖子，而杯中一定是液态的水，而非冰或水蒸气。请问他是用什么办法？

第10关　鸡兔同笼

难度：★★★☆☆

"鸡兔同笼"的算题和算法，在中国古代的民间广为流传，甚至被誉为"了不起的妙算"。以至清代小说家李汝珍，把它写到自己的小说《镜花缘》中。

《镜花缘》写了一个才女米兰芬计算灯球的故事：

有一次米兰芬到了一个阔人家里，主人请她观赏楼下大厅里五彩缤纷、高低错落、宛若群星的大小灯球。

主人告诉她："楼下的灯分两种：一种是灯下一个大球，下缀两个小球；另一种是灯下一个大球，下缀四个小球。楼下大灯球共 360 个，小灯球 1200 个。"

主人请她算一算两种灯各有多少。

聪明的读者，你知道怎么算吗？

折图游戏

下图是一张画着不同花纹的展开图，把它折起来后，不可能做出的是下列6个中的哪一个骰子呢？

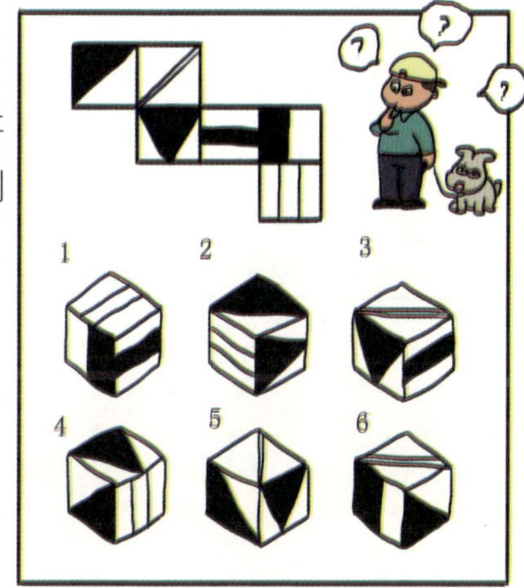

第 12 关 迷宫

难度：★★☆☆☆

在此迷宫中，玩石头剪子布游戏，每赢一次可走一步。平了或者输了都不可以走。三名小朋友中谁能到达目的地呢？但，三个人只能出两手中牌子上指示的两种。

小明　小花　小强

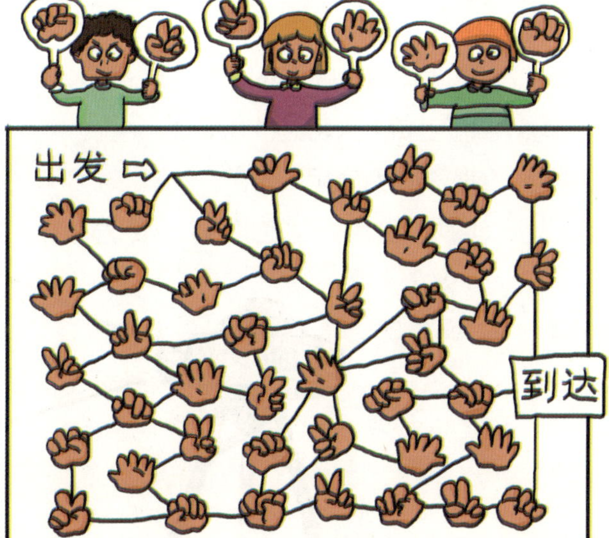

旅游

难度：★★☆☆☆

有对情侣坐大巴去山里旅游，到地方后下了车，然后车继续走，刚走不远女孩就听到“咣”一声，抬头一看，原来一块大石头从山坡上掉下来，正好砸到车上！车里人全死了！女孩看着这一切，悲伤地对男孩说：要是我们刚才没下车就好了。

她为什么这么说？

第 14 关

影视放映

难度：★★★☆☆

许多影视放映场所为了增加其票房收入，把一些并不包含有关限制内容的影视片也标以“少儿不宜”。

他们这样做是因为确信以下哪项断定？（ ）

1. 成年观众在数量上要大大超过少儿观众。
2. “少儿不宜”的影视片对成年人无害。
3. 成年人普遍对标明“少儿不宜”的影视片感兴趣。

A. 仅 1　　B. 仅 2

C. 仅 1、3　　D. 仅 2、3

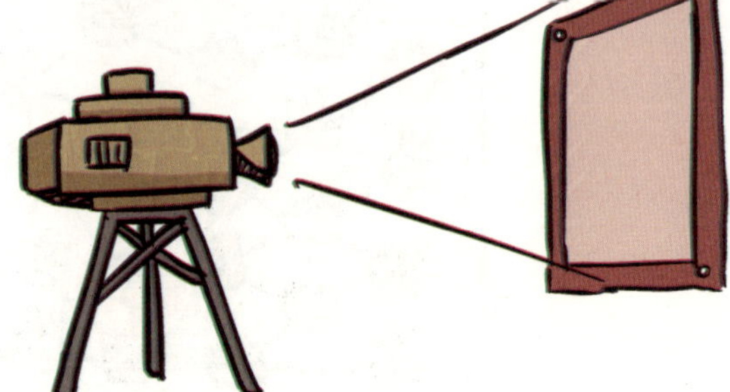

第15关 来家里玩

难度：★★★☆☆

提问：A君与B君的家均位于新兴的住宅地，相距只有一百米。此地除这两家之外，还没有其他邻居，而且也没有安装电话。现在A君想邀请B君“来家里玩”，在不去B君家邀约的情况下，以何种方法能最早通知B君？

第16关 在路上

难度：★★★★☆

一位盲人和一条导盲犬，正走在路上，但是……

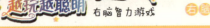

建筑设计

难度：★★★☆☆

下边是一个集贸市场，左边是三张建筑设计图，你能根据集贸市场的布局，找出哪一张是正确的设计图吗？

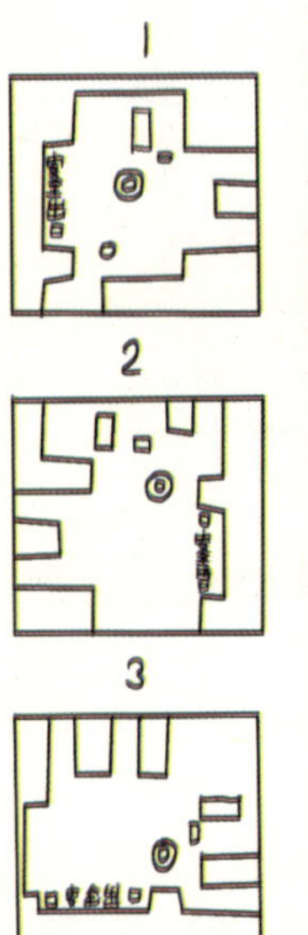

蛋从哪来

难度：★★★☆☆

我的叔叔每天以两个蛋作为早餐，但他既不求人给他蛋，也不向人借蛋，更不会去偷、去寻找或者去买蛋；他不养鸡，无法向他提供蛋；他也不用其他东西和人换蛋，也没有母鸡跑到他的花园里下蛋。那么我叔叔是怎么样得到蛋的呢？

第19关 诱人蛋糕

难度：★★☆☆☆

有一块只在表面上涂着巧克力的诱人蛋糕。如果用力把这块方形巧克力蛋糕切六刀后（横向三刀，竖向三刀），可以切出27小块。有两面和三面都涂着巧克力的蛋糕共有几块呢？

沿着横向、竖向和水平方向割切两刀，就可以切出……

第20关 幸运的姑娘们

难度：★★★☆☆

一个探险家有一次分别从三只凶狠的狼爪下救出三个姑娘。现在只知道：

1.被救出的姑娘分别是倩倩、农夫家的女儿和从白狼爪下救出来的姑娘；

2.菲菲不是书店家的女儿，丽丽也不是开宾馆家的女儿；

3.从黑狼爪下救出来的不是书店家的女儿；

4.从红狼爪下救出来的不是菲菲；

5.从黑狼爪下救出来的不是丽丽；

根据上面的条件，说说这三个姑娘分别来自哪家？又是从哪种颜色的狼爪下被救出来的？

拼动物

难度：★★★★★

把弄混的图片一块一块拼起来，就会出现一只动物，你知道这是什么动物吗?

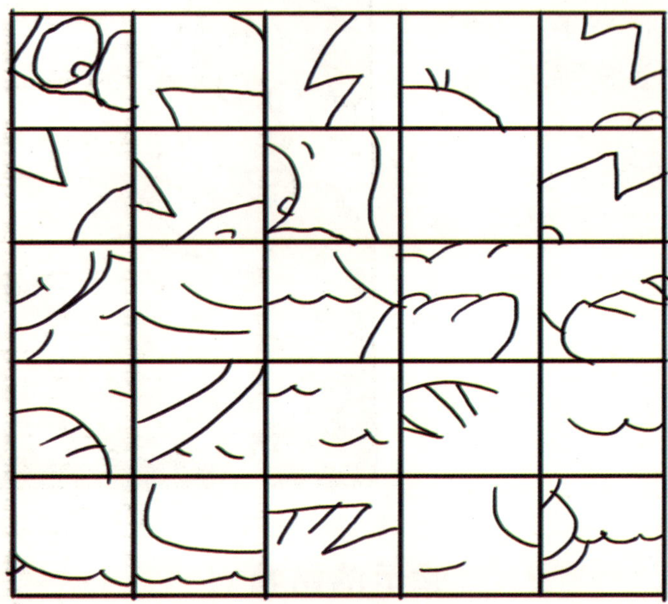

森林里

难度：★★★☆☆

在一座森林里住着老少两人，老者每逢星期一、二、三就只说谎话，少者每逢星期四、五、六也说谎话，其他时间他们都说真话。

有一天东东走入森林里迷了路，恰好碰到了那两个人，也知道他们说谎话的日子，因此他想要问路就要先搞清当天是星期几，如果是星期一、二、三就不问老者，如果是星期四、五、六就不问少者，如果是星期天，当然问谁都可以了。

当东东问他们的时候，他们都回答说："昨天是我说谎的日子。"

你知道当天是星期几吗?

第23关 漫画原本

难度：★★★★☆

下列两组漫画原本是由三张构成的，现在都缺少中间一张。仔细观察前后两张，想象一下中间那张画的是什么呢？

第24关 一幢高楼

难度：★★☆☆☆

三个工人在砌一堵墙。

有人过来问：“你们在干什么？”

第一个人没好气地说：“没看见吗？砌墙。”

第二个人抬头笑了笑，说：“我们在盖一幢高楼。”

第三个人边干边哼着歌曲，他的笑容很灿烂开心：“我们正在建设一个新城市。”

10年后，他们的角色会是什么呢？

第一个人（ ）；第二个人（ ）；第三个人（ ）。

第25关 梦露小姐

难度：★★☆☆☆

爱打扮的女歌手梦露小姐正在为登台而化妆，她边照镜子边精心地涂着口红。在右边四个小图中，镜中的梦玛小姐会是什么样子呢？

第26关 与原图不一一的

难度：★★☆☆☆

当在图的对面竖起一面镜子时，镜子里的图像与原图不一样的有哪些呢？

第 27 关 彻底的无私

难度：★★★☆☆

有人说，彻底的无私包含两个含义：第一，无条件地实行为他人服务；第二，拒绝任何他人的服务。

下述哪项是上述观点的逻辑推论？

A.没有人是彻底无私的。

B.不可能所有的人都是彻底无私的。

C.如果有人接受了他人的服务，那么一定存在彻底无私的人。

D.如果有人拒绝了他人的服务，那么一定存在彻底无私的人。

E.彻底无私的人要靠教育来造就。

第 28 关 乒乓球锦标赛

难度：★★★★☆

世界乒乓球锦标赛男子团体赛的决赛前，S 国的教练在排兵布阵，他的想法是：如果 4 号队员的竞技状态好，并且伤势已经痊愈，那么让 4 号队员出场，只有 4 号队员不能出场时才派 6 号队员出场。

如果决赛时 6 号队员出场，则以下哪一项肯定为真？

A.4 号队员伤势比较重。

B.4 号队员的竞技状态不好。

C.6 号队员没有受伤。

D.如果 4 号队员伤已痊愈，那么他的竞技术状态不好。

第29关 不同之处

难度：★★☆☆☆

下面是同一情况下从正面和反面拍摄的两张照片，请仔细观察一下，找出两张照片中8处不一样的地方。

细心观察是找对答案的关键，不要错过每一个细节！

第30关 有多少改变

难度：★★★☆☆

外星人向地球发射了一颗人造卫星。这颗卫星同月亮一样大，而且运行在月亮所运行的同一条轨道上。从此，两个月亮一前一后围绕着地球转，展开你想象的翅膀，预测一下会出现什么后果。

连续运动

难度：★★★☆☆

下面是两个人正在做着连续运动时的图片。请仔细观察一下他们的动作和表情，想象一下他们分别在做着什么事情？

1

2

巧打绳结

难度：★★☆☆☆

有一条绳子，请用你的右手拿着绳子的一端，左手拿着绳子的另一端，两只手都不准放开绳子，把这条绳子打个结。

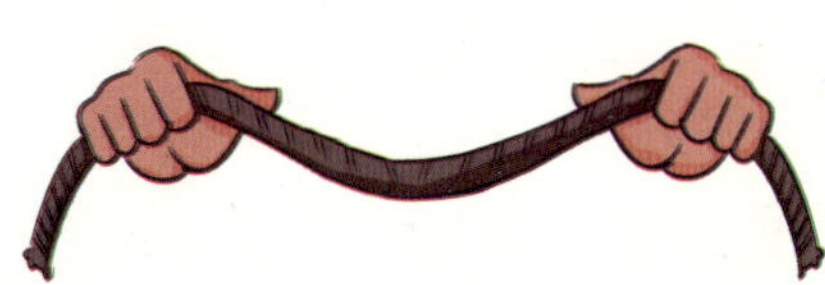

请问你能做到吗？

搭金鱼

难度：★★★★☆

如果搭一条小金鱼用 8 根火柴，如下图，搭 99 条金鱼需要多少个火柴？

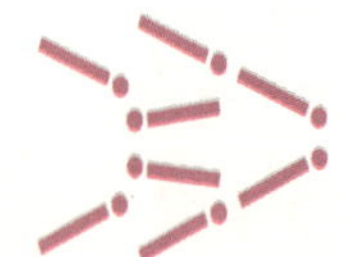 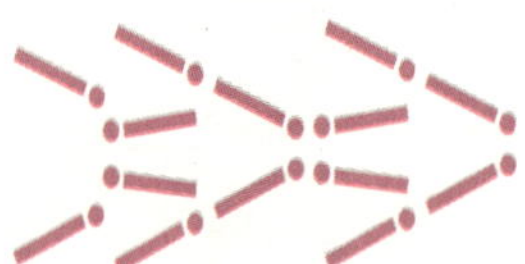 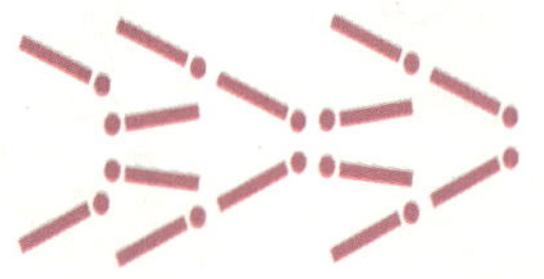 ……

算图形

难度：★★★☆☆

如下图，这些图形的排列遵循一定的规律，你知道当它们排列到第 10 个时，会是几边形吗？

第35关 小李的疑惑

难度：★★★★★

小李全家来到电影院，他们已经好久没有一起看电影了。

离电影开始还有二十分钟时，"爸爸，冰淇淋！"小李笑嘻嘻地看着爸爸说。

"好，你去买吧。"

"耶！谢谢爸爸！"

小李来到小卖部前排队，无意间听到了前面三个人的谈话，他们似乎是一起来的。

男子A："不是带妹妹来了嘛，她去哪儿了？"

男子B："好久没和姐姐一起来看电影了。"

男子C："我从来没和家里人来看过电影。"

听了这些话，小李心想："这些人可能会买五份冰淇淋，和他们一起来的应该还有两个人。"

可是前面的人只买了四份。小李觉得很奇怪，就悄悄地问前面的人："你们一起来的是五个人吗？"

"不，是四个人。"

小李买完冰淇淋，满脸疑惑地回到座位，然后把刚才发生的事告诉了爸爸和妈妈。

这到底是怎么一种情况呢？

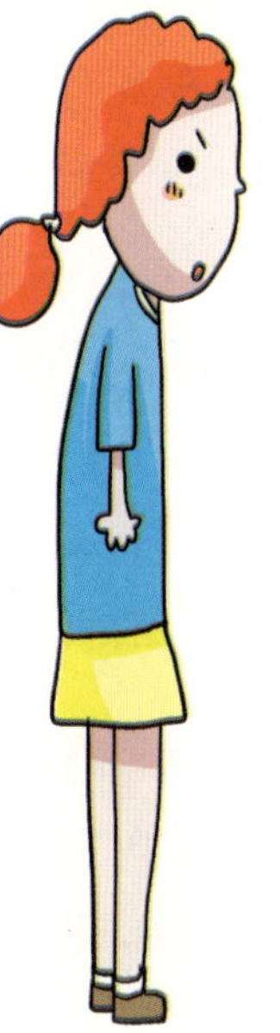

走棋

难度：★★☆☆☆

下面是一个“走棋”图。慧慧从 A 处走向 B 处，妍妍从 B 处走向 A 处。要求每格都得走到，但不准重复，不准跳动。你有几种走法？

		A	
B			

品牌洗衣粉

难度：★★★☆☆

某商厦对销量较大的 A、B、C 三种品牌的洗衣粉进行了问卷调查，发放问卷 270 份(问卷由单选和多选题组成)。对收回的 238 份问卷进行了整理，部分数据如下：

内　　容	质　　量			广　　告			价　　格		
品　　牌	A	B	C	A	B	C	A	B	C
满意户数	194	121	117	163	172	107	98	96	100

用户对各种品牌洗衣粉满意情况汇总表，根据上述信息回答下列问题。

1.A 品牌洗衣粉的主要竞争优势是什么？你是怎么看出来的？

2.广告对用户选择品牌有影响吗？

3.你对广告厂家有何建议？

充分发挥想象力

难度：★★☆☆☆

下面四张图是从不同的位置和角度观察到的画面，请仔细观察下图，充分发挥你的想象力，猜一猜在什么地方能看到这些画面？

①

②

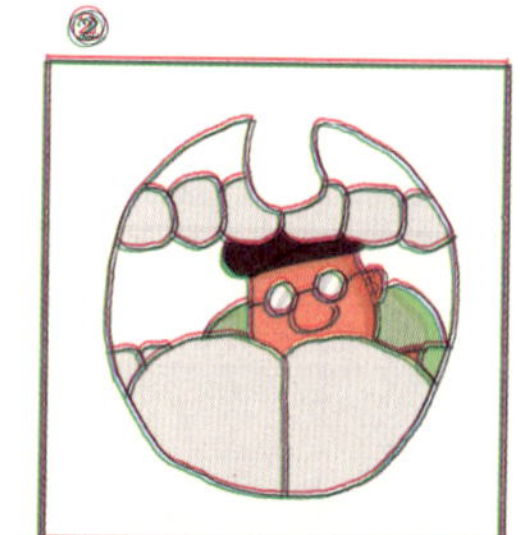

③

④

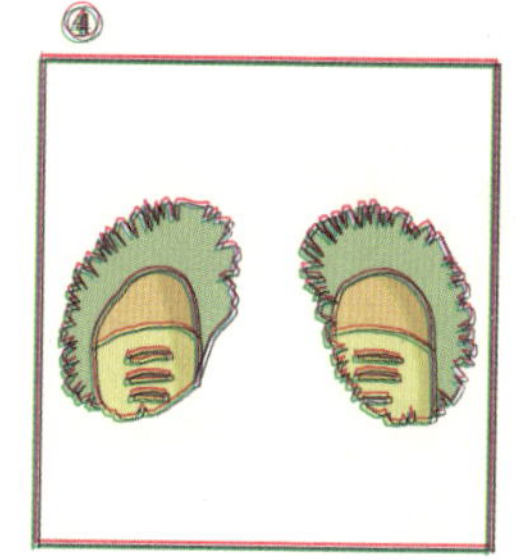

第 39 关 老人聚会

难度：★★★☆☆

老张、老李和老王都退休了，他们约好每年夏季聚会一次，老张雨天不愿出门，老李晴天怕热不想出门，老王阴天也不想出门。明天就是他们聚会的日子了，可是夏季不是晴，就是下雨，再不就是阴天，他们能够聚会吗？

第40关 不是正方形的展开图

难度：★★★☆☆

下列展开图形中不是正方体的的展开图的是哪一个？

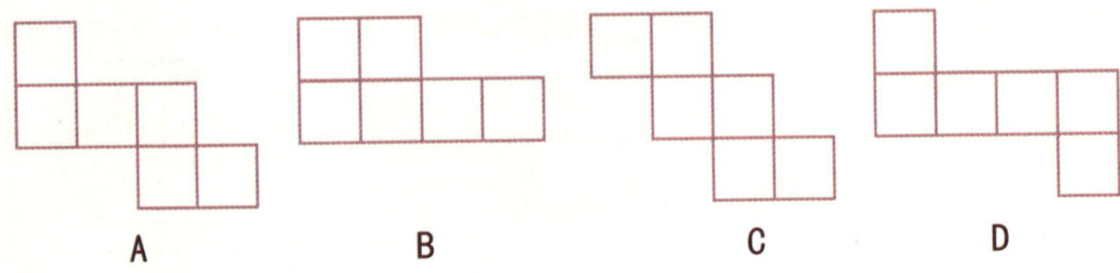

第41关 算盘书

难度：★★★★★

意大利的斐波那契在《算盘书》中写了这样一个问题："7个老妇同赴罗马，每人有7匹骡，每匹骡驮7个袋，每个袋盛7个面包，每个面包带有7把小刀，每把小刀放在7个鞘之中，问各有多少？"受到这个问题的启发，德国著名的数学史家M·康托尔认明阿默士的题意和这个题所问是相同的。

这类问题，在19世纪初又以歌谣体出现在算术书中：

"我赴圣地爱弗西，途遇妇女数有七，一人七袋手中提，一袋七猫数整齐，一猫七子紧相依，妇与布袋猫与子，几何同时赴圣地？"

问题来了：上面的歌谣中，妇女、袋子、猫、猫仔，共有多少？

第42关 学外语

难度：★★★☆☆

母亲：“外语从小就要努力学，天天学，这样才能掌握好。”

儿子：“我长大了又不想当翻译，为什么要努力学外语？”

以下哪项是儿子的回答中所包含的前提？

A.只有当翻译，才需要努力学习外语。

B.当翻译就要努力学习外语。

C.不学外语就不能当翻译。

D.当翻译有什么意思，我没兴趣。

E.学习外语的唯一用处就是当翻译。

第43关 找影子

难度：★★☆☆☆

生活中，时常会出现这样的情况：当我们在灯光前面做出一个动作的时候，相应的姿势就会倒映在墙上，千姿百态，纷繁多变。聪明的读者，右图的这些手势倒映在墙上的时候，会出现什么样的影子呢？

第44关 灌木丛大火

难度：★★☆☆☆

加利福尼亚州洛斯阿尔托斯市希尔斯郡大火区的政府官员们面临着一个严重的问题，即城镇周围山坡上的灌木丛大火。如果他们用螺旋桨飞机清除掉这些灌木丛，则可能会引起火花，而这种火花会导致火灾。他们如何做才能避免火灾呢？

第45关 正确的选项

难度：★★★★☆

如果在A、B、C、D、E各图中某处添上一条线（任何形状的线皆可，但线条不能重叠），哪幅图案能够变成左图所示的形态？

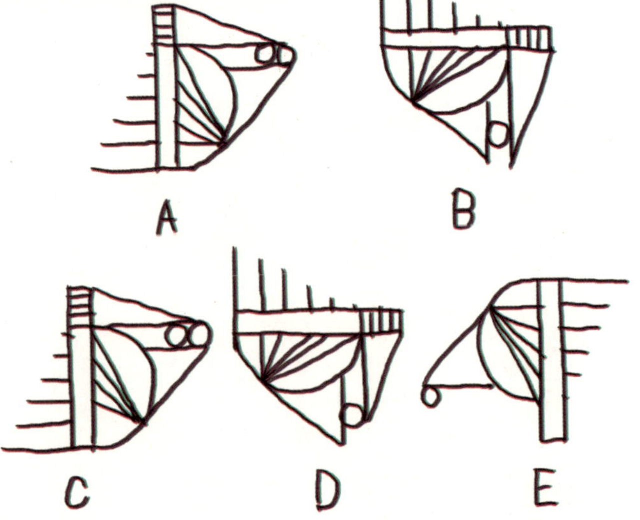

第五章

挑战你的创新思维

创新思维是指以新颖独创的方法解决问题的思维过程。通过这种思维能突破常规思维的界限，以超常规甚至反常规的方法、视角去思考问题，提出与众不同的解决方案，从而产生新颖的、独到的、有社会意义的思维成果。

第1关 科技创新竞赛活动

难度：★★★☆☆

某班级拟开展一项“科技创新方案竞赛活动”，请你写出该竞赛活动计划方案的主体部分（方法不限）。该写作部分是计划正文的核心部分，包括目标、措施、步骤三部分。

1.目标——应回答“做什么”“做到什么程度”。

2.措施——应回答“怎么做”，即方案计划的具体实施措施与办法。

3.步骤——应回答“什么时候完成”，即方案计划的进度和时序安排。

要求目的清晰，措施得力，步骤时限积极稳妥、可行。

第2关 买鸡

难度：★★★★☆

南北朝时期北魏清河县有一个大官，对面住着一家卖鸡的。大官听说卖鸡的有一个儿子很聪明，他想考一考这个孩子，便拿出一百个钱，要买一百只鸡。

已知公鸡每只值 5 个钱，母鸡每只值 3 个钱，而小鸡 3 只值 1 个钱。公鸡、母鸡、小鸡各买多少只，才能恰好一百只，并且恰好值一百个钱？

第3关 深山藏古寺

难度：★★★☆☆

从前，有一位先生给四位画家出题作画，画题是“深山藏古寺”。姓赵的画家画了深山又画古寺，结果画成了“深山和古寺”；姓钱的画家只画了深山，没有画古寺，结果画成了“深山无古寺”；姓孙的画家画了深山，并画了古寺的一角，这叫“深山露古寺”；只有姓李的画家通过认真审题经过冥思苦想，终于画了一幅符合题意的画。你知道是怎么画的吗？

第4关 拣硬币

难度：★★☆☆☆

美国第九届总统威廉·亨利哈利逊出生在一个小镇上家庭贫困。他小时候性格文静内向，腼腆害羞。镇上的人喜欢作弄他，常常故意把一枚一角和一枚五分的硬币同时扔在他的面前，要他从这两枚硬币中拣一枚。威廉总是拣那个五分的，每一次都会引起人们的哄笑。镇上的很多人都认为他是一个小傻瓜，假到了连一角和五分哪个面值更大都分不清的程度。

请问小威廉真是这么傻吗？他为什么会这样？

单循环赛

难度：★★★★☆

学校举行篮球比赛，有4个班级在同一组进行单循环赛，成绩排在最后的一个班级将被淘汰。如果排在最后的几个班胜负场数相等，则他们之间再进行附加赛。7(2)班在单循环赛中至少能胜一场，那么这个班是否可以确保在附加赛之前不被淘汰？是否一定能出线？请详细说明你的理由。

第6关

什么样的凶手

难度：★★★★☆

贝尔伯爵夫人因车祸使右手骨折断，于是到村里的别墅静养。但星期五那天，她却被人谋杀了。据说那时她正坐在院子里看书，有人从她身后用一条细长的绳子缠住她的脖子，把她勒毙，可是凶器却找不到，显然凶手将凶器一并带走了。

现场的地上泥泞湿滑。伯爵夫人所坐的那张椅子，离平台差不多有五六尺距离，若凶手杀人时，必须靠近伯爵夫人身后，才能勒她的脖子，按常理应该留下凶手的足印才是，但只有伯爵夫人从平台走到椅子的每一个足迹，而没有凶手的足印，这实在令人奇怪。

那么，凶手是用何种方法，不用接近伯爵夫人而能够用绳子一类的东西将她勒毙呢？

第7关 豆豆的想法

难度：★★☆☆☆

豆豆经常和他的两个同胞兄弟用猜拳来决定谁做家务，可老是平手，分不出胜负。于是，豆豆就想：如果一次只有两个人的话，就不会出现这么多次平手了。

你认为豆豆的想法正确吗?

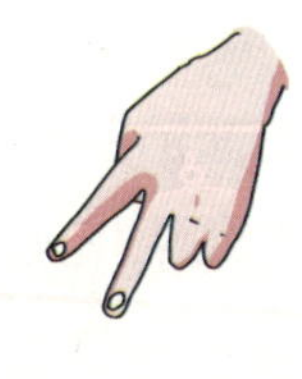

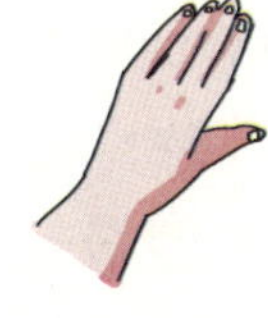

第8关 数鸟宫

难度：★★★☆☆

小红和爸爸随着游人进入“数鸟宫”，他反复数着鸟，总数是24只，而每边正好是9只，他从心底赞叹王爷爷设计的“鸟儿数学题”妙!

这天，小红一个人来到“数鸟宫”，看见王爷爷又设计了一道“鸟儿数学题”。小红一数，总数共是28只鸟，每边还是9只鸟。“妙!”小红的“妙”字刚出口，王爷爷抚摸着小红的脑袋，说：“你能为我的‘鸟儿数学题’变个花样吗?”小红思索了片刻说：“能!”

果然，小红按着王爷爷的设计思路，使“数鸟宫”的鸟儿总数变成32只，而每边仍然是9只。小朋友们，你能设计这道“鸟儿数学题”吗?

第9关 隆冬季节

难度：★★★★☆

现以"隆冬季节，人们怎样防寒保暖"为题，组织一次智力激励会议，请在会议通知中设计一份提示单，列出可以启迪思路的若干提示。

1.能否从衣服的设计与衣料的性能上考虑；

2.能否从提高人体自身的抗寒能力上考虑；

3.能否从改善环境条件去考虑；

4.能否利用高科技手段去考虑；

5.能否找到让人不怕冷的办法。

第10关 组装玩具汽车

难度：★★☆☆☆

科技小组的同学组装玩具汽车，每辆玩具汽车需要4个轮子，现在共有30个轮子，小王同学组装了8辆汽车，你知道他是怎么组装的吗？

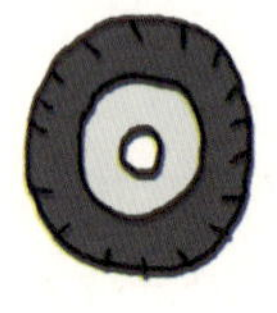

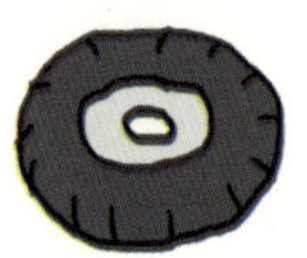

第11关 环绕地球

难度：★★★★☆

为使至少一架飞机绕地球一圈回到起飞时的机场，至少需要出动几架飞机？（所有飞机从同一机场起飞，而且必须安全返回机场，不允许中途降落，中间没有飞机场）每个飞机只有一个油箱，飞机之间可以相互加油（注意是相互，没有加油机），一箱油可供一架飞机绕地球飞半圈。

把题目再明确一下：

1.不许坠毁，所有出动的飞机都自己要飞回来；

2.机场就在赤道，所有飞行都必须沿着赤道；

3.不考虑地球自转，假设地球没有自转（否则就把题目场景改到一个没有自转的星球上）；

4.飞机回来之后可以继续出动，加油不算时间。

第12关 讨饭

难度：★★★☆☆

一个暴风雨的日子，有一个穷人到富人家讨饭。

“滚开！”仆人说，“不要来打搅我们。”

穷人说：“只要让我进去，在你们的火炉上烤干衣服就行了。”仆人以为这不需要花费什么，就让他进去了。

这个可怜人请厨娘给他一个小锅，以便他煮点儿石头汤喝。

石头汤？假如你是这位穷人，你怎么来煮这份石头汤呢？

重量不同

难度：★★★★☆

东东有小狗、小兔、小象、长颈鹿4种玩具共12个，将它们分放在4座小台秤上，每种玩具重量不同。你能推算出小狗、小兔、小象、长颈鹿各重多少克吗？

网球

难度：★★☆☆☆

一个网球，要求使它滚一小段距离后完全停止，然后自动反过来朝相反方向运动，既不允许将网球反弹回来，又不允许用任何东西打击它，更不允许用任何东西把球系住。怎么办？

加法路线

难度：★★★☆☆

从左上角的 6 开始走，每步走一格，若走入 8，则 8+6=14，就把 10 舍去走向 4 的格。若再走入 5，则有 4＋5=9，就从 5 的格内走到 9 的格内；如果走不通另换路线，就这样一直走到右下角的 8 为止。各个格横竖都可以穿行，只是不能斜穿。

6	8	9	5	2	0
1	4	5	7	2	9
0	6	6	2	6	6
6	4	3	5	2	5
6	1	7	8	9	3
3	4	9	4	0	8

手势

难度：★☆☆☆☆

下边四张图都是在我国通用的手势，但是有一个手势与西方表示的意义恰恰相反，你能找出是哪一个吗？

A

B

C

D

第17关 碌碌无为的公务员

难度：★★★☆☆

住在纽约郊外的扎克，是一个碌碌无为的公务员，他唯一的嗜好便是滑冰，别无其他。纽约的近郊，冬天到处会结冰。冬天一到，他一有空就到那里滑冰自娱，然而夏天就没有办法到室外冰场去滑个痛快。

去室内冰场是需要钱的，一个纽约公务员收入有限，不便常常去，但呆在家里也不是办法，深感日子难受。

有一天，他百无聊赖时，突然有了灵感想到一个可以随时滑冰的好办法。你知道这个办法是什么吗？假如你是这位公务员，你会想到什么办法呢？

第18关 莱普沙克斯

难度：★★☆☆☆

古希腊著名哲学家阿那克西米尼生于中亚的莱普沙克斯，他思维灵活、想象力丰富。有一次，阿那克西米尼随亚历山大远征波斯，在军队将要占领莱普沙克斯时，他为使故乡免受兵祸，前往拜见国王。

亚历山大早就知道阿那克西米尼的来意，未等他开口便说道：“我对天发誓，决不同意你的请求。”

请问，哲学家大声说了一句什么话保护了莱普沙克斯？

第19关 多少饼干

难度:★★★★☆

某食品店有5箱饼干,如果从每个箱子里取出15千克,那么5个箱子里剩下的饼干正好等于原来的两箱饼干,问原来每箱子里装多少千克饼干?

第20关 韩信点兵

难度:★★★☆☆

韩信是历史上有名的将领。有一天,刘邦想试一试韩信的智谋,拿出一张一寸见方的白纸对韩信说:“给你一天时间,你在这上面尽量画上士兵。你能画多少兵,我就给你带多少兵!”站在一旁的萧何想:巴掌大的一张纸能画几个士兵?急得心里暗暗叫苦。不料韩信却毫不迟疑地接过白纸就走。第二天,韩信按时交上白纸,上面虽然画了一些东西,但一个士兵也没有。刘邦看了惊喜不已,心想韩信确是一个人才,于是把兵权交给了他。

聪明的读者,你知道韩信画的是什么吗?

第 21 关　大财阀

难度：★★★☆☆

日本大阪的豪富鸿池善右是日本十大财阀之一。然而当初他不过是个东走西串的小商贩。

有一天，鸿池与他的佣人发生摩擦。佣人一气之下将火炉中的灰抛入浊酒桶里（川备末期日本酒都是混浊的，还没有今天市面上所卖的清酒），然后慌张地逃跑了。

第二天，鸿池查看酒时，惊讶不已地发现，桶底有一层沉淀物，上面的酒竟异常清澈。尝一口，味道相当不错，真是不可思议！请问你知道这一事件让鸿池发现炉灰还有其他什么作用吗？

第 22 关　火柴游戏

难度：★★★★★

观察下图，请拿走 4 根火柴，使之留下 5 个正方形。

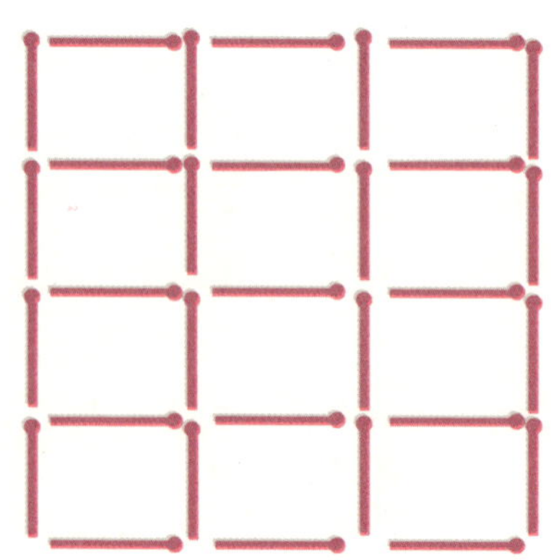

谁是冠军

田径场上正在进行一百米决赛。参加决赛的是A、B、C、D、E、F六个人。

谁将会取得冠军?看台上东东、明明、波波谈了自己的看法:

东东认为,冠军不是A,就是B。

明明坚信,冠军绝不是C。

波波则认为,D、E、F都不可能取得冠军。

比赛结束后,人们发现这三个人中只有一个人的看法是正确的。

请问谁是一百米决赛的冠军?

第24关

爱心·捐款

难度:★★★★☆

四年级甲班有45个同学参加献爱心捐款活动,共计捐款100元,其中11名同学每人捐1元,其他同学捐2元或5元,求捐2元和5元的同学各多少名?(写出过程)

按规律填数

难度：★★☆☆☆

1、2、5、10、17、(　　)、37、50……

2、3、5、8、(　　)、17、23……

1、3、6、10、(　　)、(　)……

热力站

难度：★★★☆☆

一个热力站有5个阀门控制对外送蒸汽，使用这些阀门必须遵守以下操作规则：

1.如果开启1号阀，那么必须同时打开2号阀并且关闭5号阀。

2.如果开启2号阀或者5号阀，则要关闭4号阀。

3.不能同时关闭3号阀和4号阀。

现在要打开1号阀，同时要打开的阀门是哪两个？

第27关 怎样分蛋糕

难度：★★★★☆

一家公司在面试新员工的时候曾经出过这样一道面试题：把一个蛋糕切成8份，分给8个人，但蛋糕盒里必须要留有一份。这道题难倒了很多应聘者，但有个人却觉得很简单，而且他成功地分了蛋糕，你知道他是怎么做到的吗？

第28关 100米赛跑

难度：★★★☆☆

天天、豆豆和东东三个人都是少先队的干部。他们中有一个是大队长，一个是中队长，一个是小队长。在一次体育比赛中，他们的100米赛跑的结果是：

1.东东比大队长的成绩好；

2.天天和中队长的成绩不相同；

3.中队长比豆豆的成绩差。

根据以上情况，你能知道天天、豆豆、东东三个人中，谁是大队长吗？

第29关 一根骨头

难度：★★☆☆☆

树下有一只狗，一根两米长的绳子把狗绑在树下，离狗十米处有一根骨头，你想想怎样才能使狗吃到骨头呢？

第30关 甲、乙、丙

难度：★★★☆☆

有三箱梨，共重 209 斤，甲箱比乙箱少 16 斤，乙箱比丙箱少 15 斤，问甲、乙、丙箱各有多少斤梨？

第31关 捕捉海怪

难度：★★★★☆

一群人聚在海边，迎接四个捕捉海怪的筋疲力尽的渔民归来。这四个人当中，有一个是一会儿说真话一会儿说假话的中区人，两个是北区人，他们总是说假话。还有一个是局外人，他说的话要么是先说两句真话，再说一句假话，要么先说两句假话，再说一句真话。他们的陈述如下：

A.①我们看见了海怪，我们真的看见了；②C只会说假话；③我划桨的时候手上不起泡。

B.①我们在远处看见的不是海怪，是一个岛；②我没有掉下海去；③我不是北区人。

C.①A第二次说的是真的；②B掉到海里去了；③我不是北区人。

D.①A划船的时候手上没有起泡；②B没有掉到海里；③我不是北区人。

那么，哪个渔民是中区人，哪个是北区人，哪个是局外人呢？

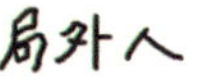

悬崖上

难度：★★☆☆☆

仔细观察下图，站在左侧悬崖上的牛仔想要到对面的悬崖上，但是他的绳子不够长，从而无法挂在对面的树上，那么，你知道他是怎么过去的吗？

黑帽子

难度：★★★☆☆

一群人开舞会，每人头上都戴着一顶帽子。帽子只有黑白两种，黑的至少有一顶。人们能看到其他人帽子的颜色，却看不到自己的。主持人先让大家看看别人头上戴的是什么帽子，然后关灯，如果有人认为自己戴的是黑帽子，就打自己一个耳光。第一次关灯，没有声音。于是再开灯，大家再看一遍，关灯时仍然鸦雀无声。一直到第3次关灯，才有打耳光的声音，有多少戴黑帽子的人呢？

木制门框

难度：★★☆☆☆

A、B、C、D 是四扇木制门框，哪一扇门框的结构最牢呢？为什么？

世界杯

难度：★★★★☆

大家都很喜欢世界杯，如果世界杯小组赛的赛制改为只是最后一名淘汰，如果排在最后几个国家的胜负场数相等，则他们之间再进行附加赛。在 2010 年的南非世界杯上，中国队的分组形势很好，可以说至少能赢得一场比赛的胜利，那么，中国是否确保在附加赛之前不被淘汰？（也就是说一定能出线）说明理由。

塔顶

难度：★★★★☆

从塔顶走到底部，每一层只许走过一个数字，最后数字总和等于61。开动脑筋，来试试看吧。

1
8 5
7 6 8
6 5 4 7
2 3 1 4 1
1 4 5 6 7 8
8 6 3 9 2 5 4
2 3 5 8 7 9 6 9
4 1 9 1 5 8 7 3 2
3 8 7 5 2 3 6 4 9 8

多少个 A

难度：★☆☆☆☆

如右图，在万花筒底部的彩色玻璃碎片中按上一个“A”字，这样在它的底部就会出现好多“A”，请你把“A”填入其他小三角形中。能填多少个“A”？

西餐馆

难度：★★★☆☆

一家西餐馆内只有一种长方形桌子，每张桌子周围放 4 把椅子（如下图），如果客人多，桌子就按图二所示横排，现有 20 位客人要坐在一起，一共需要几张桌子横排呢？

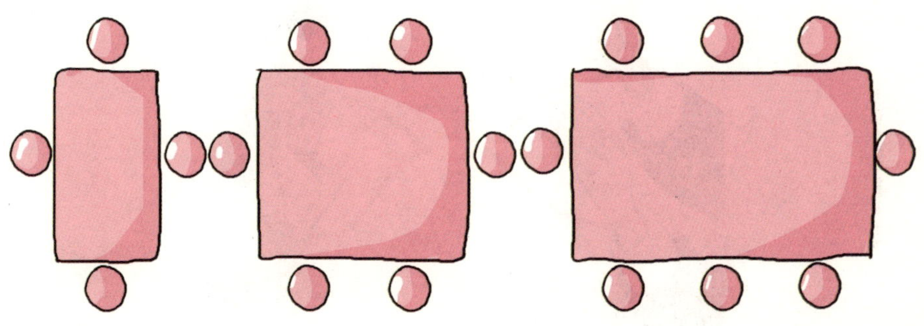

第39关 填数字

难度：★★★★☆

9月1日，同学们就要开学了。请将1至9分别填入下图中的空圈里，使每行、每列的和都相等。

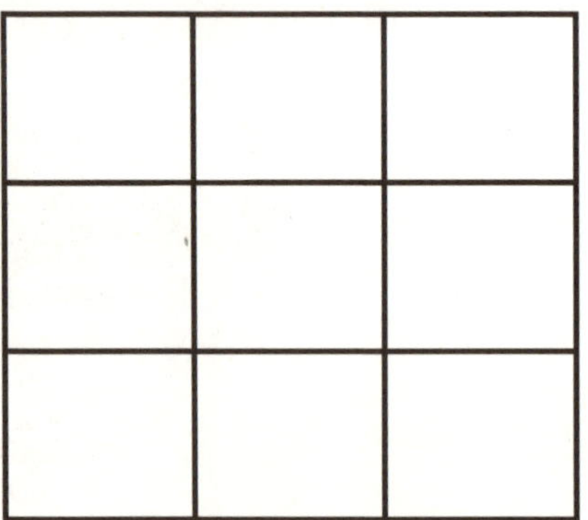

第40关 解救人质

难度：★★☆☆☆

如图，两个人质的手被绑在一起。他们剪不断绳子，也解不开绳结，但他们最后都逃了出来，他们是怎么办到的？

第41关 才女卓文君

难度：★★☆☆☆

我国古代不少名诗将数词入诗，成为佳话，而有人将数词用在书信中，其表情达意又是另一番滋味。

相传汉代的卓文君和司马相如成婚不久，相如就辞别娇妻，赴京做官，多情的文君痴情地等了五年，等来的竟是写着"一二三四五六七八九十百千万"的数词家书，聪颖过人的文君读懂了夫君信中的意思，家书中无"亿"谐音，表示丈夫已情有所钟，另有所爱，于她"无意"了，只不过羞于直说。文君当即复信：

（ ）别之后，（ ）地相思，只说是（ ）（ ）月，又谁知（ ）（ ）年。（ ）弦琴无心弹，（ ）行书无可传，（ ）连环从中拆断，（ ）里长亭望眼欲穿，（ ）思想，（ ）思念，（ ）般无奈把郎怨。

提示：中国文化博大精深、源远流长，读者朋友们，你了解多少呢？

第42关 搬运瓷器

难度：★★★☆☆

小燕下岗后去了一家搬运公司打工，公司的老板让她搬运瓷器。一天，小燕不小心将一箱瓷盘打碎了一些，老板要求小燕按100个瓷盘的价钱赔偿。小燕明知这是老板有意敲诈她，可是面对着一堆碎片，又不知道打碎了几个，怎么办呢？一旁的小李看不下去，走过来说："我有办法知道打碎了几个瓷盘。"你知道他说的是什么办法吗？

第43关 一周内的气温

难度：★☆☆☆☆

某地一周内每天的最高气温与最低气温记录如下表：

星期	一	二	三	四	五	六	日
最高气温	10^{0}C	12^{0}C	11^{0}C	9^{0}C	7^{0}C	5^{0}C	7^{0}C
最低气温	2^{0}C	1^{0}C	0^{0}C	−1^{0}C	−4^{0}C	−5^{0}C	−5^{0}C

则温差最大的一天是星期________。

温差最小的一天是星期________。

第44关 书法家题字

难度：★★★☆☆

这是一个真实的故事：有两位美国人来华旅游，请中国书法家题字，声称要写“孔夫子说，可口可乐好喝极了”。面对尴尬的场面，书法家没有拒绝，沉思一下，提笔挥毫洋洋洒洒写下这样一张墨宝，笔惊四座，中国人笑了，美国人服了。

充分发挥你的创新思维能力。

如果你是这位书法家，你会怎样做？

第45关 填数字

难度：★★★★☆

将 –8、–6、–4、–2、0、2、4、6、8 这 9 个数分别填入下图中，使得每行的 3 个数、每列的 3 个数、斜对角的 3 个数相加均为 0。

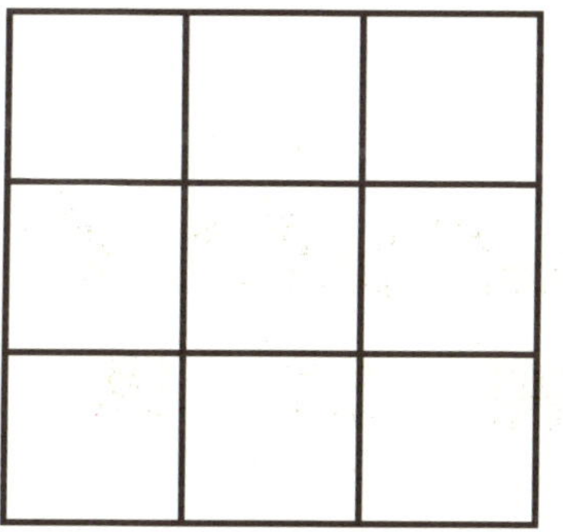

第46关 答案是什么

难度：★★★☆☆

有位老爷爷问他的十岁孙子东东说："人每时每刻离不开的东西是什么？"

东东想了想，回答说："是空气，人每时每刻都得呼吸空气。"

爷爷摇摇头说："不对。"

东东又仔细想了想说："那一定是温度。"

爷爷笑着说："更不对了。温度，多少度？100 度还是零下 100 度呢？"

"我明白了，是水分。"

爷爷笑得更厉害了："又是空气，又是温度，又是水分的，种庄稼呀？"

这时东东的同学波波找他玩。他问清了题目，一下就猜对了。东东这才恍然大悟。

聪明的读者，波波说的答案是什么呢？

第 47 关　如何过桥

难度：★★★☆☆

现在小亮一家过一座桥，过桥时候是黑夜，所以必须有灯。现在小亮过桥要 1 秒，小亮的弟弟要 3 秒，小亮的爸爸要 6 秒，小亮的妈妈要 8 秒，小亮的爷爷要 12 秒。每次此桥最多可过两人，而过桥的速度依过桥最慢者而定，而且灯在点燃后 30 秒就会熄灭。问小亮一家如何过桥？

第 48 关　有多少人参加考试

难度：★★★★☆

试卷上有 6 道选择题，每题有 3 个选项，结果阅卷老师发现，在所有卷子中任选 3 张答卷，都有一道题的选择互不相同，请问最多有多少人参加了这次考试？

第49关 劳动生产率

难度：★★★★☆

有一个公司，它通过很多方法来提高劳动生产率。最终发现公司的四个车间，劳动生产率提高到一个临界点，再提高就非常难。

于是，有个人出了这个主意，他分析这四个车间的员工的构成。

发现第一个车间都是男孩，于是他就加了几个女孩进去，结果效率提高了。我们经常有人说的叫“男女搭配，工作不累”，就是这个道理。

第二个车间都是一些青年人，加了几个中老年进去，老成持重。加进去后效率也提高了。

第三个车间都是中老年人，加了几个年轻人进去，有新鲜活力，效率同样提高了。

那么第四个车间呢？男女老少都有，都是本地人，该怎么提高效率呢？

第50关 推销鞋

难度：★★★☆☆

两个推销人员到一个岛屿上去推销鞋。一个推销员到了岛屿上之后，气得不得了，他发现这个岛屿上每个人都是赤脚。他气馁了，没有穿鞋的怎么推销鞋？这个岛屿上是没有穿鞋的习惯的。于是他马上打电话回去：鞋不要运来了，这个岛上没有销路的，每个人都不穿鞋的。这是第一个推销员。第二个推销员来了，高兴得几乎昏过去了，他看到这种情况为什么这么高兴，而不是和第一个推销员一样垂头丧气呢？

间隙一样大吗

难度：★★★★☆

假定我们给地球的腰上打一个箍，也给小小的足球腰上打一个箍。这两个箍要打得不大不小，刚好紧紧地套住两个球。现在不小心把两个箍都打长了（周长）10cm，请问，当把这两个打长了的箍再套到这两个球上去的时候，它们和球的间隙是一样大的吗？为什么？

猴子爬绳

难度：★★★☆☆

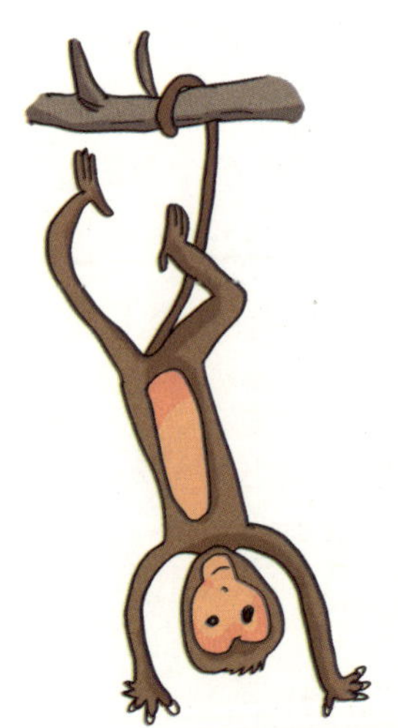

这道力学怪题乍看非常简单，可是据说它却使刘易斯·卡罗尔感到困惑。至于这道怪题是否由这位因《爱丽丝漫游奇境记》而闻名的牛津大学数学专家提出来的，那就不清楚了。总之，在一个不走运的时刻，他就下述问题征询人们的意见：一根绳子穿过无摩擦力的滑轮，在其一端悬挂着一个10磅重的砝码，绳子的另一端有只猴子，同砝码正好取得平衡。当猴子开始向上爬时，砝码将如何动作呢？

参考答案

答案仅供参考，不要太依赖答案哦！自己多动手、多动脑解出的答案才让人快乐！

参考答案

第一章 挑战你的数学思维

第 01 关 滑雪场到住地

设距离是 S，原来的速度是 V，则后来的速度是 V*3/5

规定的时间是 S/V，一天的行程是 1*V，后来的行程是 S-V

1+[S-V]/[3V/5]=S/V+2

[V+50]/V+[S-V-50]/[3V/5]=S/V+1

S=4V

V=100/3

S=4*100/3=400/3

即两地的距离是 400/3 千米

第 02 关 改等式

(34×5×6-8-9+1)×2=2008

004　125×4×3 = 2000……

125×4×3 = 2000

首先考虑在等号右面添个数字“7”，可以添成 27000，20700，都可以成为 4 与 3 的倍数，关键还有一个“7”，它只能添在 125 中。通过试验，不难找到答案。

第 03 关 125×4×3 = 5375

125×41×3=1537

第 04 关 温馨四季

春 =2；夏 =1；秋 =8；冬 =7

第 05 关 数学知识

运用四舍五入法，走了十家商店打了一斤酱油（1 两 2 分钱），余下 4 分刚好买火柴。

第 06 关 巧妙过桥

A　B　→　2

A　←　1

C　D　→　8

B　←　2

A　B　→　2

一共是 2+1+8+2+2=15 分钟。这个办法的聪明之处在于让两个走得最慢的人同时过桥，这样花去的时间只是走得最慢的那个人花的时间，而走得次慢的那位就不用另花时间过桥了。可以把所有可能的方案都列举一遍，就会发现这是最快的方案了。

第 07 关　纸牌游戏

小刚

第 08 关 共卖出多少鸡蛋

王老太总共有 10 个鸡蛋，共卖出了 9 个。

第 09 关　多少个

因为使得这些数中的每两个数的和都能被 26 整除有两种情况：

(1) 这些数是 13 的偶数倍，即这些数是 26 的倍数，共有 2000/26=76……24，也就是说共 76 个。

(2) 这些数是 13 的奇数倍，2000/13=153……11，共有 (153+1)/2=77 (个) 所以选择第二种方案，共有 77 个。

第 10 关 五十个数相乘……

1/2+(1/3+2/3)+(1/4+2/4+3/4)+……(1/50+2/50+…+48/50+49/50)=

先总结一下，凡是分母是奇数的，如 (1/3+2/3)=1

(1/5+2/5+3/5+4/5)=2，都是整数，且等于 (奇数 -1)/2

以此类推，(1/49+2/49+…+48/49)=24

分母是偶数的，如 1/2=0.5，(1/4+2/4+3/4)=1.5，(1/6+2/6+3/6+4/6+5/6)=2.5 以此类推，(1/50+2/50+⋯+48/50+49/50)= 24.5

所以 1/2+(1/3+2/3)+(1/4+2/4+3/4)+⋯⋯(1/50+2/50+⋯+48/50+49/50)=0.5+1+1.5+2+⋯⋯+24.5=25×49/2=612.5

第 11 关 寿命

假设这个人的年龄是 X。那么可得到以下方程：

1/6 ×X+1/12 ×X+1/7 ×X+5+1/2 ×X+4=X

可求 X=84。这个人活了 84 岁。

第 12 关 怎么种树

划一个五角星，在直线连接的地方和顶点种载即可。

第 13 关 为什么不是犯罪案件

死者是个修理工，他躺在车下修车的时候，千斤顶松脱，车子砸下来把他压死了。

第 14 关 排名次

分析与解答：

(1)先假设甲说丙为第一是正确的，那么甲为第三是错误的。

根据(2)可知，乙为第二是错误的，那么丁为第四是正确的。

根据(3)可知，丁为第二是错误的，那么丙为第三是正确的。

这样，丙为第一和丙为第三相互矛盾。所以，甲说丙为第一是错误的。

(2)丙为第一是错误，甲为第三是正确的。

根据(3)可知，丙第三是错误的，那么丁为第二是正确的。

根据(2)可知，丁为第四是错误的，那么乙为第一是正确的。

所以乙是第一，丁为第二，甲为第三，丙为第四。

第 15 关 不同国籍

A= 意大利人

B= 俄罗斯人

C= 英国人

D= 德国人

E= 法国人

F= 美国人

第 16 关 做游戏

7 和 8 三次分别是 1,2,3,4,5,6，第 4 次就是 7,8。

第 17 关 好方法

你们两个换一下马。

第 18 关 修好的凳子

D

第 19 关 同道回家

甲:50

甲三邻:49 10 5

乙:32

第 20 关 农妇卖鸡蛋

假设第二个农妇的鸡蛋数目是第一个农妇的 m 倍。因为最后两个人赚得的钱一样多，所以，第一个农妇出售鸡蛋的价格必须是第二个农妇的 m 倍。

第 21 关 象棋上的米粒

四个角都从一开始

第 22 关 她们在做什么

在写信，B 在看书，C 一个人躺在床上，D 在修指甲。

第 23 关 火柴游戏

1、3、7 均为奇数，由于目标为 0，而 0 为偶数，所以先取者甲，须使桌上的火柴数为偶数，因为乙在偶数的火柴数中，不可能再取去 1、3、7 根火柴后获得 0，但假使如此也不能保证甲必赢，因为甲对於火柴数的奇或偶，也是无法依照己意来控制的。因为(偶 - 奇 = 奇，奇 - 奇 = 偶)，所以每次取后，桌上的火柴数奇偶相反。若开始时是奇数，如 17，甲先取，则不论甲取多少(1 或 3 或 7)，剩下的便是偶数，乙随后又把偶数变成奇数，甲又把奇数回覆到偶数，最后甲是注定为赢家；反之，若开始时为偶数，则甲注定会输。

第 24 关 测验

各有 48 个人，做对 4 道的有 29 人。

第 25 关 一项会议

ABCF 四人去

第 26 关 飞了多远

每辆自行车运动的速度是每小时 10 英里，两者将在 1 小时后相遇于 20 英里距离的中点。苍蝇飞行的速度是每小时 15 英里，因此在 1 小时中，它总共飞行了 15 英里。

第 27 关 殊死决斗

33.19(米 / 秒)

第 28 关 假日市集

左到右，方块 10、红心 K、黑桃 8。

第 29 关 13 张扑克牌

6 张

第 30 关 9 枚铁钉

C

第 31 关 球标

1

第 32 关 袋装米粉

第 4 号箱子

第 33 关 王小姐岁数

王小姐今年十八岁。

第 34 关 称重量

两边各放一枚硬币，这样进行几次就知道答案了。

第 35 关 数字游戏

a+b+c+d=27，则该数为 9 的倍数

之后无论如何横加，只要是九的倍数，横加的结果必然也是 9 的倍数，加到最后结果必然等于 9。

所以 9×5/3=15。

第 36 关 影子长短

C

第 37 关 起跑线上

3 分钟

第 38 关 破车下山

要想达到平均速度为每小时 30 英里，根据路程 / 时间 = 速度，2/T=30，T=1/15 小时 =4 分钟，即要在 4 分钟行完全程，才能保证平均速度为 30 英里。但上山时要用 1/15=1/15 小时 =4 分钟，把时间全用完了，所以，下山无论多快的速度都无法保证每小时的平均的速度为 30 英里。

第 39 关 红、黄、紫、蓝……

红

第 40 关 正确的话……

真的假的

第 41 关 狐狸开菜店……

是小数点转换时出的错。

第 42 关 揭穿扑克牌的秘密……

由圆圈上的任何一个数字或者左转或者右转，到 2 元钱位置的距离恰好是这

个数字。因此，摸到的扑克数字之和无论是多少，或者左转或者右转必定有一个可能转到 2 元钱位置。既使转不到 2 元钱，也只能转到奇数位置，绝不会转到偶数位置，因为如果是奇数，从这个数字开始转，相当于增加了“偶数”，奇数 + 偶数 = 奇数；如果是偶数，从这个数字开始转，相当于增加了“奇数”，偶数 + 奇数 = 奇数。我们仔细观察就会发现，所有贵重的奖品都在偶数字前，而奇数字前只有梳子、小尺子等微不足道的小物品。由于无论怎么转也不会转到偶数字，也就不可能得贵重奖品了。

第 43 关 水果糖

1，2，4，8，16，32，64。

第 44 关 幸存者

阿里打倒巴比；皮得打倒奥费；胡安打倒皮得；法亚打倒胡安；汤妮打倒法亚；阿里打倒汤妮。 顺序是：巴比、奥费、皮得、胡安、法亚、汤妮。

第 45 关 丢番图的墓碑

丢番图活了 84 岁，并且可以算出他 33 岁才结婚，38 岁才得子。

第 46 关 看图答问题

1. 梯形 2. 相等 3. 左边短右边长

第 47 关 看看谁是福尔摩斯

1. 否 2. 没有 3. 有，是 4. 进过 5. 是 6. 不是 7. 盥洗盆里出来的 8. 不是 9. 有

参考答案

第二章 挑战你的观察思维

第 01 关 寻找失散的骆驼

“你的同伴曾经是在树荫下休息过。你看棕榈树的影子可以推算出，阴影从他躺下的地方移到现在我们站的地方，需要三个小时左右。”

听罢之后，阿拉伯人急忙朝叙利亚方向去找，果然找到了他的同伴。

第 02 关 数数看

3 个木桩，4 只鸟。

第 03 关 接下来那个是什么

C

第 04 关 摆上花坛

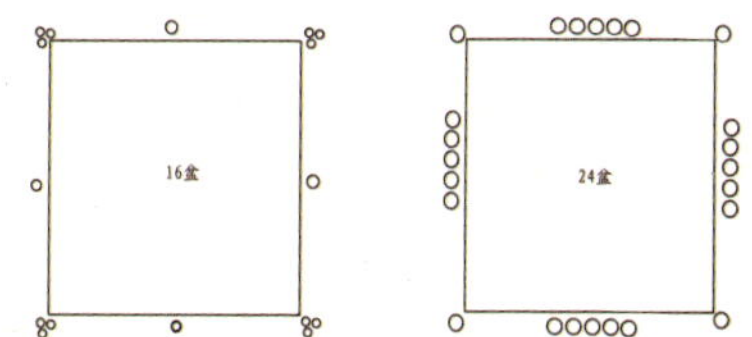

第 05 关 谁是骗子

两人都是骗子。

第 06 关 砍掉了多少木材

让木匠做一个箱子，内部的尺寸精确得与最初的方木相同，即是 3x1x1。然后，他把已雕刻好的木柱放入箱内，而在空档处塞满干沙土。然后，他细心地振动箱子，使得箱内沙土填实并与箱口齐平。然后，木匠轻轻取出木柱，不带出任何沙粒，再把箱内的沙土捣平，量出其深度便能证明，木柱能占的空间恰为 2 立方英尺。这就是说，木匠砍削掉一立方英尺的木材。

第 07 关 新春游艺会

信手拈来。开封。

第 08 关 农夫做了什么动作

农夫的妻子针对地主贪财的心理想

了个办法：农夫把一篮鸡蛋悄悄放在地里，当地主放了鸡过来时，他提起篮子，做了拣起最后一个蛋的动作，然后匆匆地往家走去。地主虽未看清，但估计是自己的鸡在那里下了蛋，非常后悔，再也不把鸡赶到农夫的地里去了。

第 09 关 为国王画像

第三位画家是这样画的：画国王正在打猎。国王端着猎枪，瘸脚踩在石头上，瞎眼紧闭着向猎物瞄准。

第 10 关 孙子算经

兔 12 只，雉 22 只。

第 11 关 分割正方形

如图

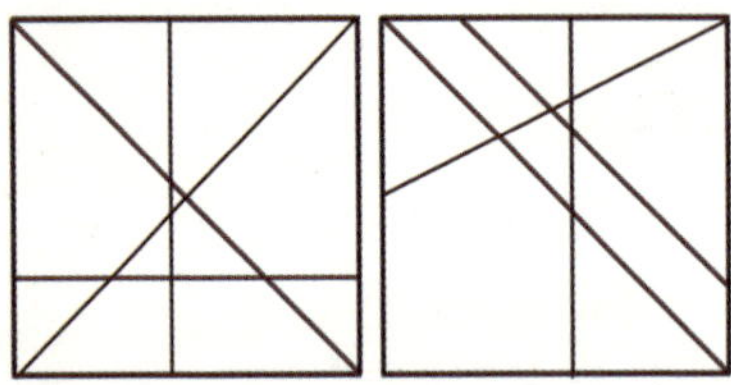

第 12 关 画图形

略

第 13 关 十进制

A8，B1，C3，D0。

第 14 关 养貂专业户

28 米，如图

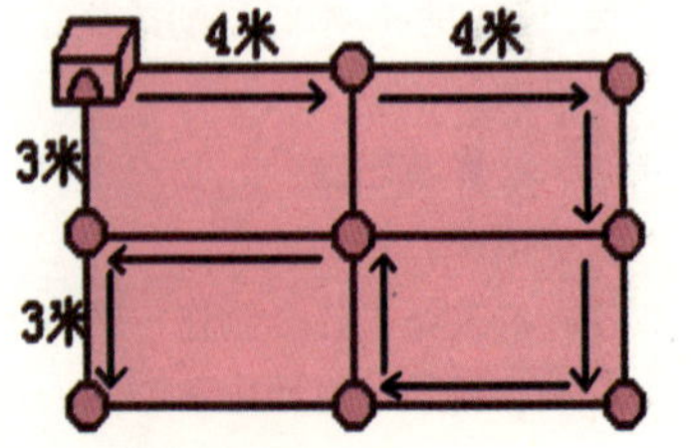

第 15 关 对数字

2

第 16 关 设赌局

应为正反面都一样的有两种，所以庄家赢得概率比你高一倍。

第 17 关 混合运算

91+999=1090，1090-997=93

第 18 关 地图

1 种

第 19 关 骆驼商队

50

第 20 关 餐厅聚会

下次是 4 月 29 日。

第 21 关 用“眼”估估看

右边大

第 22 关 七间房子

413

第 23 关 完全相同

1 和 11，4 和 8，5 和 7。

第 24 关 数之和

如图

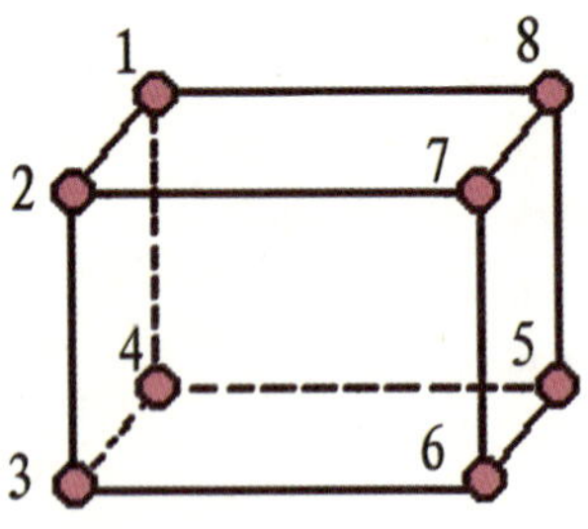

第 25 关 完整的三角形

B

第 26 关 一棵秃树

6 个人头

第 27 关 循环比赛

如图

	场数	胜	负	平均	平均	平均
A队	2	0	2	0	3	6
B队	2	1	0	1	4	3
C队	3	2	0	1	2	0
D队	3	3	0	0	0	0

第 28 关 是否一样

一样

第 29 关 少女还是老妇

老妇

第 30 关 脑力风暴

观察角度不同

第 31 关 36 个陈列室

不能

第 32 关 第 2008 次

14056

第 33 关 加错的页码

1 到 2002

第 34 关 缺少的部分

10,3,7

第 35 关 巧装牛奶

设 1 升的 2 个瓶子为 A B

40ml 的量杯为 C

70ml 的量杯为 D

1 A 倒入 C B 倒入 D

A=60ml B=30ml C=40ml D=70ml

2 A 倒入 B

A=0ml B=90ml C=40ml D=70ml

3 C 倒入 A

A=40ml B=90ml C=0ml D=70ml

4 D 倒入 C

A=40ml B=90ml C=40ml D=30ml

5 C 倒入 B

A=40ml B=100ml C=30ml D=30ml

第 36 关 处于什么状态

①门,1 敞开,2 微闭,3 开,4 关闭

②共有 5 只猴子。

第 37 关 与谁都不相同

第二个

第 38 关 动物卡片

如图

第 39 关 成语表示

乐于助人

第 40 关 捞走金鱼

如图

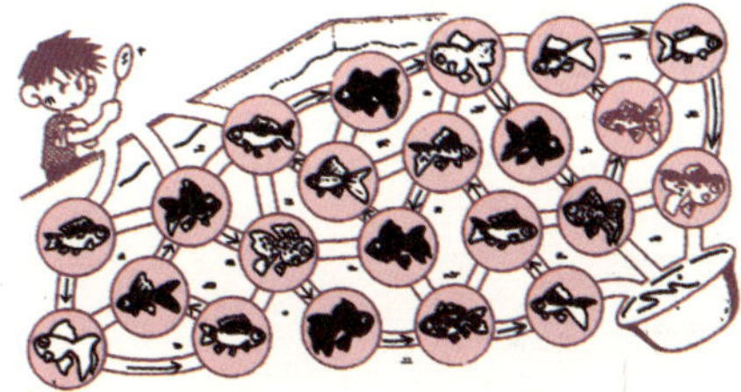

第 41 关 用成语说出来……

拾金不昧

第 42 关 新、春、快、乐

3412

第 43 关 先后顺序

豆豆,小荷,丽丽,妍妍。

第 44 关 重新排序

2314

第 45 关 如何分配

1 和 12,2 和 11,3 和 10,4 和 9,5 和 8,6 和 7。

第 46 关 房间号码

不能

第 47 关 十七个英文单词

如图

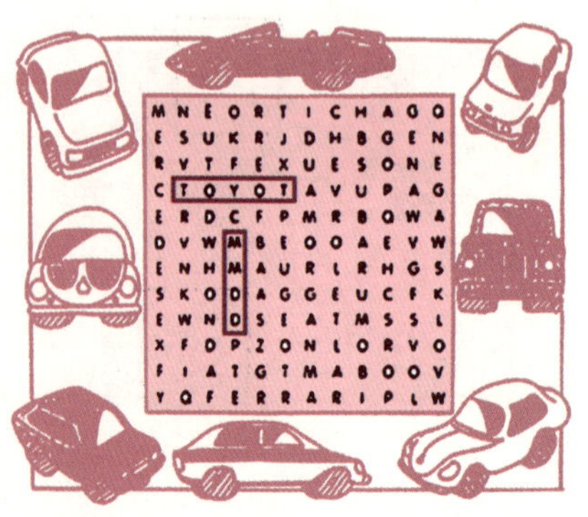

第 48 关 构思图形

如图

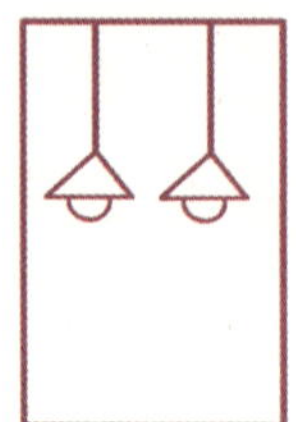

第 49 关 小刚的身高

不是

第 50 关 时差

晚上 7 点,合适。

第 51 关 形状不同

方程式,圆周率,奥数,边长。

第 52 关 乐善好施

1234 美元

参考答案

第三章 挑战你的图形思维

第 01 关 补图形

2

第 02 关 黑白围棋

2 颗

第 03 关 正确的选项

c

第 04 关 特别的保险箱

3D

第 05 关 代表一个数字

15,11

第 06 关 最符合逻辑

A

第 07 关 数字

1

第 08 关 字母与数字

23

第 09 关 数字之和

12

第 10 关 最大值

32

第 11 关 组合

4

第 12 关 拼火柴

如图

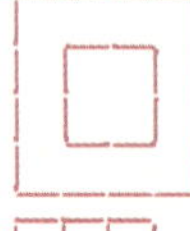

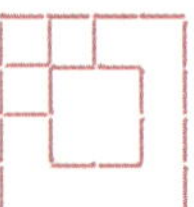

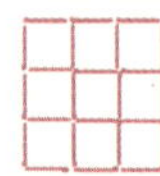

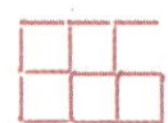

第 13 关 “春”字的成语

春风得意　春风风人　春风和气
春风化雨　春风满面　春风夏雨
春风一度　春风野火　春风沂水
春光漏泄　春光明媚　春回大地
春和景明　春寒料峭　春华秋实
春花秋实　春兰秋菊　春露秋霜
春满人间　春梦无痕　春暖花香
春葩丽藻　春秋笔法　春秋鼎盛
春色撩人　春色满园　春树暮云
春笋怒发　春生秋杀　春蛇秋蚓
春山如笑　春深似海　春生夏长
春宵一刻　春意盎然　春风雨露
春意阑珊　春雨如油　春花秋月
春暖花开

第 14 关 如何走出迷宫

如图

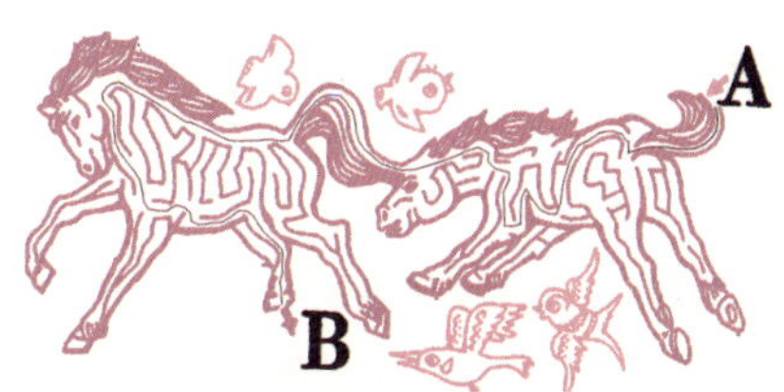

第 15 关 图形逻辑

1A，2A，3D。

第 16 关 谁跑得快

1A，2A，3D。

第 17 关 钟表的延续

f

第 18 关 对应图形

1

第 19 关 填填看

3

第 20 关 移动的火柴

答案略

第 21 关 狐狸与鸭子

只要向与狐狸的角度的绝对值大于 2（弧度制最大是 π=3.14 那）的方向就可以了。

第 22 关 填数字

4

第 23 关 拼板

3

第 24 关 把小鸡的嘴巴补上

如图

第 25 关 和不等

不会

第 26 关 猜数字

11

第 27 关 数字相加

如图

第 28 关 找合适的图

2

第 29 关 异形剪刀

A

第 30 关 选正确的图形

4

第 31 关 数字迷宫

如图

1	4	**5**	**26**	27	28	29	30
2	3	6	25	**38**	37	36	31
9	8	7	24	39	40	35	32
10	**19**	20	23	**42**	41	34	**33**
11	18	21	**22**	43	50	51	**56**
12	17	16	45	44	49	52	55
13	14	15	46	**47**	48	**53**	54

第 32 关 “画蛇添足”

中间加一横就是两个“凹”字。

第 33 关 该选哪一个

1

第 34 关 排列规律

13

第 35 关 两个圆环

把大圆剪断拉直。小圆绕大圆圆周一周,就变成从直线的一头滚至另一头。因为直线长就是大圆的周长,是小圆周长的 2 倍,所以小圆要滚动 2 圈。

但是现在小圆不是沿直线而是沿大圆滚动,小圆因此还同时做自转,当小圆沿大圆滚动 1 周回到原出发点时,小圆同时自转 1 周。当小圆在大圆内部滚动时自转的方向与滚动的转向相反,所以小圆自身转了 1 周。当小圆在大圆外部滚动时自转的方向与滚动的转向相同，所以小圆自身转了 3 周。

第 36 关 合适的图形

5

第 37 关 六个图形

6

第 38 关 查图形

A8, B2, C2, D3, E1。

第 39 关 四堆珠子

2

第 40 关 选合适的图形

3

第 41 关 最合适的

5

第 42 关 选合适的图形

5

第 43 关 下象棋

8 步

第 44 关 选合适的图形

4

第 45 关 剧场看戏

有效地把问题中的条件进行整理、简化，进而直观化，图形化是解决问题的关键。

把座位编上号,如图 2 所示,并把它展开变为带状排列,如图 3 所示。这是这一问题的动脑筋之处。从中我们可以看出,这个人是 D 先生。

为什么? 假如用 A、B、C、D 表示丈夫,a、b、c、d 表示妻子,从满足条件①和条件③考虑，可形成一组 A—a—B—b (b—B—a—A) 的排列。再进而从条件②考虑 1、3、5、7 必然与 C 相邻的是女性，其余的 2、4、6 必然是男性。根据这些条件,把 A—a 一 B—b 组放入图 3 中一看就清楚了，4 号一定是 A 或 B 的座位。因此，能坐带记号(2)、不能坐带 X 记号(4)的人，除了 D 再也没别人了。

第 46 关 有错的一幅画

太阳、拖鞋、绿叶

第 47 关 合力拉

A

参考答案

第四章 挑战你的想象思维

第 01 关 同一句话

和尚说他把对手吃了。

第 02 关 划拳游戏

5 次

第 03 关 真实容貌

什么也看不见。因为各个方向都铺满了镜片，又无缝隙，进不了光线。

第 04 关 怎样带走 20 个鸡蛋

他把球篮上面的网给取下来了装鸡蛋。

第 05 关 小明说了啥

略

第 06 关 占卜先生

他想不出什么好办法。开始带来的问题一个也没问，因为他已经向占卦先生问过两次了。

第 07 关 五个嫌疑犯

D

第 08 关 庄园主

每人一半，各拿 50 卢比。因为不论每个人干活速度如何，庄园主早就决定他们两人“各包一半”。因此他们二人的耕地、播种面积都是一样的，工钱当然也应各拿一半。

第 09 关 如何证明

子是倒转过来，而不是倒过来。嘿嘿。

第 10 关 鸡兔同笼

设下缀两个小球的大灯有 x 个，下缀四个小球的大灯有 y 个

$x+y=360$

$2x+4y=1200$

得 $x=120, y=240$

第 11 关 折图游戏

5

第 12 关 迷宫

小明

第 13 关 旅游

就是说车没有在这个地方停留也就不会发生刚才的事情。

第 14 关 影视放映

C

第 15 关 来家里玩

大声呼叫

第 16 关 在路上

略

第 17 关 建筑设计

3

第 18 关 蛋从哪来

是去饭店里面。

第 19 关 诱人蛋糕

三面都涂有巧克力的有 8 块。两面都涂有巧克力的有 12 块。

第 20 关 幸运的姑娘们

白狼——丽丽——书店

黑狼——菲菲——农夫

红狼——倩倩——宾馆

第 21 关 拼动物

小鸭

第 22 关 森林里

星期一

第 23 关 漫画原本

略

第 24 关 一幢高楼

工人,经理,前两个人的老板。

第 25 关 梦露小姐

如图

第 26 关 与原图不一的

苹果,瓢虫。

第 27 关 彻底的无私

B

第 28 关 乒乓球锦标赛

B

第 29 关 不同之处

如图

第 30 关 有多少改变

略

第 31 关 连续运动

1. 打电话 2. 拔河。

第 32 关 巧打绳结

略

第 33 关 搭金鱼

596 根火柴

第 34 关 算图形

13122

第 35 关 小天的疑惑

B 所说的姐姐就是 A 说妹妹,C 是他们的朋友,所以一共就 4 个人。

第 36 关 走棋

略

第 37 关 品牌洗衣粉

1. A 品牌主要竞争优势是质量优势。

2. 广告对用户选择品牌有影响,在质量 A 厂家接近、价格与 C 厂家的接近情况下,广告具有明显效果。

第 38 关 充分发挥想象力

1. 拿东西　　2. 口腔

3. 掏口袋　　4. 从小纸孔看东西。

第 39 关 老人聚会

退休老人聚会当然可以聚会。题中并没有说他们的聚会不能在某个人的家里举行。如果是雨天,就到老张家聚会;如果是晴天,就到老李家聚会;如果是阴天,就到老王家聚会。

第 40 关 不是正方形的展开图

B

第 41 关 算盘书

7 个妇女,袋子有 72＝49 只,猫有 73＝343 只,猫仔有 74＝2401 个,总共 7＋

72＋73＋74＝2800。

第 42 关 学外语

B

第 43 关 找影子

1 狼,2 老虎,3 兔,4 蛇,5 鹰,6 狗,7 螃蟹,8 白鸽,9 啄木鸟。

第 44 关 灌木丛大火

灌木丛火灾,他们购买或者租借了成群的山羊,把它们放在山坡上放牧。山羊吃掉草木,控制了灌木丛的生长,并且到达了靠其他方法难以到达的陡峭的坡段。灌木丛火灾由此得以大量减少。

第 45 关 正确的选项……

C

参考答案

第五章 挑战你的创新思维

第 01 关 科技创新竞赛活动

略

第 02 关 买鸡

5=15 一只公鸡 =15 只小鸡

3=9 一只母鸡 =9 只小鸡

11 只母鸡、8 只公鸡、81 只小鸡。

第 03 关 深山藏古寺

山脚有下一条小溪,小溪边有一个和尚在挑水，一条石阶路由溪边通往深山中。

第 04 关 他为什么总拣五分的硬币

当然不是,他很聪明,如果捡了一角的硬币,以后就不会再有人丢钱给他了。

第 05 关 单循环赛

对每个班而言有三场比赛,

其最高分是 6 分(3*2=6),

最低分是 0。

假如 d 班胜一场,输 2 场,得 2 分,

则有可能二个班并列第三（篮球赛无平局）所以很大可能进入下一轮。

第 06 关 什么样的凶手

只要凶手是一个使用长鞭的好手,就可以距离平台五六尺之遥,利用长鞭把人勒毙。

第 07 关 丁丁的想法

不对

第 08 关 数鸟宫

一个正方形

第 09 关 隆冬季节

略

第 10 关 组装玩具汽车

最后一辆就装了两个轮子。

第 11 关 环绕地球

1. 飞机 1、飞机 2 等飞机 n 为飞机的个数。

2. 把整个圆（飞行轨道）周等分为 8 份,分别定为 0 点(起飞点),依次为 A、B、C、D、E、F、G 设想一下，按题目要求一架飞机要想不加油安全的飞并且安全返回，能飞行最远距离是一个圆周的 1/4,即飞行度距离是 OB；如果给另外一架飞机加油的话它只能飞行 1/8 的距离 OA。这些前提的存在,再根据题意就可推出如下的飞行放案：

1. 首先同时从 0 点起飞三架飞机,当他们飞到 A 点时,飞机 1、飞机 2 将继续飞行,飞机三给飞机 1、飞机 2 加油,各加 1/4 的油,这样飞机 1 和飞机 2 就满油了;飞机 3 用剩下的 1/4（飞到 A 点已经用去了 1/4 的油）的油刚好能飞回点。

2. 飞机 1、飞机 2 继续飞行。飞到 B 点时，飞机 1 将继续飞行，飞机 2 给飞机 1 加油，加 1/4 的油，这样飞机 1 的油箱又会加满油；飞机 2 用剩下的 2/4（飞到 B 点又用去了 1/4 的油再加上给飞机 1 加的 1/4 油）的油刚好飞回起点。

3. 飞机 1 继续飞行，因为满油，所以可以飞半圈飞到 F 点。

4. 当飞机 1 飞到 D 点的时刻，同时从 0 点反方向派出三架飞机，飞机 4、飞机 5、飞机 6。这样能保证飞机 1 飞到 F 点时刚好有两架飞机到达 F 点。（飞机 5、飞机 6 是沿着 0G 的方向飞行）

6. 当飞机 4、飞机 5、飞机 6 飞到 G 点时，飞机 6 同时给飞机 4、飞机 5 加油。飞机 4、飞机 5 满油继续飞，飞机 6 安全飞回 0 点。

7. 飞机 1、飞机 4、飞机 5 同时飞到 F 点，此时各加飞机的油料为：飞机 1——0 飞机 4——3/4 飞机 5——3/4

这下就方便了，飞机 4 和飞机 5 分别给飞机 1 一点点 1/4 的油料，三架飞机就安全的飞回 0 点了。至此，飞机 1 完成了环球飞行，并且其他飞机也都安全到达起飞点，总共派出了 6 架飞机。

第 12 关 讨饭

可是，你总得放点盐吧。厨娘给他一些盐，后来又给了豌豆、薄荷、香菜。最后，又把能够收拾到的碎肉末都放在汤里。当然，您也许能猜到，这个可怜人后来把石头捞出来扔回路上，美美地喝了一锅肉汤。如果这穷人对仆人说："行行好吧！请给我一锅肉汤。"会得到什么结果呢？结果是十分明显的，这就是创新思维的力量！

第 13 关 重量不同

小狗 30 克、小兔 20 克、小象 40 克、长颈鹿 10 克。

第 14 关 网球

网球做倾斜滚动，一段距离后将另一方抬高，小球就回回转。

第 15 关 加法路线

略

第 16 关 手势

D

第 17 关 碌碌无为的公务员

鞋子底面安装轮子，就可以代替冰鞋了。普遍的路就可以当作冰场。

第 18 关 莱普沙克斯

陛下，我请求您下令毁掉莱普沙克斯！

第 19 关 多少饼干

15×5÷(5-2)

25（千克）

答案：每箱 25 千克饼干。

第 20 关 韩信点兵

韩信在白纸上画了一座城楼，城门口刚露出战马来，一面"帅"旗斜出，画面虽没有一兵一卒，都想象到千军万马。

第 21 关 大财阀

石灰有过滤浊酒的作用。

第 22 关 火柴游戏

略

第 23 关 谁是冠军

C 是冠军，小李的看法是正确的。

第 24 关 爱心捐款

11+2X+5Y=100　　45=11+X+Y

得出交纳 5 元的 7 人，2 元的 27 人。

第 25 关 按规律填数

(26)(12)(15、21)

第 26 关热力站

B

第 27 关 怎么分蛋糕

把切好的 8 份蛋糕先分给 7 个人，剩下的一份连蛋糕盒一起分给第 8 个人。

小明是大队长

分析：由 2. 3. 得知小明与小华都不是中队长，那么小光就是中队长，由 1. 3. 得知，小花比小光成绩好，那么小明的成绩肯定不如小光，小明就是大队长。

第 28 关 100 米赛跑

根据②③结果来看，天天和豆豆都不是中队长，可以知道东东是中队长，根据①③结果推测，豆豆不是大队长。那么天天就是大队长。

第 29 关 一根骨头

把骨头扔过去。

第 30 关 甲、乙、丙

甲箱比丙箱少 16+15=31 千克，
丙箱有(209+15+31)÷3=85 千克，
乙箱有 85−15=70 千克，
甲箱有 85−31=54 千克。

第 31 关 捕捉海怪

A 北区人
B 中区人
C 局外人
D 北区人

第 32 关 悬崖上

假如只有一个人戴黑帽子，那他看到所有人都戴白帽，在第一次关灯时就应自打耳光，所以应该不止一个人戴黑帽子；如果有两顶黑帽子，第一次两人都只看到对方头上的黑帽子，不敢确定自己的颜色，但到第二次关灯，这两人应该明白，如果自己戴着白帽，那对方早在上一次就应打耳光了，因此自己戴的也是黑帽子，于是也会有耳光声响起；可事实是第三次才响起了耳光声，说明全场不止两顶黑帽，依此类推，应该是关了几次灯，有几顶黑帽。

第 33 关 重量不同

小狗 30 克、小兔 20 克、小象 40 克、长颈鹿 10 克。

第 34 关 木制门框

长方形的门容易变形，给它斜钉上一块木板，变成两个三角形就牢固多了。

第 35 关 世界杯

最后一名淘汰也就是说这里面没有平局，那么至少能赢一局也就能出线。

第 36 关 塔顶

略

第 37 关 多少个 A

15 个

第 38 关 西餐馆

9 张桌子

第 39 关 填数字

4	9	2
3	5	7
8	1	6

第 40 关 解救人质

略

第 41 关 才女卓文君

一、二、三、四、五、六、七、八、九、十、百、千、万。

第 42 关 搬运瓷器

我有办法知道打碎了几只瓷盘，只要你称一下碎瓷盘的重量，再称一下一只瓷盘的重量，用碎瓷盘的重量除以一只瓷盘的重量，就可以知道打碎了几只瓷盘。

第 43 关 一周内的气温

温差最大的是周日，最小的是周一。

第 44 关 书法家题字

一位美国朋友持见，孔子说，可口可乐好喝极了。

第 45 关 填数字

-6	4	2
8	0	-8
-2	-4	6

第 46 关 答案是什么

时间

第 47 关 如何过桥

第一步，小亮与弟弟过桥，小亮回来，耗时 4 秒；第二步，小亮与爸爸过河，弟弟回来，耗时 9 秒；第三步，妈妈与爷爷过河，小亮回来，耗时 13 秒；最后，小亮与弟弟过河，耗时 4 秒，总共耗时 30 秒，多么惊险！

第 48 关有多少人参加考试

有多少人参加考试

13 人

第一道题有三个人分别选了 1、2、3，

第二道题他们三个人选了同一个答案(就是 1 吧，因为所有答案条件相同无所谓的)，另外两个人选了 2、3，

第三道题他们五个人选了 1，其他两个人选了 2、3，

第四题他们 7 个选 1，另两个 2、3，

第五题他们 9 个选 1，另两个 2、3，

第六题他们 11 个选 1，另两个 2、3，

一共 13 人。只有这种情况才能保证随便三张卷子都有 1 题答案互不相同，这是抽屉定理中的穷举法。

第 49 关 劳动生产率

是本地人，加几个外地人进去，都拼命地干，效率提高。

第 50 关 推销鞋

这个岛屿上的鞋的销售市场太大了，每一个人都不穿鞋啊，要是一个人穿一双鞋，不得了。那要销出多少双鞋出去，马上打电报，空运鞋来，赶快空运鞋。

第 51 关 间隙一样大吗

假定地球和足球的周长分别为 L 和 l，那么周长增加 1 米后，这两个箍的半径分别为：L+1/2π 和 l+1/2π，箍的半径和球的半径之差就是间隙。

对于地球，间隙为：

L+1/2π－L/2π=1/2π

对于足球，间隙为：

l+1/2π－l/2π=1/2π

瞧，这不是完全一样吗？

第 52 关 猴子爬绳

向下动